中国（上海）自由贸易试验区协同创新中心系列著作

国家社会科学基金重大项目
“中国（上海）自由贸易试验区建设的实践探索与经验研究”
（批准号14ZDA079）资助出版

北京市重点图书

胜在自贸区

赵晓雷和他的团队论自贸区的扩大与深化

SHENG ZAI ZIMAOQU

ZHAOXIAOLEI HE TA DE TUANDUI
LUN ZIMAOQU DE
KUODA YU SHENHUA

赵晓雷 ◎ 主编

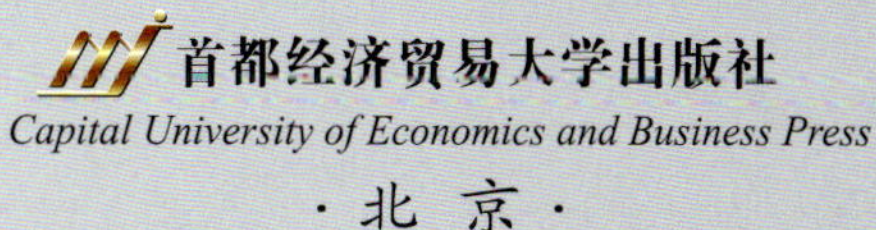

首都经济贸易大学出版社
Capital University of Economics and Business Press
·北 京·

图书在版编目(CIP)数据

胜在自贸区:赵晓雷和他的团队论自贸区的扩大与深化/赵晓雷主编.—北京:首都经济贸易大学出版社,2015.8

ISBN 978-7-5638-2405-2

Ⅰ.①胜… Ⅱ.①赵… Ⅲ.①自由贸易区—研究—中国 Ⅳ.①F752

中国版本图书馆 CIP 数据核字(2015)第 187513 号

胜在自贸区:赵晓雷和他的团队论自贸区的扩大与深化

赵晓雷 主编

出版发行 首都经济贸易大学出版社

地　　址 北京市朝阳区红庙(邮编 100026)

电　　话 (010)65976483 65065761 65071505(传真)

网　　址 http://www.sjmcb.com

E-mail publish@cueb.edu.cn

经　　销 全国新华书店

照　　排 首都经济贸易大学出版社激光照排服务部

印　　刷 北京九州迅驰传媒文化有限公司

开　　本 710 毫米×1000 毫米 1/16

字　　数 325 千字

印　　张 20.5

版　　次 2015 年 8 月第 1 版 2015 年 8 月第 1 次印刷

书　　号 ISBN 978-7-5638-2405-2/F·1355

定　　价 45.00 元

序言

自由贸易区战略是我国新时期扩大开放的顶层战略

1994 年 WTO 乌拉圭回合谈判以来,全球化经济治理格局正在发生重大调整。在以美国为首的西方发达国家主持下,世界进入贸易和投资规则重构过程。这一过程围绕 3 个平台展开:一是双边、多边自由贸易协定(FTA)及服务贸易协定(TISA)谈判;二是双边投资协定(BIT)谈判;三是贸易与投资相整合的区域伙伴关系协议谈判(跨大西洋贸易与投资伙伴协议 TTIP,跨太平洋伙伴关系协议 TPP)。而且,随着中国发展成为世界经济贸易大国,西方国家出于地缘政治和战略等方面的考量,有意将中国排除在这一规则重构进程之外,压制中国参与规则制定的权利。美国总统奥巴马向美国国会提出《贸易促进授权法》(TPA)法案,就是为了更快推进以美、日为主的 TPP 顺利签署。

为适应经济全球化新形势,中共十八届三中全会提出构建开放型经济新体制,加快自由贸易区建设。我国的自由贸易区战略是站在国内国际两个大局相互联系的战略高度,审视我国和世界的发展,准确判断国际形势新变化,深刻把握国内改革发展新要求,加快构建开放型经济新体制,加快培育参与引领国际经济合作竞争新优势,以对外开放的主动赢得经济发展的主动和国际竞争的主动。自由贸易区战略坚持世界贸易体制规则,积极参与国际经贸规则制定,争取全球经济治理的制度性权利。坚持双边、多边、区域、次区域开放合作,扩大同各国各地区的利益汇合点,形成立足周边、辐射"一带一路"、面向全球的高标准自由贸易区网络。

自由贸易试验区是自由贸易区战略制度创新的试验平台

建立自由贸易试验区是党中央在新形势下推进改革开放的重大举措。自由贸易试验区适应经济全球化新形势,推进对内对外开放相互促进、引进来和走出去更好结合,促进国际国内要素有序自由流动、资源高效配置、市场深度融合。通过政府职能转换,行政管理体制改革,扩大投资领域、服务贸易领域和金融领域开放,完善法制领域制度保障等适应开放型经济新体制的实践探索和制度创新试验,为全面深化改革和扩大开放探索新途径、积累新经验。通过主动开放、主动试验,为自由贸易区战略提供制度—技术支持,努力在经济全球化中抢占先机、赢得主动。

自由贸易试验区是扩大开放、深化改革的重大举措

经济体制改革是全面深化改革的重点,核心问题是处理好政府和市场的关系,使市场在资源配置中起决定性作用和更好发挥政府作用。改革开放的成功实践为全面深化改革提供了重要经验。不断扩大对外开放、提高对外开放水平,以开放促改革、促发展,是我国经济发展进入新常态阶段应对经济社会发展中面临的困难和挑战的必由之路。自由贸易试验区以构建开放型经济新体制为战略牵引,主动对接国际贸易投资高规则新标准,在接轨国际贸易投资规则、法律规范、行政管理、监管模式方面率先实践,形成一套适应国际国内要素有序自由流动、可复制推广的经济体制、管理体制和监管模式,推进国家治理体系和治理能力现代化。通过扩大开放、深化改革、加快转变经济发展方式,推动经济更有效率、更加公平、更可持续发展。

上海财经大学自由贸易区研究团队精诚合作

2013 年,上海财经大学即组建专业团队,就中国自由贸易区战略及上海自由贸易试验区建设展开决策咨询研究,并于 2013 年 9 月成立了自由贸易区研究院。两年多来,上海财经大学的多个研究团队,包括法学、国际贸易、国际金融、公共管理等,对自由贸易区展开了全面、系统、深入、持续性地研究,提出了一系列具有战略性、前瞻性、操作性的公共政策研究报告,为自由贸易区战略及

自由贸易试验区建设提供了有效的智力支持。此书的编辑出版,得到了团队的大力支持。

首都经济贸易大学出版社友情策划

我和首都经济贸易大学出版社是长期合作伙伴,与周义军社长和杨玲总编也是很好的朋友。2015 年年初,杨总和我交流了一个创意策划,提出精选我和我的团队的有关自由贸易区的研究成果,集辑出版,以反映自由贸易区特别是上海自由贸易试验区研究的前沿成果。我对杨总的策划很感兴趣,同时对编辑方式、出版时间、读者群定位等提了要求。出版社组织了强大的编辑力量投入本书的出版工作,做了很好的版式设计,而且将此书申报并成功获批北京市重点图书。在此,感谢首都经济贸易大学出版社的创意策划和友情支持。

赵晓雷

2015 年 5 月于上海财经大学

目 录
CONTENTS

目 录
CONTENTS

第一篇

自贸区扩大开放与全面深化改革

面对国际经贸变局以及中国比较优势、发展阶段的变化，中国必须抓住全球经济调整转型的机遇，从国家利益原则出发，主动积极参与新一轮国际经贸治理框架的构建。通过中国自由贸易试验区建设，适应经济全球化新形势，促进全面深化改革。

经济体制改革是全面深化改革的重点，经济体制改革的核心问题是处理好政府和市场的关系。所以，行政管理体制改革和经济体制改革是相互联系的。中国自由贸易试验区的主要任务和措施就是围绕经济体制改革的核心问题而展开，通过扩大和深化开放，按照国际化、法治化的要求，探索建立与国际高标准投资和贸易规则体系相适应的行政管理体系，以此标准处理好政府和市场的关系，进而推动经济体制全面深化改革。

中国(上海)自贸试验区国际投资全过程管理制度及操作流程优化设计

从外商投资管理体制的发展趋势考察,我国传统的准入限制加优惠措施的管理体制,正在转型为以竞争政策与技术标准为主的管理体制。从国际国内投资管理体制改革要求分析,全面审批或核准制管理的改革方向应该是基本的备案制和登记制管理。

……………………………………………………………………………………

一、高标准国际投资治理体系及管理要求

2012 年 4 月 10 日,美国和欧盟发布《欧盟与美国就国际投资共同原则的声明》(以下简称《声明》)。《声明》规定了七项原则,欧盟和美国已在其各自的投资政策中采纳了这些原则,并呼吁其他国家也考虑采纳这些原则,以巩固国际投资市场。这七项原则集中反映了美欧在国际投资规则领域的立场:一是开放和非歧视的投资环境;二是公平竞争的环境,推动竞争中立原则;三是对投资者与投资强有力的保护;四是公平且有约束力的争端解决;五是健全的透明度和公众参与规则;六是负责任的商业行为准则;七是严格适用的国家安全审查。

美国、欧盟和其他发达经济体在关于国际投资七项共同原则上形成共识,于 2012 年开始全球投资治理体系的构建。全球投资治理体系以美国 2012 年双边投资协定范本(2012 US Model BIT)为基础,旨在建立高标准、高规格的国际化自由投资规则。国际高标准投资规则有不少要素是符合市场发展和经济升级要求的,与中国的改革方向也是兼容的,中国已同意以美国双边投资协定(BIT)范本为基础与美国开展双边投资协定谈判。这就对中国的行政管理体制提出了改革创新的要求。从外商投资管理体制的发展趋势考察,我国传统的准入限制加优惠措施的管理体制,正在转型为以竞争政策与技术标准为主的管理

体制。现在，对外资实施全面审批或核准制度的国家已比较少。我国外资管理体制改革的方向是明确的，但在实际工作中进展有限。2004 年投资体制改革将外资审批向核准制改革后，许多企业反映程序并未简化，有时反而更加麻烦。从国际国内投资管理体制改革要求分析，全面审批或核准制管理的改革方向应该是基本的备案制和登记制管理。

知识链接

国际投资管理

从国际形势来看，服务贸易和投资协定成为新一轮国际贸易谈判和规则制定的核心内容。在外资准入阶段，双边或多边投资条约中“准入前国民待遇和负面清单”的管理模式已逐渐成为国际投资规则发展的新趋势，全球有至少 77 个国家采用了此种模式。当前，美国所主导推动的 TPP（跨太平洋伙伴关系协议）、TTIP（跨大西洋贸易与投资伙伴关系协定）等自由贸易协定正在边缘化 WTO（世界贸易组织）多边贸易体制，通过设置更高门槛，企图重构全球贸易和投资规则。其中，TPP 协定谈判国家已经达到 12 个，这些国家 GDP 总量覆盖全球近 40%，而中国至今仍被排除在外。在这种国际经济政治背景下，如果中国不能主动出击，在一定程度上就可能被边缘化，在全球和区域合作中也将陷于被动地位。

从国内的现实来看，我国的外商投资管理体制在不断地调整与改革以适应经济社会发展的需要，在引导外商投资流向、促进经济发展方式的转变以及经济结构的优化升级等方面发挥了积极作用。但是，由于我国对外开放以及经济体制改革起步较晚，在改革开放的过程中，外资的管理与利用方面还是涌现出了大量的问题，严重制约了我国经济社会的可持续发展。为了更好地发挥外资对我国经济社会发展的推动作用，我们必须进行外商投资准入管理体制的改革，积极探索适应我国经济社会发展的外商投资管理模式。

2014 年 6 月 17 日，由国家发展和改革委员会发布的《外商投资项目核准和备案管理办法》（以下简称《管理办法》）正式施行。这意味着中国在加入 WTO 初期制定的《外商投资项目核准暂行管理办法》在运行 10 年后宣告终结，中国对外商投资的管理开始进入新阶段。改革后的外商投资管理模式具有以下特点。

1. 从全面核准到普遍备案

相比于此前的暂行管理办法，2014 外商投资新规最大的不同，就是管控范围缩小,管理部门下沉。过去中国对外商投资项目采取事无巨细的管理模式,政府主要从维护经济安全、保障公共利益、市场准入和资本项目管理等方面进行全面核准。2014年的投资新规改革了外商投资项目管理方式,将项目全面核准改为有限核准和普遍备案相结合的管理方式。在管控范围缩小的同时,管理机构也呈现出下沉的态势。《管理办法》规定所有需要备案的外商投资项目均由地方政府投资主管部门负责,绝大多数外商投资项目将实现属地化管理。

2. 适应外商投资新特点

随着经济全球化的不断深化,中国经济社会的全面发展及开放型经济体系的日益完善,外商对华投资出现新情况和新特点。其一是中国利用外资需要新的增长点。虽然中国的投资环境和商机仍具有吸引力,但中国利用外资进入低速平稳期的趋势已然显现。其二是配合中国对外投资的需要。最近几年,中国资本流出量已经开始逐渐追近资本流入量。相关数据显示,2012年,中国已成为仅次于美国和日本的世界第三大对外投资国。中国从资本净流入状态向资本净流出状态切换,是中国由贸易与制造大国向产业与资本强国迈进过程中的现象性反映,某种程度上亦有助于中国提升对全球资源的配置能力。但为了避免资本净流出趋势加剧国内产业空心化,中国迫切需要有一大批企业适时走出去,尽快嵌入全球产业与资本体系,提升中国对全球资本的影响力与控制力。目前,中国与美国、欧盟已经开始"双边投资协定"(BIT)谈判,中国的市场准入问题将会是这些谈判中的焦点,中国对外商投资管制的放宽也将成为中国政府为本国企业争取利益的筹码。

3. 从政策洼地到"自由牧场"

政府对外商投资管理规则的升级并非单兵突进,而是整体改革思路在具体领域的彰显。改革开放以来,从深圳到上海浦东,中国诸多经济特区吸引外资的竞争力都体现在中央赋予的优惠所带来的政策洼地。但这种靠"政策胡萝卜"吸引投资的做法在中国经济增长遭遇资源环境瓶颈、人口红利开始衰减、经济转型迫在眉睫的大环境下显然已经不再适用。在国际投资改革的探索中,政府不应通过"政策胡萝卜"作为吸引投资的筹码,而要致力于通过减少管控,创造一个"自由牧场"来增强自身的吸引力。

二、上海自贸试验区国际投资管理体制的改革创新

(一)管理机构

中国(上海)自由贸易试验区(以下简称自贸试验区、上海自贸区、试验区)于2013年9月29日挂牌成立。同日,上海市政府公布《中国(上海)自由贸易试验区管理办法》,于2013年10月1日起施行。该《管理办法》明确规定:中国(上海)自由贸易试验区管理委员会为市政府派出机构,具体落实自由贸易试验区改革任务,统筹管理和协调自贸试验区相关行政事务。在机构职责中,与投资管理相关的有:①负责自贸试验区内投资、贸易、金融服务、规划国土、建设、绿化市容、环境保护、劳动人事、食品药品监管、知识产权、文化、卫生、统计等方面的行政管理工作。②领导工商、质监、税务、公安等部门在自贸试验区内的行政管理工作;协调海关、检验检疫、海事、金融等部门在自贸试验区内的行政管理工作。③承担安全审查、反垄断审查相关工作。根据以上条款,自贸试验区按照国际化、法治化的要求,建立高效便捷的管理和服务模式、促进投资和贸易便利化。

知识链接 上海自贸区管理委员会的性质与职责

中国(上海)自由贸易试验区管理委员会(以下简称"管委会")为上海市人民政府派出机构,具体落实自贸试验区改革试点任务,统筹管理和协调自贸试验区有关行政事务,履行下列职责:

(1)负责组织实施自贸试验区发展规划和政策措施,制定有关行政管理制度。

(2)负责自贸试验区内投资、贸易、金融服务、规划国土、建设、交通、绿化市容、环境保护、人力资源、知识产权、统计、房屋、民防、水务、市政等有关行政管理工作。

(3)领导工商、质监、税务、公安等部门在区内的行政管理工作;协调金融、海关、检验检疫、海事、边检等部门在区内的行政管理工作。

(4)组织实施自贸试验区信用管理和监管信息共享工作,依法履行国家安全审查、反垄断审查有关职责。

(5)统筹指导区内产业布局和开发建设活动,协调推进重大投资项目建设。

(6)发布公共信息,为企业和相关机构提供指导、咨询和服务。

(7)履行市人民政府赋予的其他职责。

上海市人民政府在自贸试验区建立综合审批、相对集中行政处罚的体制和机制,由管委会集中行使本市有关行政审批权和行政处罚权。管委会实施行政审批和行政处罚的具体事项,由上海市人民政府确定并公布。

(二)国际投资准入管理改革

1.企业登记管理

2013 年 9 月 30 日,上海市工商行政管理局印发《关于中国(上海)自由贸易试验区内企业登记管理的规定》。其改革要点一是在试验区内实行注册资本认缴登记制(除法律、行政法规对公司注册资本实缴另有规定的企业);二是取消最低注册资本的规定(除法律、行政法规、国务院决定对特定行业注册资本最低限额另有规定之外),以及注册资本比例、期限等规定;三是"先照后证"(除法律、行政法规、国务院决定规定的企业登记前置许可事项外),试验区内企业向登记机关申请登记,取得营业执照后即可从事一般生产经营活动;四是试验区内企业实行年度报告公示制,同时建立经营异常名录制度。

2.外商投资准入特别管理措施(负面清单)

2013 年 9 月 29 日,上海市政府公布《中国(上海)自由贸易试验区外商投资准入特别管理措施(负面清单)(2013 年)》。对负面清单之外的领域,将外商投资项目的核准制改为备案制(国务院规定对国内投资项目保留核准的除外);将外商投资企业合同章程审批改为备案管理。负面清单是一种"非列入即开放"的模式,2013 版负面清单的核心概念一是对于负面清单之外的领域,外资准入享受准入前国民待遇;二是自贸试验区对外商投资的产业指导。

(三)国际投资事中、事后管理改革

1.外商投资项目备案管理

2013 年 9 月 29 日,上海市政府印发《中国(上海)自由贸易试验区外商投资项目备案管理办法》。项目备案管理范围包括:自贸试验区外商投资准入特

别管理措施(负面清单)之外的中外合资、中外合作、外商独资、外商投资合伙、外商投资者并购境内企业、外商投资企业增资等各类外商投资项目(国务院规定对国内投资项目保留核准的除外)。项目备案机构应加强对自贸试验区外商投资备案项目事中、事后监管,可通过自贸试验区监管信息共享机制和平台、企业年报制度等,对项目实施情况进行核查。

2. 外商投资企业备案管理

2013 年 9 月 29 日,上海市政府印发《中国(上海)自由贸易试验区外商投资企业备案管理办法》。企业备案管理范围包括:自贸试验区外商投资准入特别管理措施(负面清单)之外的外商投资企业设立、企业变更、存续企业变更。备案机构应定期对投资者(外商投资企业)的承诺事项进行检查,履行事中、事后监管职责。

(四)国际投资管理体制改革创新评估

1. 上海自贸试验区国际投资管理体制改革已有绩效

①以负面清单为核心的管理模式按照国际化、法治化要求,初步建立了透明开放、高效便捷的市场准入管理制度,促进了投资便利化。②建立了外商投资项目核准(备案),外商投资企业合同章程审核改为备案管理,以及企业设立(变更)“一表申请、一口受理”工作机制,提高了管理效率,优化了营商环境。③按照政务公开要求,管理规则和流程等信息公开透明,提高了经营便利性。④备案制、企业年度报告公示制等事中、事后监管制度初步建立。⑤初步建立了法院诉讼、商事纠纷仲裁、商事纠纷调解等商事纠纷解决机制,特别是提高了商事纠纷仲裁的专业化水平和国际化程度。

2. 上海自贸试验区外商投资管理制度优化方向

根据国务院《中国(上海)自由贸易试验区总体方案》的要求,上海自贸试验区外商投资管理制度应在以下方面进一步优化。

(1)负面清单功能及效应拓展。自贸试验区制订的负面清单功能较单一,即外商享受准入前国民待遇。其效应是自贸试验区对外商的单方面准入开放和产业指导。负面清单的其他核心要素和功能还包括宽泛投资概念、准入后国民待遇、双边投资保护、投资争端解决规则等。如果这些核心要素和功能缺失,自贸试验区负面清单主要只是外资准入不符产业指导目录，则不能为国际双边、多边投资协议谈判提供范本，也不能形成具有普通复制推广价值的与国际接轨的外商投资管理制度。

(2)工商行政管理与商事登记制度改革全口径衔接。自贸试验区已经实施的企业登记管理制度改革在全国不具有创新性。2013 年 12 月 28 日第十二届全国人大常务委员会第六次会议通过了修改公司法的决定，落实国务院批准的《注册资本登记制度改革方案》。修改的八部行政法规分别是《公司登记管理条例》《企业法人登记管理条例》《中外合资经营企业法实施条例》《中外合作经营企业法实施细则》《外资企业法实施细则》《合伙企业登记管理办法》《个体工商户条例》《农民专业合作社登记管理条例》。修改的主要内容有以下四个方面：一是放宽注册资本登记条件，由注册资本实缴登记制改为认缴登记制；二是完善信息公示制度；三是将年度检验制度改为年度报告公示制度；四是推行电子营业执照制度。2014 年 3 月 1 日，《国务院关于废止和修改部分行政法规的决定》开始施行。所以，自贸试验区要优化商事登记制度改革设计和工商行政管理制度改革设计，建立集受理、审查、核准为一体的一口受理、综合审核、高效运作的现代商事登记制度，同时完善注册官制度和第三方审验制度。

(3)行政备案制度的功能校正及完善。行政备案是行政机关以事后监管的形式实现行政监控的职权行为。行政备案制度的主要功能一是信息收集；二是监督备查。行政备案通过事后的监管来实现监察功能。上海自贸试验区现行的备案制把重点设在进入端的受理与审查环节，这与备案制的功能有偏差。应将重点设在信息收集和监督备查的过程监管环节。同时，行政备案主体及备案机构也要规范化，不应长期由管委会代司其职。

(4)协同配合完善安全审查及反垄断审查制度和工作机制。国务院《总体方案》要求以切实维护国家安全和市场公平竞争为原则，加强各有关部门与上海市政府的协同，提高维护经济社会安全的服务保障能力。自贸试验区配合国务院有关部门严格实施经营者集中反垄断审查。《中国(上海)自由贸易试验区管理办法》第三十条(安全审查和反垄断审查)明确规定了自贸试验区建立安全审查和反垄断审查的相关工作机制。自贸试验区要根据国家相关法律法规，参照国际通行做法，建立和完善这一制度和机制。

(5)信息归集、综合、评估制度及多部门共享的信息监测机制建立并完善。《中国(上海)自由贸易试验区管理办法》第三十二条(企业年度报告公示制度)、第三十三条(信用信息制度)、第三十四条(监管信息共享制度)、第三十五条(综合性评估制度)构成了全过程监管的信息监测制度框架。这一框架需要在三方面优化:一是信息收集机制;二是监管信息共享机制和监测平台;三是综合性评估机制。

(6)设置专业性、综合性的全过程监管机构,创建高效便捷的管理和服务模式。现有做法是备案机构和登记机关分列。自贸试验区管委会是项目备案机构;上海市工商行政管理局及其自贸试验区分局是登记机关。这种监管机构分列模式导致"一表申报、一口受理"只是形式上的联署办公,缺失内在的融合机制。而且管委会作为市政府派出机构,其职能主要是具体落实自贸试验区改革任务,统筹管理和协调自贸试验区有关行政事务,不宜陷于具体的管理事务。应该借鉴深圳等地的经验,在管委会下设置专业性、综合性的市场监管局,以有利于实施高效便捷的全过程监管。

三、国际投资管理制度及操作流程优化设计

(一)负面清单功能优化:从外商投资准入产业指导到可复制的国际投资管理模式

根据联合国贸易和发展会议公布的数据,截至2012年年末,全球共达成了3 196项国际投资协定安排,其中超过90%的投资协定安排中的投资保护条款均采用双边投资协定(BIT)的文本规定。负面清单是BIT文本中国际投资保护及国际投资争端解决的重要装置。上海自贸试验区推出的负面清单若能与BIT范本对接,同时构建相应的国际投资保护规则和国际投资争端解决机制,就能将我国的国际投资管理模式提升到TTIP(跨大西洋贸易与投资伙伴关系)的水平;并对2014年重启的中美BIT谈判和2014年1月开始的首轮中欧BIT谈判提供重要的技术支持。

上海自贸试验区负面清单优化的原则是在投资者权益保护和国家主权监管方面寻求均衡。其优化路径,一是对诸如投资定义、间接征收、公平与公正待

遇、非歧视原则等核心要素作出尽可能清晰的界定,同时列明国家监管的前提条件;二是设置投资者—国家争端解决(ISDS)机制,与TTIP国际投资争端解决机制对接,同时在负面清单中列明非公平与非公正待遇行为,为投资争端仲裁提供明晰的行为准则解读和指导。

(二)工商行政管理及商事登记制度优化:进入端管理业务流程创新

我国的工商行政管理制度涉及企业注册登记、质监、知识产权、商标、合同、食品卫生等领域的审批管理,企业注册登记只是工商行政管理的一个环节。企业注册登记方面的改革从2000年开始已在全国范围内展开,比较有代表性的做法是成立注册分局、注册官制度试点,以及深圳市的撤销工商局成立新的市场监督管理局。由于工商行政管理是一种垂直管理体系,而且在行政审批业务范围内有很多前置审批,工商行政审批只是对这些前置审批的形式审核,所以上海自贸试验区工商行政管理制度改革在行政审批环节只能先做到一门审批以提高管理效率。其主要的改革创新方向仍是优化企业注册登记制度,即建立现代化的商事登记制度(见表1-1)。

表1-1 中国(上海)自贸试验区商事登记制度创新一览表

管理部门	商事注册登记局
主办人员	注册官
登记程序	“ 站式”服务,前台将申请材料转给注册官,注册官审核申请材料并做出同意登记或驳回的决定,如同意,发给注册登记证书并公告
审查原则	①在试验初始阶段,审查申请人的权利能力、申请的形式效力、申请材料的法律效力,逐步过渡到成熟阶段;②成熟阶段,只做形式审查,即审查是否按法律规定提供了相应文件,不审查文件的真实性、合法性
完成期限	正常情况5个工作日,如加急可3个工作日办结
其他	①申报试行代理制;②对于申报材料的真实性、合法性实行承诺制;③注册资本实行认缴登记制,无最低注册资本规定;④相关的专项审批后置(先照后证);⑤会计师、律师等代理中介承担申报材料真实性、合法性的连带责任;⑥实行企业年度报告公示制和经营异常名录制

在表 1 – 1 中,有几项创新需要特别关注。

(1)注册登记申报代理制。允许律师事务所、会计师事务所代理登记注册(逐步培育专业代理机构,实行全代理制)。

(2)注册官制度。注册官制度是指商事登记中由具有注册官资质的人员依法独立受理并核准的制度,是集受理、审查、核准为一体的现代登记制度。在准入环节,注册官制度以高效率为取向,一般采用形式审查,对企业经营行为更强调事后监管。上海从 2004 年开始试行注册官制度,所有注册官分六级,一级最高,六级最低。注册官制度的改进方向是更加专业化和高效率,并且需要以完善的信用管理体系和法治环境为条件。

(3)形式审查和实质审查。商事登记审查一般有形式审查和实质审查两类。形式审查是程序法的事项;实质审查是实体法的事项。无论是大陆法系还是英美法系,绝大多数国家(地区)都是采用形式审查。在日本,登记官有调查真实性的职权。但这种职权仅是审查书面资料的职权,而无实地调查书面资料记载事项真伪的职权。即使存有异议也要受理申请并进行登记,之后再由利害关系人通过诉讼进行司法裁判。上海自贸试验区实行注册官制度,为明确审查职责,提高工作效率,应该采用形式审查。这也是国际通行做法。

(4)登记机构。在全国工商登记制度改革试点中,对登记机构的改革举措是在工商行政管理局内部成立企业注册分局。注册分局模式是将商事登记为主的企业注册登记与工商行政审批职责分开,以明确职责,提高效率。而深圳市的做法是撤销工商局,成立新的市场监督管理局,但在市场监督管理局内部仍设立注册分局。上海自贸试验区应从全过程管理流程优化要求考虑,在进入端设立独立的商事注册登记局,负责注册登记的窗口业务,并负责商事登记制度优化改革。

(三)行政备案制度功能校正:事中、事后监管流程优化创新

在外商投资管理体制框架中,上海自贸试验区实施的《中国(上海)自由贸易试验区外商投资项目备案管理办法》及《中国(上海)自由贸易试验区外商投资企业备案管理办法》在程序上应该是商事注册登记(进入端)之后的环节,在功能上应该是事后监督。所以,备案流程的关键环节可以设定如下。

1. 备案资料

该环节体现行政备案制度的主要功能之一:信息收集。无论是外商投资项目备案,还是外商投资企业备案,都应详细列明应提交的备案资料。备案资料目录一是要求全面必要,二是要求公开透明,不能如现在所规定的"根据有关法律法规,应提交的其他相关资料",让备案申请人无所适从。

2. 告知承诺

明确告知不得损害中国国家主权或社会公共利益、危害中国国家安全、损害环境、扰乱市场竞争秩序,或存在其他违反法律法规的情形,并由备案主体做出承诺。

3. 信息公开

行政备案是一种程序性行为。备案机构通过备案收集、报备相关信息,为以后的行政行为提供信息资源。备案申请人依法将备案事项的相关资料信息按照要求提交到备案机构即完成了备案义务,备案的结果不对报备事项的效力产生直接影响。备案机构应根据《政府信息公开条例》将备案资料信息予以公开,以备查询。信息公开环节体现了行政备案的公示性特征。第三方(企业、个人或其他组织机构)也可根据实际需要向备案机构提出获取相关备案信息的申请。

4. 监督备查

行政备案是以事后监督的形式实施行政监控的职权行为。这种事后监督不具有法定强制性,是否进行监督和如何进行监督主要由行政备案机构根据需要确定。上海自贸试验区行政备案可设计随机抽查和重点抽查机制,促使相关主体如实提交备案资料信息并依据承诺依法从事相关活动。如果备案机构在检查中发现相关主体的实际情况与备案资料或承诺内容不符,则可根据情节启动行政处罚程序。

5. 备案机构

根据现有规定,中国(上海)自贸试验区管委会作为备案机构负责权限范围内的有关备案管理。为使备案制度专业化,行政效能更高,也更符合可复制、可推广要求,建议在管委会内设置专门的行政备案管理局,专业负责自贸试验区外商投资项目、境外投资项目、外商投资企业备案管理。专业备案机构也便于和专业登记机构相衔接,优化从进入端到事中、事后监管流程。

(四)全过程监管特别装置:安全审查和反垄断审查机制设计

安全审查和反垄断审查一般不列入双边投资协定的主体文本中。美国2012年双边投资协定范本只在第十八条"根本安全"中原则性阐明,本条约不应被解释为:①要求缔约方提供或允许获得有可能违背缔约方根本安全利益的信息;或②排除缔约方使用其认为系履行有关维持或恢复国际和平与安全的义务或者为保护其自身根本安全利益有必要的措施。根据国际惯例,外国投资的安全审查和反垄断审查既有进入端环节,也有事中、事后的环节。

上海自贸试验区外商投资全过程管理制度创新和流程优化,必须要在管理流程中设置安全审查和反垄断审查机制。

1. 进入端审查机制

自贸试验区外商投资准入特别管理措施(负面清单或不符措施列表)中应设置"特别审查"(安全评估)条款。条款内容一是针对国家安全;二是行业特别措施(准入限制);三是关键技术;四是公司法并购的限制条款;五是经营者集中反垄断审查。

2. 核准制管理模式

负面清单是国际双边投资协定的不符措施。未被列入负面清单的领域,外商即可自由进入并享受国民待遇,对应的管理模式是备案制;而列入负面清单的领域,外商进入就不享受国民待遇。通过负面清单"特别审查"条款的外商投资项目或企业,进入核准制管理模式。核准制是行政主管部门从维护国家安全和社会公共利益角度对限制类投资项目及投资企业进行准入核准。核准制作业流程的关键环节是投资方向政府主管部门提交项目申请报告,政府主管部门对申请报告进行审核评估(也可委托第三方机构做审核评估),根据评估报告进行核准。项目申请报告通用文本的框架和内容包括:申报单位及项目概况,发展规划;产业政策和行业准入分析;资源开发及综合利用分析;建设用地、征地拆迁及移民安置分析;环境和生态影响分析;经济及市场影响分析;社会及公共安全影响分析。项目申请报告应该由具备相应工程咨询资质的机构编制。

政府主管部门依据核准后的项目申请报告，对投资项目或投资企业进行动态监管。

(五)全过程监管信息监测制度优化：多部门信息归集、综合、共享模型设计

上海自贸试验区外商投资全过程管理制度的一个重要技术条件是多部门信息归集、综合、共享。这一技术条件不仅决定了备案制的完善与否，也决定了从进入端到事中、事后全过程监管流程的运行质量和效率。

1. 上海自贸试验区跨部门信息共享实施路径

研究显示，随着网络应用的快速推进，建设跨组织系统(inter-organizational system)、跨部门协作网络(interagency collaborative network)，开展跨部门协同服务(collaboration for delivering government services)逐渐成为推进政府信息资源跨部门共享的必要途径。对“跨组织系统”、“跨部门协作网络”和“跨部门协同服务”的研究，不仅加深了对向公民和企业提供政府协同服务的内涵、特征、意义、途径等的全面把握与理解，而且广义的协同概念界定也为下一步 ICTs 在电子政府发展中的创新应用提供了更广阔的空间。整合国内外相关最新研究成果，本文给出上海自贸试验区跨部门信息共享实施路径，如图 1－1 所示。

2. 上海自贸试验区跨部门信息共享关键技术

在电子政务建设方面，上海已经探索了“数据大集中”一体化建设模式。围绕应用协同由第三方建设和管理支撑平台，多部门都是平台的用户，大大降低了建设和运营维护成本。“一体化”建设包括信息一体化和应用一体化两个层面。信息一体化指构建区级信息资源库和信息交换平台，在功能方面体现对上、对下、横向“三联”，与已有应用系统进行交换，对于区县委办局和街道为构建系统的则实行集中建设，增强条块信息资源共享。应用一体化指采用一体化方式建设信息系统，为未建系统的部门提供应用支撑，各单位都是应用终端，与已建的市级系统实现衔接，打通业务流程，实现跨部门协同。

自贸试验区信息数据共享平台可借鉴上述已经成熟的信息一体化建设模式，并在此基础上配置以下关键技术，如图 1－2 所示。

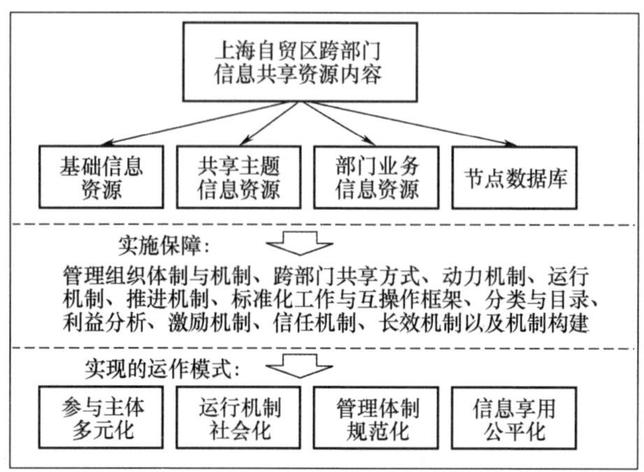

图1－1　上海自贸试验区跨部门信息共享的实施路径

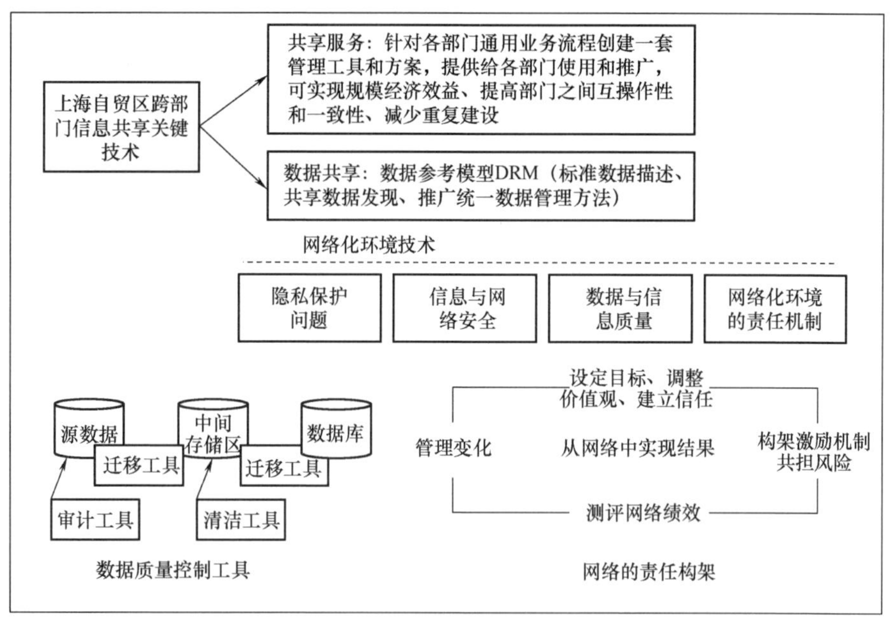

图1－2　上海自贸试验区跨部门信息共享关键技术

(六)管理制度及操作流程优化路线图

国际投资管理制度及操作流程优化设计覆盖6个优化方向,即负面清单功能及效应拓展、工商行政管理与商事登记制度改革全口径衔接;行政备案制度功能校正及完善;安全审查及反垄断审查制度机制完善;信息归集、综合、评估制度及多部门共享信息监测机制建立完善;设置专业性、综合性的全过程监管机构。6个优化方向对应着5个业务操作环节和1个机构设置环节,构成完整的管理制度及操作流程优化路线图,如图1-3所示。

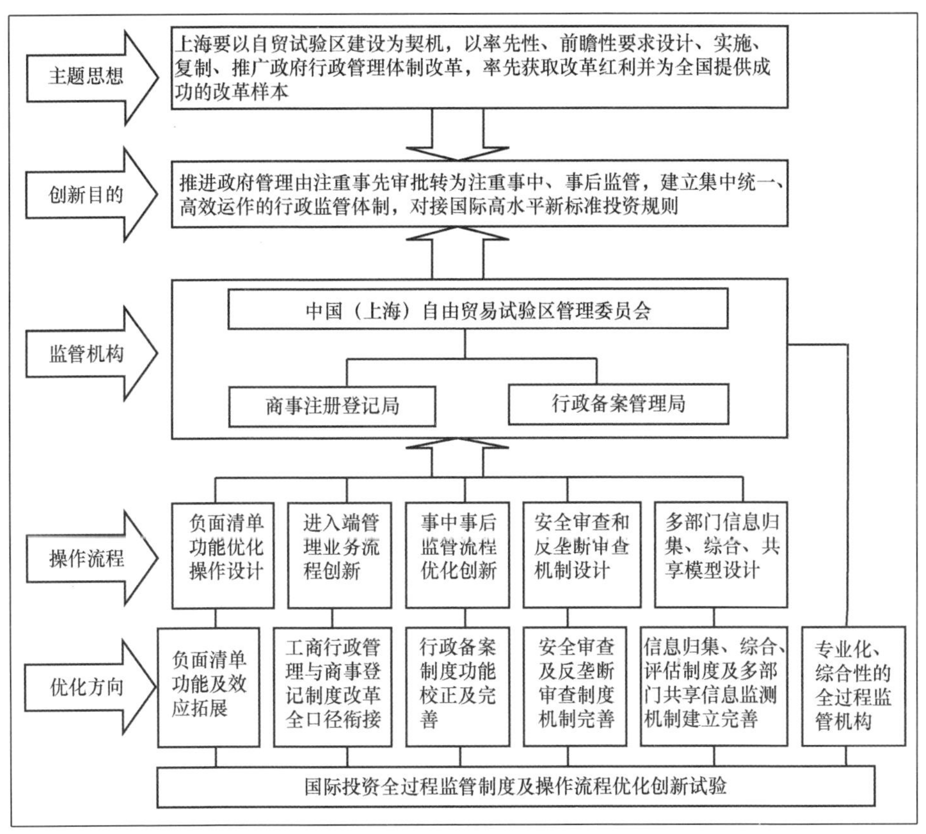

图1-3 上海自贸试验区管理制度及操作流程优化路线图

(赵晓雷 何骏 王婧 邓涛涛 江若尘 杨嬛)

中国(上海)自贸试验区法治建设的新议题

上海自贸试验区的成立,是新中国改革开放过程中,继深圳经济特区以及中国加入世界贸易组织以后的又一里程碑。从法治的视角来考察,中国(上海)自贸试验区的成立带来了一系列的新议题,值得人们继续观察研究。由于上海自贸区成立是基于中国进一步开放与进一步改革需要的国家战略,因此,这些法治新议题的观察与研究,必须在开放与改革两个向度上进行。

……………………………………………………………………………

一、投资便利化的法治议题

投资便利化,或者投资自由化,系指一个国家或者地区放开投资管制,使外资可以在资金进入与项目设立时享受本国国民待遇,一改过去的审批制,而实行备案制。在项目(企业)进入方面,采用负面清单管理模式。这种变革带来了一系列法治新课题:

第一,准入前的国民待遇的具体法律含义是什么?准入前企业(项目)涉及进入权与设立权,因此,准入前国民待遇是否包括进入权与设立权的平等性?而且进入权的国民待遇包括哪些具体内容,设立权的国民待遇包括哪些具体内容?

第二,负面清单管理模式涉及负面清单制定机关的职责,包括:制定负面清单的法理依据;制定负面清单的程序;负面清单的时效以及负面清单拟定中的公众参与,等等。

第三,负面清单管理模式与"法无明文即自由"的法理上的关系。

第四,备案制中的备案机关是谁,其法律性质与法律地位如何确定?

第五,项目在准入前是否还需要环境影响评价、社会影响评价等?若需要,环境评价或社会评价与审批制和备案制是什么关系?

第六,在审批制与备案制两种模式下,政府的职责有何区别?两种模式对政府职能的转换有何影响,其法理依据在哪里?

第七,企业所得税税制与个人所得税税制如何设计?税法结构与投资便利化的关系如何界定?

第八,负面清单管理模式与正面清单管理模式在法理与法律制度设计上有何区别?

第九,按照国际惯例,外资准入的"负面清单"一旦制定,东道国对于清单内容的延续和修订应保持透明,并履行相关的通知和磋商义务①。那么在法律机制上如何保障这种透明性,如何设计通知与磋商义务?

上述议题的及时提出与回应,有助于构筑投资便利化的法律保障机制;否则,投资便利化在现实的运作中将失去法律依据与制度保障。

二、贸易自由化的法治议题

贸易自由化,包括商品贸易的自由化和服务的自由化。前者是指海关、检疫机关等尽可能提供简便措施,消除贸易壁垒,使商品贸易高效与便捷;后者则包括服务业的进一步开放以及专业服务领域摒弃管制,专业人员与员工能在就业、居住等方面享受国民待遇。贸易自由化对法治提出了一系列新课题:

第一,在贸易自由化项下海关的监管权限包括哪些,其法理依据在哪里?海关的监管责任如何厘定,其监管措施的变化会引起哪些法律后果?

第二,在贸易自由化项下检验与检疫机关的监管权限包括哪些,其法理依据在哪里?检验与检疫机关的监管责任如何厘定,其监管措施的变化会引起哪些法律后果?

第三,员工的自由流动会对我国相关户籍管理规定与外国人管理制度造成哪些冲击?在自贸区如何构筑合理的人员管理制度,既保持人员的高效流动又有必要的管理?

第四,专业服务领域的开放对我国现行的专业人员资格认定制度会造成哪些冲击?外国专业人士资格认定制度与我国相关制度如何实现有效衔接?

---

① 崔艳新,张琼.以改革促外资准入模式转变[J].中国外资,2013(9).

第五,专业人员的自由执业会对我国现行相关法律制度造成哪些冲击？自由执业的行业包括哪些,自由执业的法理依据在哪里？在目前的情况下自贸区是否仅开放律师、注册会计师与医生的自由执业？

第六,贸易的增值税税制如何设计？税制结构与贸易自由化的法治条件如何衔接？

根据《中国(上海)自由贸易试验区总体方案》的主要任务和措施(三)以及《中国(上海)自由贸易试验区管理办法》第十五条、第十六条之规定,贸易自由化还涉及下述法治议题:

第一,进出口贸易、转口贸易、离岸贸易的法治条件如何设计？

第二,国际贸易结算、国际大宗商品交易、融资租赁、期货保税交割、跨境电子商务的法律问题有哪些？如何克服？

第三,有竞争力的国际船舶登记制度如何设计？

第四,自贸试验区企业将“中国洋山港”作为船籍港进行船舶登记,会涉及哪些法律问题？

第五,开展航运运价指数衍生品交易业务的法律问题有哪些？

第六,随着国际能源交易中心落户自贸区①,国际大宗商品交易和资源配置平台的成立,会遭遇哪些法律问题？如何解决？

自贸区的制度设计,就在于以自由贸易为核心,带动其他制度的完善。因此,贸易自由化的法治议题的研究,显系自贸区法治议题解决的核心问题。

三、金融国际化的法治议题

在我国,由于金融市场长期受管制,与国际金融市场并不接轨。因此,所谓金融国际化,是试图在自贸区中实行国际金融市场的基本规则,然后,逐渐放开国家金融市场。而在市场机制比较成熟的国家中,并不存在金融国际化的议题,而是金融自由化的议题。所以,我们在探讨金融国际化议题时,也包含了金融自由化的议题。

金融国际化与金融自由化,带来了以下一系列法治新课题:

---

① 陈韶旭. 国际能源交易中心落户自贸区[N]. 文汇报,2013-11-13.

第一,资本项目开放的法律问题。在我国,资本项目长期受到管制,因此,资本项目开放,首先是要促进资本项目便利化与提高监管有效性①。如何进一步梳理与简化资本项目的行政审批,如何建立高效畅通的外汇政策倡导机制,如何建立违规信息披露机制,如何建立资本项目外汇业务非现场检查工作机制,以及在自贸区中如何定位外汇监管机关的法律地位等,都成为资本项目开放所要解决的迫在眉睫的法律问题。

第二,人民币可自由兑换的法律问题。在我国,长期实行结汇、售汇制度,人民币的兑换受到高度管制。而人民币自由兑换,则涉及这种自由兑换会对现行外汇管理制度造成哪些挑战、外汇管理机关的法律地位与职责的重新定位、可自由兑换时代的企业权利与义务的重新定位等问题。

第三,利率市场化的法律问题。人民币的利率本应反映市场的供求关系,也就是说无论是存款利率,还是贷款利率,在资金市场上应该受供求关系的影响。而在我国,国家基于产业导向等原因的考虑,对人民币利率实行管制。因此,利率市场化一旦实行,则会产生如何界定货币政策当局的法律地位、银企的权利与义务如何厘定、货币监管当局的职责如何划分等法律问题。

第四,人民币跨境使用的法律问题有哪些?

第五,信托、融资租赁等非银行金融的法律问题。在自贸试验区内,信托、融资租赁等业务与国际接轨会产生哪些法律问题?其在新业务拓展过程中权益会发生哪些变化?监管机关的法律地位如何界定?期货市场规则如何确定?另外,村镇银行、小额贷款公司在自贸试验区内是否可以采用有别于境内的模式?其政策与法律条件是什么?金融衍生品的法治条件如何设计,如何监管?

第六,自贸试验区内外金融联动机制的法律问题。首先,自贸试验区内与境外如何建立金融联动机制?离岸金融的法治条件如何建立?国际金融风险如何在法制上设置"防火墙"?国际金融跨界监管如何实现?其次,在"境内关外"的自贸区管理模式下,自贸试验区内与境内的金融联动机制如何实现?在

① 郑俊涛.促进资本项目便利化与提高监管有效性的思考[J].华北金融,2013(3).

自贸试验区内企业设置“特别账户”①的情况下,企业的权益会发生怎样的变化? 这种“特别账户”通往境内企业的通道如何设计,又如何监管?

第七,随着金融管制的渐次放开,反洗钱制度如何建立?

研究上述金融国际化或金融自由化的法治议题,必须考虑到这个背景:在我国,由金融的高度管制而产生的金融法治议题,远比其他国家自贸区的金融法治议题复杂。

四、贸易与社会法的议题

当代国际贸易,历经劳工运动、消费者运动、环保运动等社会运动,已远非发轫于公元9至11世纪的古典自由贸易②。虽仍为自由贸易,当代国际贸易却嵌进了许多社会法议题。

第一,贸易与环境法问题。传统的环境行政管理模式与自由贸易模式是不兼容的,而日益高涨的环境保护运动又使各国决然难以放弃传统的环境行政管理模式。但随着传统环境行政管理模式弊端的显现以及自由贸易在环境保护运动压力下自我修正的出现,产生了贸易与环境法议题:绿色贸易壁垒如何克服;在自由贸易条件下,环境保护问题如何解决;环境保护合作机制如何建立;企业的环境责任如何厘定。

第二,贸易与劳动法问题。随着自由贸易成为全球性浪潮,劳工运动则强调反自由贸易,保护劳工的诉求,因此,自由贸易机制开始修正:嵌入大量的劳工保护与社会保障的内容。所以,在贸易中,如何反就业歧视、如何拒绝违反人道主义产品进出口、如何提高劳工的社会福利水平等,成为贸易与劳动法的新议题。

第三,贸易与消费者权益保护问题。自由贸易之所以成为全球浪潮,主要原因在于其能最大限度地提高全人类的福祉,因此,消费者权益保护自然成为

① 夏斌.上海自贸区最大挑战来自金融改革 建议设立特别账户制度[N].中国证券报,2013-10-25.

② 郑少华.社会经济法散论[J].法商研究,2001(4).

自由贸易的议题①:在自由贸易下消费者权利如何得到有效保护,企业与消费者的权益如何界定,消费纠纷如何有效与高效处理等。

贸易与社会法议题的有效处置,会使自由贸易与社会的兼容度增加,更有利于发挥自由贸易提升全人类福祉的功能。

五、“企业走出去”的法治议题

随着中国成为全球第二大经济体,中国企业走向国际市场,便成为一个涉及国家战略的重要问题。利用自贸区作为中国企业走出去的“桥头堡”,则成为自贸区建设的题中之意②。而“企业走出去”的第一步,则是按照自贸区规则以及国际通行规则,在自贸区设立海外并购主体;第二步,则应开始熟悉海外市场规则和法律环境。因此,“企业走出去”便带来下述法治课题:

第一,如何按照自贸区规则及国际通行规则构建海外并购主体,特别是,国有企业如何绕过欧美发达国家对国企的种种限制?

第二,海外市场的法律环境是什么?有哪些法律制度与我国相关制度具有重大区别?如何去适应?这些不同的法律制度会引发哪些法律后果,企业会因此而产生哪些法律责任等。

第三,区内海外并购主体与境内母公司的关系如何构筑,其适用的法律是否存在冲突,如何解决?不同规则所造成的法律风险应采取哪些措施加以防范?

第四,中国目前的境外投资核准制度实际上确立了一种公共利益优先于企业的境外投资权利的预设,但是,对这种以维护公共利益为目的的政府规制,也必须予以限制,设有限制的政府干预会损害私人利益,也会最终损害公共利

① 允许在自由贸易区内开展零售活动是智利自由贸易区区别于其他自由贸易区的一大特色。而在上海自贸区,因为浦东国际机场的存在,因此,也涉及零售,即涉及消费领域。即使自贸区商品流动中只限于生产和流通领域,但仍然会涉及消费者权益保护问题。再者,服务业亦涉及消费者权益问题。

② 上海交通大学现代金融研究中心主任潘英丽认为,中国高达3.5万亿美元的外汇储备,以及很多行业普遍存在的产能过剩现实,都意味着“走出去”是一个大方向。根据潘英丽的研究,未来五年是中国资本输出的最佳时机。因为如果美国量化宽松政策退出,美元会有一段升值期,中国可以在美元比较值钱的时候把一部分外汇储备花出去。引自:何欣荣,姚玉洁.企业的三人畅想:贸易便利化 投资自由化 金融国际化[J].中国对外贸易,2013(9).

益①。因此，存在自贸区的境外投资核准制度如何设计的问题。尽管规定了实行以备案制为主的管理方式，对境外投资一般项目实行备案制②，但存在哪些项目应当核准，如何核准的问题。

六、自贸区内社会管理的法治议题

随着自贸区的简政放权，转换政府职能的展开，社会管理问题开始凸显，带来一系列法治议题：

第一，各类商会或企业协会的自我管理的边界在哪里？哪些原属政府所有的权利应下放给企业，而哪些应给商会（或企业协会）？商会在政府、企业间如何构筑制度化的沟通机制？

第二，企业的各种利益诉求的表达机制如何建立？各种利益冲突如何平衡？有哪些制度的平衡机制？

第三，劳工、雇主、消费者等自贸区内不同利益主体的利益平衡机制如何建立？

第四，是否进一步放开推特、脸谱等互联网？若放开，在开放的环境下如何监管互联网，监管的正当性与合法性如何体现。若不放开，则网络企业面临的法治环境可能会受到影响，而无法促进新型网络产业的发展，其合法性与正当性又是什么？进而，可能还会涉及服务业无法进一步开放，并影响到创新型企业的发展。

七、自贸区内行政管理的法治议题

简政放权，彻底转换政府职能是自贸区建设的应有之义。因此，这就带来行政管理方面的法治议题：

第一，政府权力的边界在哪里，政府权力运作必须遵守哪些法治原则？

第二，自贸区能为“有限政府，责任政府，服务政府”提供哪些样板？

第三，政府职能如何转换，政府职责如何重新定位？

---

① 余劲松，陈正健. 中国境外投资标准制度改革刍议[J]. 法学家，2013(2).

② 《中国（上海）自由贸易试验区管理办法》（市政府令第7号）第12条。

第四,政府行为合法性如何审查?是否建立司法审查制度,以及如何建立?

第五,自贸区管委会的法律地位是什么,其法律性质如何界定,其职能赋予的依据在哪里?是否有权自行制定和颁布实施自贸区的各种单项行政法令、条例、办法等规范性文件?

第六,外资安全审查制度如何建立?安全审查机构如何组建?安全审查程序是什么?安全审查的法理依据在哪里?

第七,自贸区作为一个单独的关税区,是否有权独立自主地与国际资本、国际市场建立各种联络和合作关系,审批投资申请,派遣人员出国考察,设立驻外机构等①。

第八,劳工保护与社会保障的监管、环保监管、食品安全监管等社会性监管的政府权限边界在哪里?

八、立法与司法议题

中国(上海)自贸试验区成立,其立法准备应该说是不充足的。其立法依据主要有二:一是国务院公布的《中国(上海)自由贸易试验区总体方案》;二是上海市政府的《中国(上海)自由贸易试验区管理办法》。从法理上说,两者都难以成为司法依据。因此,研究自贸区立法与司法问题,便成为目前自贸区研究中的重中之重的法治议题:

第一,《中国自贸区法》与《中国(上海)自贸试验区条例》如何拟定,由哪个机关拟定?公布《中国自贸区法》与《中国(上海)自贸试验区条例》的时间表以及路线图如何设计?《中国自贸区法》与《中国(上海)自贸试验区条例》的法理依据是什么?

第二,在《中国自贸区法》与《中国(上海)自贸试验区条例》的草拟过程中,如何克服中国社会长期以来的"部门立法、政府监管、企业受制"的怪圈?

第三,其他国家的立法,如美国国会于1934年通过的《对外贸易区法》是否值得我国借鉴?哪些内容值得借鉴?

---

① 夏善晨.自贸区发展战略和法律规制的借鉴　关于中国自由贸易区发展的思考[J].国际经济合作,2013(9).

第四,是否应该成立中国(上海)自由贸易试验区法院,而非自贸区法庭作为专门的司法机构?其法理依据是什么?自贸区法院受案范围是什么,其司法原则有哪些?

第五,对于政府的规章,司法机关是否能审查,审查的依据有哪些?

第六,司法机关是否应该借鉴国际社会中的遵循先例原则以及更加尊重商业判断规则等?

第七,如何构筑包括调解、仲裁、司法的争端纠纷解决机制?调解、仲裁、司法的边界在哪,如何形成有效联通机制?

第八,自贸区内外当事人发生纠纷后,法律适用如何确定?特别是自贸区内当事人与境内当事人发生纠纷时,是否适用冲突法的一般规则。

九、可复制、可推广的法治议题

中国(上海)自贸试验区的成立,其主要目的之一在于:经过一段时间的试验将一些成熟的新规,经评估后,向全国范围或全国若干地方进行复制与推广,进而为打造"升级版"的中国经济提供开放型的法律制度体系,促进中国经济与社会的进一步开放与变革。因此,自贸区规则的可复制与可推广,会带来一系列法治新议题:

第一,可复制与可推广的新规如何评估?评估的主体是谁,评估的程序如何设计,评估的范围如何厘定?评估是否作为可复制与可推广的新规的必要程序?

第二,可复制与可推广的新规是在全国范围内,还是在若干地区?在全国或若干地区进行复制与推广的选择标准如何确定?复制与推广的程序如何设计?

第三,法治作为一个系统工程,当吸纳一部分新规时,整个系统会发生怎样的变化?这种变化又会对社会造成什么影响?

十、参与国际经贸新秩序建构的法治议题

中国(上海)自贸试验区的成立,其另一个主要目的在于:经试验运行一段时间的一些自贸区新规,将成为我国与国际社会谈判和沟通的依据,成为我国

参与国际经贸新秩序构建的依据,例如在决定是否加入环太平洋战略经济伙伴协定谈判以及在中美投资协定谈判如何处理一些规则问题等时,都会充分考虑新规则在自贸区运转的情况。因此,利用自贸区新规、参与国际经贸新秩序建构,必然带来以下新议题:

第一,哪些自贸区新规可以成为参与国际经贸新秩序建构的依据?如何进行评估?评估的条件是什么?评估的程序如何设计?评估的主体如何确定?

第二,哪些现有国际经贸新规可以拿到自贸区进行试验?这些国际经贸规则如何转化成国内规则?在自贸区运行后是否会对国内其他地方的经贸秩序构成冲击,以及如何解决这种冲突?

第三,在 WTO 决策机制从 IMF 的治理结构改革中吸取经验①,自贸区的一些成熟新规能否有助于我国的参与?

第四,建立国际经济新秩序是一种理念还是一种策略②?是否值得在自贸区时代重新定位?

十一、自贸区的比较法议题

据德国汉堡经济学家罗伯特·崔迈(Norbert Zimmert)的研究成果,世界上各类开发区和特殊经济区可归纳为七大类:第一类,保税仓库区(Bonded Warehouse Zone);第二类,自由区(Free Zone);第三类,对外贸易区(Foreign Trade Zone);第四类,出口加工区(Export Processing Zone);第五类,经济特区(Special Economic Zone);第六类,企业区(Enterprise Zone);第七类,银行自由区(Bank Free Zone)。目前,学者们在国际上用自贸区这个概念囊括了各类开发区和特殊经济区,也有人将自由港、自由贸易区和出口加工区统称为自由港区或自由贸易区。到 20 世纪 90 年代,世界上已有各种类型的自由贸易区 900 多个,其中 2/3 分布在发达国家。尤其引人注目的是,作为多边的关贸总协定(GATT)创始缔约国之一的美国,奉行自由贸易政策,具有发达的市场经济机制,但其仍然重视自由贸易区所发挥的作用,它所创办的贸易区(Foreign Trade Zone)截至

---

① 张乃根.试论国际经济法律秩序的演变与中国的应对[J].中国法学,2013(2).

② 何力.国际经济新秩序的理念和现实[J].东方法学,2013(2).

1994 年年底,对外贸易区已达 199 个,再加上分区(Subzone)285 个,总数已达 484 个①。因此,针对不同类型的自贸区,从比较法的角度来看,就有必要探讨下述比较法新议题:

第一,不同类型的自贸区,其法律制度有何异同?造成这种异同的原因是什么?其运作的机理是什么?

第二,不同类型的自贸区,其有哪些法律制度是值得上海自贸试验区借鉴的?这些可借鉴的制度的风险如何评估?

中国改革开放 30 余年,自深圳特区成立以来,也相继成立了上百个国家层面的各类开发区和特殊经济区,如经济特区、科技园区、开发区、保税区、出口加工区、金融综合改革试验区等,因此在研究上海自贸试验区法制时,必须探讨下述比较法议题:

第一,中国各类开发区与经济特区的法律制度有何异同,其背后的形成机理是什么?

第二,中国各类开发区与经济特区的成功或失败的法律制度有哪些?是什么原因造成的?

第三,中国这些地区的差异化制度有哪些是可供上海自贸试验区发展借鉴的?

作为全球化浪潮的自由贸易,在 WTO 的继续谈判议题受挫后,双边或多边自由贸易协定谈判已成为新趋势。因此,就 WTO 法与因自由贸易协定而形成的跨国自贸区法制的比较,便成为上海自贸试验区法制研究的基础,从比较法的角度来看,便涉及下述议题:

第一,WTO 与各类自由贸易协定(跨国自由贸易区法制)的异同有哪些?这些异同背后所隐藏的理论基础有何区别?这些差异对国际经贸秩序的构成有何影响?

第二,WTO 与各类跨国自由贸易区法制对上海自贸试验区的法制建设是否有借鉴意义?哪些制度可以借鉴?借鉴的效果如何评估?

在一国之内,设立自贸区是否意味着区内的法制与区外境内的法制有重大

① 夏善晨. 中国(上海)自由贸易区:理念和功能定位[J]. 国际经济合作,2013(7).

差异,而这种差异影响的评估与研究,必须借助比较法的视角来进行:

第一,自贸区内与自贸区外境内的制度有哪些区别?制度如何有效连接?

第二,“彻底放开一线,有效管住二线”的比较法基础是什么?

第三,自贸区内与自贸区外法律冲突如何解决?是否能适用冲突法的一般规则?

十二、自由贸易法哲学及其他法治议题

自由贸易作为一种人类社会的合作与互利方式,源远流长,跨地区性的自由贸易,可以上溯至公元9—11世纪地中海沿岸的商业复兴,而身处现代社会,浪潮汹涌的全球化,就是由自由贸易带动的。因此,自由贸易法哲学、自由贸易法理学、自由贸易法史学等则构成自贸区的其他法治议题,当然,也是重要的法治议题:

第一,自由贸易的法哲学依据是什么?自由贸易与法治的关系如何界定?自由贸易是如何调整,甚至是如何重构人类社会秩序的?自由贸易、自由竞争以及公平竞争的法哲学有何区别?立法机关暂停某些法律实施的哲学基础是什么?

第二,自由贸易的法理学是什么?自由贸易与政府管制的法理有何区别?自由贸易的法治内涵与外延如何界定?自由贸易的大陆法传统与英美法传统有何区别,何者更适合自由贸易?当代主要法律体系能否兼容自由贸易?全球法律的趋同化与自由贸易的关联度如何?自贸区的制度建设是否能遵循“顶层设计与摸着石头过河结合”的路径实现?

第三,自贸区的改革风险①如何评估?评估的主题、程序以及内容如何确定?

第四,法治化、国际化、市场化之间的关系如何界定?

第五,法律的变迁与自由贸易的关系是什么?不同时代的法制是否都能反映自由贸易的变化与发展?

第六,自由贸易区的类型②如何划分,其法理依据是什么?WTO、自由贸

① 朱宁.上海自由贸易区试验改革风险[J].股市动态分析,2013(34).

② 夏善晨.自贸区发展战略和法律规制的借鉴——关于中国自由贸易区发展的思考[J].国际经济合作,2013(9).

易、美式自由贸易协定①的法哲学有何区别？制度选择上差异性是什么？

作为自贸区的法学研究者,法治议题的提出十分重要。当然,对于不同的研究者来说,由于专业素养与思维习惯的不同,自贸区的法治会呈现不同的脸谱。但是,上述12类法治议题可能是每个研究者或多或少将会涉及的课题。而对自贸区的法治建设来说,上述法治议题的提出,只是漫长征途的第一步,而且是开启“边干边学”哲学的关键一步。

（郑少华）

① 殷敏.新区域主义时代下美式自由贸易协定的战略选择——兼论对中国的启示[J].苏州大学学报,2013(3).

中国(上海)自贸试验区的司法试验

在中国司法界启动新一轮司法改革之际,中国(上海)自贸试验区的司法试验成为司法改革的"试验田"和"风向标",司法试验构成中国(上海)自贸区试验的重要组成部分。

……………………………………………………………………………………

在新时期,中国司法已经历三轮司法改革,但对于如何满足社会与公众的司法需求,进而如何在国家政治框架中寻求一合理位置,实现国家与社会的长治久安,满足各方期待,始终未能准确定位。在中国司法界已启动新一轮司法改革之际,恰逢人称堪与深圳特区改革意义相比的中国(上海)自贸试验区揭牌成立。那么,能否将中国(上海)自贸试验区的司法试验作为新一轮司法改革的"试验田"与"风向标"?① 根据国务院公布的《中国(上海)自由贸易试验区总体方案》,中国(上海)自贸试验区的目的有二:一曰改革,也就是说在自贸试验区内实行新规,经过若干时间实施,在全国范围内或全国若干地区实施之。一曰开放,自贸区成熟的新规,将在我国与包括美国在内的其他国家的投资、贸易协定谈判中,转化成国际社会经贸新规则,从而参与国际经贸新秩序的建构②。在这两个角度上,司法必然参与,或者可以说,司法必须参与自贸区新规的建构以及推动自贸区上述两个功能的实现。于是,司法试验构成了中国(上海)自贸区试验的重要组成部分。

一、专门的自贸区审判机关是司法试验的机构保障

中国(上海)自贸试验区成立后,涉及大量的商事纠纷,商事争端解决机制

① 张利红.中国(上海)自由贸易试验区9月29日正式挂牌[OL].http://news.xinhuanet.com/local/2013-09/29/c_125466984.html.

② 见国务院公布的《中国(上海)自由贸易试验区总体方案》的总体要求。

便被提上了议事日程。借鉴国外那些比较成熟的自贸区运转情况,我们发现其基本上都成立了专门的法院来处理这些商事纠纷。因此,中国应该成立中国(上海)自贸试验区法院,且作为中级人民法院建制的专门法院。理由如下。

(一)有利于解决目前法院案多人少的矛盾

现在中国东南沿海法院处于“诉讼爆炸”的时代,特别是在上海,基层法院人均办案近300件/年①,一线法官疲于应对案件。在这种情况下,若不成立专门的自贸区法院,增加一线法官的机构与编制,让本来就疲于应付的一线法官再承接自贸区与日俱增的案件,则很难提高自贸区案件审理的质量,不利于自贸区案件裁决的精品化。

(二)有利于新型案件的及时裁决与及时总结,有利于立法机关及时汲取司法中的经验

自贸区新规的实行导致大量新型案件的出现,而这些案件的及时裁决,有助于自贸区的良性运行。我国属于成文法国家,司法案件的及时总结,便于立法机关在制定法律过程中及时汲取其中的经验。

(三)有利于新型案件的专门审理

从目前所开放的领域以及负面清单管理来看,上海自贸区案件的类型主要有:投资、贸易、金融、海商、税收争议、行政以及普通商事几大类型。而且这些类型案件相较国内其他地方而言,都有其特殊性。因此,在自贸区设立法院,再按案件类型实行分庭管理,显得十分必要。分庭审理,使新型案件审理专门化,有助于提升案件审理质量与提高司法效率,也有助于将来自贸区新规在全国其他地方进行复制与推广,并为这种复制与推广提供司法经验与成案指引。

(四)有利于减少法院层级

作为中级人民法院建制的专门法院,有利于减少法院层级,便于自贸区法

① 席建声. 上海市普陀区人民法院工作报告[OL]. http://rd.shpt.gov.cn/details/208_8161.html.

院及时向立法机关与最高法院提供立法建议与司法建议。目前，中国(上海)自由贸易试验区法院还未成立，自贸试验区法庭、自贸试验区知识产权庭和上海海事法院自贸区法庭为自贸区内现有的三个相关法庭。

知识链接

中国(上海)自由贸易试验区法庭

2013 年 11 月 5 日，上海市浦东新区人民法院开设自贸区法庭。自贸区法庭自 2013 年 11 月 5 日成立至 2015 年 4 月，共受理涉上海自贸试验区投资、贸易、金融、知识产权等民商事案件 619 件。法庭紧跟形势，勇于探索，大胆创新，推出一系列可复制、可推广的司法经验：首先，以“权责清晰、结构合理、运行顺畅”为目标积极探索符合司法改革要求的审判权运行机制；其次，以“多元、灵活、专业”为目标积极探索符合自贸区商事纠纷特点的非诉讼纠纷解决机制；第三，以“规范、公开、可预期”为目标积极探索符合自贸区市场主体需求的司法公开和诉讼便利化机制；第四，以“常态、有效、顺畅”为目标积极探索符合自贸区法治环境营造的司法延伸机制。

(相关网址链接：http://www.ftzcourt.gov.cn)

中国(上海)自由贸易试验区知识产权法庭

2015 年 4 月 9 日，上海市浦东新区人民法院成立自贸区知识产权法庭，集约审理涉及自贸区知识产权的案件。同日，最高人民法院知识产权审判庭自贸区知识产权司法保护调研联系点揭牌。2015 年 5 月 1 日起，自贸区法庭受案范围做相应调整。调整后，自贸区法庭(自贸区知识产权法庭)将受理、审理由浦东法院管辖的两大类案件：一是与上海自贸试验区相关联的投资、贸易、金融等商事案件和知识产权民事、刑事、行政案件；二是与浦东新区开放型经济相关联的民商事案件和知识产权民事、刑事、行政案件。

(相关网站链接：http://www.ftzcourt.gov.cn:8080/zmqweb/gweb/index.html)

上海海事法院自贸区法庭

2015 年 4 月 27 日，上海海事法院自贸区法庭正式揭牌。在全国海事法院系统内，设立自贸区法庭尚属首例。最高人民法院副院长贺荣在当天的揭牌仪式上表示，随着上海自贸区的扩围，全球航运要素和航运资源将在上海自贸区积聚。而上海海事法院设立自贸区法庭是人民法院为“一带一路”及海洋强国战略提供司法保障的举措。自贸区法庭设立后主要审理下列海事海商案件：以上海自贸区内登记设立的企业或有关组织为当事人的案件;与上海自贸区特殊监管政策有关的案件;从事上海自贸区开放经营范围内的业务过程中发生的纠纷案件;涉及上海自贸区重大功能性项目实施的案件以及其他与上海自贸区建设有关的案件。

(相关网站链接:http:shhsfy. gov. cn/hsinfoplat/platformData/infoplat/pub/hsfy-intel_32/shouye_5802/)

二、整合多元纠纷解决机制:司法的边界

在中国(上海)自贸试验区内,已成立中国(上海)自由贸易试验区仲裁院,可以根据当事人双方的仲裁协议或仲裁条款进行裁决,再加上中国国际经贸仲裁委员会、中国海事仲裁委员会以及上海仲裁委员会等,可以说自贸实验区内企业可以选择的中国仲裁机构有多家。加之当事人双方还可以约定境外的仲裁机构进行仲裁,因此,自贸试验区内企业并不缺乏仲裁机构的选择。但是,包括仲裁在内的非诉讼多元纠纷解决机制(ADR)如何整合,这涉及司法权的边界问题。

(一)仲裁的优势

商事交易的发展,由于商人们对交易事项的理解基于行为习惯、信息不对称性以及不确定性的把握等原因,出现纠纷是难以避免的。为了促进上市交易的迅捷与交易安全的保护,纠纷的解决首先是仰赖于双方的和解与第三方商人的调解;其次,还可寻求中立的第三方商人的仲裁。在这种解决纠纷的路径中隐含着下列的内在逻辑:其一,对于商事纠纷的解决,商人共同体具有自我裁决力。不仅裁决人(或调解人)熟悉商事交易规则,也符合一般人性的特征——首先认为熟人间更具安全感和信任感。其二,商事纠纷的解决,是经商的一种技艺。而这种技艺,构成商人共同体的共同经验与规则,属于商人共同体间共同分享的经验与传统。因此,根据商人共同体发展出的调解与仲裁,即形成了今天通行于国际经贸领域的现代商事仲裁,具有现代司法所不曾具有的独特优势:

第一,秘密性。仲裁庭向来以不公开审理为原则,因此,仲裁便具备秘密

性,而这种秘密性减少了商事交易秘密泄露的可能性,这就是仲裁成为许多商人首选的解决纠纷的方式的原因所在。

第二,自愿性。现代仲裁必须建立在双方约定的仲裁条款或仲裁协议的基础上。而这种自愿性则体现了商人自治的特性,有利于商人自我治理与自我保护。

第三,终局性。一审终局提高了解决纠纷的效率。所以,在构筑一个国家或地区的多元纠纷解决机制中,首先就要有机整合 ADR 机制,特别是发挥仲裁机制的作用,让仲裁充分体现秘密性与自愿性。是以,在中国(上海)自贸试验区中是否允许境外仲裁机构介入,便成为一个需要讨论的议题。境外仲裁机构特别是香港仲裁机构的率先引进,在整合 ADR 机制中可以发挥良好的功效:一是可以更好地发挥仲裁的优势,促进商人自治与自我裁决传统的发展;二是可以促进境内外仲裁机构间的有效竞争,完善境内仲裁机构的各项规则。

仲裁的秘密性与资源性的优势,形成与司法机构的有效竞争,使司法机构的裁决更加透明、更加中立、更有效率,并使司法权的边界得以清晰化。

(二)不可裁决的争议事项内容的确定化

国际仲裁协议下争议事项的不可仲裁性专指一国法律禁止以仲裁解决一些争议或索赔,争议不具有可仲裁性,即仲裁失去管辖权①。因此,为协调仲裁的自愿性与国家司法主权的强制性间的关系,各国法律通常都会规定不可仲裁性事项,即规定属于公共政策范围内的争议事项应由法院管辖。

在我国,《仲裁法》采取了概括方式列举了不可仲裁事项②。我国《民事诉讼法》第二百六十六条规定,因在中华人民共和国履行中外合资经营企业合同、中外合作经营企业合同、中外合作勘探开发自然资源合同发生纠纷提起的诉讼,由中华人民共和国人民法院管辖。《民事诉讼法》第二百三十七条规定,人民法院认定执行该裁决违背社会公共利益的,裁定不予执行。《民事诉讼法》的上述两条规定,是否意味着:中外合资经营企业合同、中外合作经营企业合同、

---

① 杨良宜. 仲裁法[M]. 北京:法律出版社,2006 年:513,557.

② 《仲裁法》第三条规定,下列纠纷不得仲裁:(一)婚姻、收养、监护、扶养、继承纠纷;(二)依法应当由行政机关处理的行政争议。

中外合作勘探开发自然资源合同具有不可仲裁性?抑或只能由境内仲裁机构仲裁?违背社会公共利益的争议事项具有不可仲裁性?从法律解释学的角度来看,应该说,并不存在上述问题。但是,由于自贸实验区对企业的核准制改为备案制,且实行负面清单管理模式,因此,对于不可仲裁争议事项仅由《仲裁法》第三条规定之,似过于简陋。所以,应进一步明确规定公共政策范围事项的不可仲裁性,且采取列举式的方式,从而划定司法权的边界。

只有在充分整合 ADR 机制的基础上,在多元纠纷解决机制中,司法作为定纷止争的主要方式,才能在竞争中凸显其公开性、公正性与效率,从而保障当事人的权利。

知识链接 中国(上海)自由贸易试验区仲裁院

中国(上海)自由贸易试验区仲裁院于 2013 年 10 月 22 日成立,作为中国(上海)自贸试验区争议解决及法律保障的重要制度性安排,中国(上海)自贸试验区仲裁院由“上海国际仲裁中心”设立。

2013 年 11 月 26 日,中国(上海)自贸试验区仲裁院在自贸区内首次开庭。该案是自贸区仲裁院自揭牌以来开庭审理的第一例商事仲裁案件。该案仲裁程序适用《上海国际经济贸易仲裁委员会(上海国际仲裁中心)仲裁规则》,按照双方当事人的约定,庭审的工作语言为英语,并由外籍专家担任首席仲裁员。

上海国际仲裁中心新一届《仲裁员名册》《调解员名册》于 2015 年 5 月 1 日起施行。从该日起,上海国际仲裁中心受理的仲裁案件[包括当事人约定由上海国际经济贸易仲裁委员会、上海国际仲裁中心、中国国际经济贸易仲裁委员会上海分会以及上海国际仲裁中心所设的中国(上海)自贸试验区仲裁院、上海国际航空仲裁院仲裁的案件]适用该名册。本届仲裁员及调解员的聘期为 3 年,自 2015 年 5 月 1 日起至 2018 年 4 月 30 日止。新一届《仲裁员名册》共有仲裁员 858 名,来自 61 个国家和地区,其中中国内地仲裁员 534 名,占 62.24%;外籍及港澳台地区仲裁员 324 名,占 37.76%。新一届《调解员名册》共有调解员 48 名,来自 10 个国家和地区,其中中国内地调解员 32 名,占 66.67%;外籍及港澳台地区调解员 16 名,占 33.33%。

(相关网站链接:http://www.cietac-sh.org/default.aspx)

三、法官负责制

中国共产党十八届三中全会在《中共中央关于全面深化改革若干重大问题的决定》中再次重申了我国八二宪法的规定，确保依法独立公正行使审判权、检察权；并进一步明确：改革审判委员会制度，完善主审法官、合议庭办案责任制，让审理者裁判，由裁判者负责。最高人民法院所开启的新一轮司法改革，必然以此为归依，深化司法改革。那么，在自贸区试验中，司法试验亦可以此为指针，推行法官负责制，强化司法独立。

所谓的法官负责制，是指法官独立进行裁判，并承担责任。在自贸试验区，除非应成为先例的案件①，否则，案件皆不通过审委会讨论直接由法官独立做出裁判。在自贸试验区，实行法官负责制，一则可以使司法处于独立与透明的地位，增加司法的公正性与权威性；二则可以使司法赢得当事人，特别是外商的信任；并且，还可减少司法流程，提高司法效率。

另外，实行法官负责制，还应该辅之以调、裁分离制度，即法官应区分调解官与裁判官两个群体，负责调解的法官，不应该成为该案的裁决法官。否则，会出现以裁判作为调解的威慑力，迫使当事人就范的弊端。甚至可以考虑由法院聘请通晓商事规则、熟悉调解技巧的社会人士充任调解官。

四、尊重商业判断规则

商业判断规则是由英美法院在长期的司法实践中逐渐发展起来的一项重要的司法规则②，该规则以保护董事、经理人和控股股东，使其不致陷入因商业判断而动辄得咎的困境为基础，进而发展成为避免法院再为事后判断以保护董事基于诚信而为商业判断的一种制度。在国外，此项规定被广泛运用于公司收

---

① 该问题在本文后述“遵循先例”部分中论述。

② Douglas M Branson. The Role That Isn't a Rule—The Business Judgement Rule[J]. 36 Valparaiso University Law Review, 2002, 631.

购、股利分配、公司资本减少等方面①。美国特拉华州以其“最佳”服务②,成为美国许多大公司注册的首选③。这与其法院系统尊重商业判断规则具有很大的关系。

特拉华州的最高法院在 Aronson V. Lewis 一案中,对商业判断规则进行了阐述。这一表述已经成为公司法上经典的表述,并被频繁引用。它将商业判断规则作为一种推定,即“推定公司的董事在决策过程中是在信息充分的基础上,善意而为,并且诚实地相信其所作所为是为了公司利益的最大化。如果董事没有滥用决策权,那么其所进行的判断就将为法院所尊重;而如果要让董事承担责任,就必须提出证据推翻该判断”④。特拉华州最高法院认为,董事“应当运用一般谨慎和理智的人在同一条件下所运用的全部注意”。所谓“推定”,即推定董事的决策过程中不违反董事注意义务。因此,如果要让董事承担责任,原告就必须提出证据推翻该推定⑤。

美国法律研究院在《公司法治理原则——分析与建议》中对商业判断规则做了详细规定:“(a)一名高级主管或董事在履行其高级主管或董事的职能时是对公司负有诚信义务的。其方式是代表他或她合理地相信是为了公司的最佳利益,并且是以一个普通审慎的人在相同的地位、相似的情况下,合理相信所应当给予的。在(c)款(即商业判断规则)的规定可以适用的情况下,本(a)条款的内容从其规定。(c)款规定,高级主管或董事在做出一项商业判断时是符合下述条件的,即履行了本节中规定的诚信义务:①与该商业判断的有关事项没有利益关系;②所知悉的有关商业判断有关的事项的范围是高级主管或董事在当时情况下合理相信是恰当的;③理性地相信该商业判断是为公司最佳利益所做出的。”⑥

尊重商业判断规则,应该成为自贸试验区法院的一项重要司法规则,其主

① Douglas R Moll. Shareholder Oppression and Dividend Policy in the Close Corporation [J]. 60 Washington and Lee Law Review, 2003, 862. 转引自:常健,张强. 商业判断规则:发展趋势、适用限制制度及完善——以有限责任公司股份分配为视角[J]. 法商研究,2013(3).

② 施天涛. 公司法[M]. 北京:法律出版社,2006:85.

③④⑤ 王凌红,郭小梅. 美国公司法中商业判断规则研究[J]. 长江论坛,2012(5).

⑥ 美国法律研究院. 公司法治理原则——分析与建议[M]. 楼建波,陈炜恒,等,译. 北京:法律出版社 2006:159-160.

要理由有:其一,法院对公司治理领域的介入,以程序性审查为主,而非以实质的司法判断来取代商业判断。如此,可以吸引资本的投入,使自贸试验区成为吸引外资的"乐土"。其二,相对商人来说,法官所做出的司法判断,并不具备足够的信息优势,而尊重商业判断,更有助于企业的经营。其三,尊重商业判断,有助于商人自治体的繁荣与发展,从而促使企业经营的创新,进而推动商业领域的革新。

五、遵循先例原则

遵循先例原则,为英美法系的司法传统。在判例法国家中,若无遵循先例原则,判例法无从发展起来。但随着经济全球化的进展,特别是第二次世界大战以后,大陆法系国家,如德国、日本等,也开始发展判例,甚至将判例直接视为法源。在我国,最高人民法院也开始颁布指导性案例。尽管对指导性案例的性质认定,各学者有着不同的理解①,但无论是将指导性案例视为判例,作为法源直接引用,还是认为指导性案例只能"参照",皆涉及遵循先例的司法思维。

"英美法学家认为判例法区别于法典法的特征在于,法典法是呈现在世人面前的高度抽象化、系统化和规范化的条文,从中难以窥见现实生活中法律现象的原貌,而且许多法律规范本身就是依据理性的预见假定而创制的。法典法在很大程度上是一个脱离生活现实的形而上学体系,不仅难以把握,而且其真实可靠性也令人怀疑。相反,判例法不是逻辑推理的产物,而是人类'完备理性'的自然表述,是共同经验的反应,是以人们共同的生活习惯为基础的。判例法产生于司法判决,是对以往案例的真实记录,是活生生的法律,看得见、摸得着"②。因此,在判例积累过程中,遵循先例成为一个恒定的法则。

"每一个判例都是具体的、针对个案的处理方法,以后的法官审理案件时,需要在大量的先前判例中寻找适用于本案的特定判例,对这些判例法做出归纳分析,确定其所确立的法律原则和规则,并适用于本案,这样,该特定判例便构

① 参见:陈兴良.案例指导制度的法理考察[J].法治与社会发展,2012(1);陈兴良.我国案例指导制度功能之考察[J].法商研究,2012(2);刘作翔,徐景和.案例指导制度的理性基础[J].法学研究,2006(3);工立明.我国案例指导制度若干问题研究[J].法学,2012(1).

② 封丽霞.法典法、判例法抑或"混合法":一个认识论的立场[J].环球法律评论,2003年秋季号.

成本案的先例”①。确定先例的一系列方法和活动，被称为“区别技术”，通过区别技术，法官在审理案件时往往有几种可能性：一个是遵从有约束力的判例；另一个是推翻前例；再一个是拒不适用某一前例。换句话说，既不遵从也不推翻，而是对该前例和现在的案件加以区别，认为包含该前例的案件和现在案件之间在实质性事实和法律方面有着重大差别，因而不援引这一前例②。

在自贸区试验法院中，引进“遵循先例”原则是必要的：首先，在自贸试验区，各类经贸规则在试验过程中，很难规范化，因此，只能采取“边干边学”的哲学态度。而交由司法来裁决的，也只能要求法官采取经验论为哲学理念，这正与判例法的经验论哲学基础相吻合。其次，自贸试验区在三年内，必然缺乏成文法（法典法）的支撑，而各类商事纠纷要得到比较圆满的解决，最适当的方法乃是发展判例（或指导性案例），借以弥补成文法的不足。最后，判例法在大陆法系的发展，或者我国发展指导性案例，其中功能之一就在于克服成文法的滞后性，而在自贸试验区中，法治与经贸的同步发展，是形成“法治化、国际化、市场化”营商环境的重要保证。而发展判例或指导性案例，则离不开遵循先例的司法原则。

当然，在自贸试验区，引进“遵循先例”原则，必须设置下列制度条件：首先，自贸区法院必须有判例或指导性案例。凡通过审委会讨论的案件，可以直接成为自贸区法院的判例或指导性案例，作为后来案件的“先例”。其次，上级法院可以通过二审或再审，发展自贸区的判例或指导性案例。最后，遴选或培养一批通晓国际经贸规制，熟谙英美法传统的法官。

六、商事惯例直接成为法源

商事习惯，分为商事惯例与一般交易习惯两类。前者是指在商业活动中经长期的反复实践而形成的，并为从事相关商业领域的当事人广泛知悉并经常遵守的商业做法。交易习惯是指在交易行为当地或者某一领域，某一行业通常采用并为交易对方订立合同时所知道或者应当知道的做法；或者指当事人双方经

① 钱弘道.英美法讲座[M].北京：清华大学出版社，2004：10.

② 陆洲，李华国.通过法律论证的司法正义——两大法系比较及其启示[J].西北大学学报（哲学社会科学版），2013（1）.

常使用的习惯做法①。对于商事惯例,我国法律仅规定了国际商事习惯或国际惯例的法源效力②。若在自贸区法治建设过程中,欲将商事习惯作为法源,必须解决下述两个问题。

(一)商事惯例与国际惯例的关系

我国现有的规定国际惯例的法律,基本上指向国际商事惯例。而国际商事惯例是商事惯例的重要组成部分。按现有法律规定,国际商事惯例具有法源效力,应该不存在法律上的障碍。但国内商事惯例呢?在自贸试验区内,法律的适用具有一体化的特点③,因此,并不该区分国内商事惯例与国际商事惯例。另外,可以通过最高法院颁布司法解释的方式,规定自贸区的商事惯例与国际商事惯例密不可分,构成国际惯例的重要组成部分,从而具有法源效力。商事惯例认定的实质条件有二:其一,广泛知悉;其二,经常遵守。

(二)一般交易习惯的效力

根据《最高人民法院关于适用〈中华人民共和国合同法〉若干问题的解释(二)》第七条之规定,交易习惯需满足下述主客观要件,并经提出主张的一方当事人举证后,方能适用。主观要件,即"为交易对方订立合同时所知道或者应当知道";客观要件,即"在交易行为当地或者某一领域、某一行业通常采用"。因此,一般交易习惯并不具有法源效力,而是具有契约效力。正因为如此,自贸区法院在审查一般交易习惯效力时,更应当尊重合同自治原则,除非违反法律强制规定;否则,一般交易习惯则具有合同的同等效力,予以适用。

七、法律是一体适用

按照现行的法律规定,我国的内外贸法律体系是两套系统,即调整内贸(内

① 参见《最高人民法院关于适用〈中华人民共和国合同法〉若干问题的解释(二)》第七条之规定,《中华人民共和国合同法》规定了"交易习惯"的法条共九条,即第二十二条、第二十六条、第六十条、第九十二条、第六十一条、第一百二十五条、第一百三十六条、第二百九十三条、第三百六十八条。

② 如《民法通则》、《海商法》、《票据法》、《民用航空法》和《归侨侨眷权益保护法》等。

③ 在后文中将论及。

资）与调整外贸（外资）的法律系统是区隔的。在自贸试验区中，首先就必须打破这种区隔，即实施内外贸规则一体化。因此，作为调整内外贸的两套法律系统必须一体化。对自贸实验区法院来说，就面临着法律的一体适用问题，也即无论内贸（内资），还是外贸（外资）都适用相同的法律问题。

对于自贸区司法而言，法律的一体适用首先是适用外贸（外资）法律系统。也就是说，当两套法律系统针对一种行为模式有两套处理模式时，优先选择适用外贸（外资）法律系统。因为自贸试验区肩负建立高标准国际经贸规则的使命。其次，只有涉及冲突法规范时，内贸（内资）与外贸（外资）才有区别。因为，外贸（外资）还得适用冲突法规范。最后，法院必须进一步核理、清理内外贸（资）两套法律系统中所有冲突的法律规范并报送有关立法机关或上级法院，通过立法或司法解释的方式废止或修订这些法律。

八、结论

第一，自贸试验区法院的设立、有机整合 ADR 机制、法官负责制、尊重商业判断、遵循先例原则、商事惯例成为法源、法律的一体适用等构成了自贸试验区司法试验系统。而这个系统要充分发挥优势，则无法舍弃其中任何一部分。

第二，只有经过自贸区司法试验而成熟的做法，才能成为可复制、可推广的司法经验与规则的一个组成部分。

（郑少华）

中国(上海)自贸试验区试行《政府采购协定》规则的建议

自贸试验区作为先行先试的“制度与政策创新试验田”,在自贸区范围内按GPA规则开展政府采购,不仅有利于自贸试验区的全面对外开放、丰富自贸试验区政策试验的内涵,而且可以为我国加入GPA谈判和加入GPA后按GPA规则实施政府采购积累经验,具有重大的现实意义。

……………………………………………………………………………

构建中国(上海)自贸试验区的主要任务之一就是要对接全球高标准贸易投资规则和国际法,推进制度创新和对外开放,促进我国治理体系和治理能力现代化。为了实现国际贸易的自由化,开放政府采购市场也成为题中“应有之义”。世界贸易组织《政府采购协定》(GPA)作为参与国家和地区最多的诸边协议,加入GPA也是我国入世的承诺之一。为此,目前我国也在积极开展加入GPA的谈判,估计不久的将来中国也会加入世界贸易组织《政府采购协定》。一旦中国政府加入GPA,那么GPA将是我国政府采购必须遵循的主导规则。而政府采购市场的开放涉及面广、利益重大、风险较高,对此各国都相当慎重。我国在开放政府采购市场时,一方面要对接国际规则,另一方面又要做到风险可控,因此利用自贸试验区这一平台开展政府采购市场开放的试验就显得十分必要。

在上海自贸试验区内按照GPA规则开放政府采购市场,一方面可以扩大我国的对外开放,充实上海自贸试验区的内涵;另一方面也可发挥上海自贸区先行先试的“制度试验田”作用,为我国加入GPA后按GPA规则实施政府采购积累经验。本文对照GPA规则,对上海自贸区管理机构按照GPA规则实施政府采购面临的障碍及其对策进行深入分析。

自贸试验区作为先行先试的“制度与政策创新试验田”,在自贸区范围内按

GPA 规则开展政府采购,不仅有利于自贸试验区的全面对外开放、丰富自贸试验区政策试验的内涵,而且可以为我国加入 GPA 谈判和加入 GPA 后按 GPA 规则实施政府采购积累经验,具有重大的现实意义。

一、GPA 简介

GPA(Government Procurement Agreement)是世界贸易组织的一项诸边协议,目标是促进成员方开放政府采购市场,扩大国际贸易。GPA 由世界贸易组织成员方自愿签署,目前有美国、欧盟等 14 个成员方,共 42 个国家和地区签署了本协议。加入 GPA 是我国的入世承诺之一,为此目前我国也在积极开展加入 GPA 的谈判,估计不久的将来中国也会加入世界贸易组织 GPA。一旦中国政府加入 GPA,那么 GPA 将是我国政府采购必须遵循的主导规则。因此可以说世界贸易组织《政府采购协定》代表了政府采购制度的世界通行标准。但是,GPA 主要是规范数额较大的政府采购项目,根据我国在 2012 年 11 月 29 日提交的《中国加入 GPA 第四份出价清单》,在过渡期之后,我国次中央政府实体(即省市一级政府)的采购项目,当货物或服务的采购金额达 40 万特别提款权(SDR)、工程的采购金额达 3 000 万 SDR 时,必须依照 GPA 规则实施。而对于采购金额低于以上门槛的政府采购如何进行,GPA 只是原则上规定应按照 GPA 规定的原则来做,但并不做强制性规定,也不会引起其他国家的异议。因此更准确地说,GPA 应该成为以后大额政府采购的主导规则。因此,在政府采购制度的设计方面,自贸试验区可以参照的国际准则主要应该是世界贸易组织《政府采购协定》,即 GPA。

二、GPA 的主要内容

GPA 涉及的主体包括基本原则、信息公开、采购流程与方法、异议与申诉等方面的内容。

(一)GPA 的主要原则

1. 非歧视性原则

世界贸易组织 GPA 规定:“政府采购措施的制定、采纳或应用,不应用于对本国供应商、货物或服务的保护，或者对外国供应商、货物或服务造成歧视。”

2. 透明化原则

GPA 序言中写到“政府采购透明性措施的重要性，以透明和公正方式实施政府采购的重要性，按照《联合国反腐败公约》等国际文件避免利益冲突和腐败行为的重要性”，正是为了追求公平、公开、公正的目标，所以世界贸易组织积极倡导采取“电子竞拍”的方式进行政府采购。

3. 利益冲突回避原则

采购实体应当以透明和公正的方式进行相关采购，该方式包括：①应当与本协议一致，使用诸如公开招标、选择招标和限制性招标方式；②避免利益冲突；③防止腐败行为。

4. 国家安全与公共利益原则

例如，GPA 规定“本协议不得解释为阻止任何参加方，在涉及武器、弹药或战争物资采购，或者涉及为国家安全或国防目的所需的采购方面，在其认为保护根本安全利益的必要情形下，采取任何行动或者不披露任何信息”；“本协议不得解释为阻止任何一参加方采取或者实施以下措施，其条件是这些措施的使用方式，不得在条件相同的参加方之间构成随意的、不合理的歧视或者构成对国际贸易的隐蔽性限制：①为保护公共道德、秩序或安全所必需的措施；②为保护人类、动植物的生命或者健康所必需的措施；③为保护知识产权所必需的措施；或者④涉及残疾人、慈善机构或者监狱囚工提供的货物或者服务的措施”。

（二）GPA 信息公开的有关规定

信息公开是保证各类企业平等参与政府采购竞争的前提，所以 GPA 非常重视政府采购信息的公开，要求各参加方的政府采购实体必须在指定的纸质或电子媒体上公布政府采购制度和采购信息。GPA 要求的信息公开的内容如下。

1. 政府采购制度的公开

“每一参加方应当：①在官方指定的可广为传播并可为公众获得的电子或者纸质媒体上，及时公布任何法律、法规、司法判决和普遍适用的行政决定、根据法律或法规制定并置于公告和招标文件中供引用的标准合同条款、涉及被涵盖采购的程序,以及上述各项的修改;及②应任何参加方的请求做出解释”。

2. 政府采购信息的公开

政府应公开的采购信息具体包括:

(1)发布意向采购和招标文件的公告。“政府采购实体应当在指定的适当纸质或者电子媒体上公布意向采购公告”,并且意向采购公告应包括与采购项目有关的尽可能多的信息。同时,“在公布意向采购公告时,都应当同时使用一种世界贸易组织官方语言发布一份可容易获得的摘要公告”,并且“鼓励采购实体在指定的适当纸质或者电子媒体,尽早发布每一财政年度内有关未来采购计划的公告”。“采购实体应当及时地:①使招标文件可以获得,以确保兴趣供应商有充分时间提交符合要求的投标书;②应请求将招标文件提供给任何有兴趣的供应商;以及③回答任何兴趣供应商或参加供应商提出的有关相关信息的合理要求,条件是该信息不会给予该供应商超越其他供应商的优势”。

(2)纳入政府采购常用清单的公告。“采购实体可以设立一个供应商的常用清单,只要邀请有兴趣的供应商申请进入该清单的公告是:①每年公布的;及②如果用电子手段公布的,则应使之可持续获得,发布在指定的适当媒体之上”。并且规定“采购实体应当允许供应商在任何时候提出纳入常用清单的申请,并且在合理的较短时间内将合格的供应商纳入清单”。

(3)关于事项办理及中标结果的公告。对于供应商的投标申请和加入常用清单申请、厂商的投标结果及政府的合同授予等,政府采购实体必须在规定的时限内公告其决定,并且“根据供应商的请求及时向其提供决定理由的书面解释”。

(4)其他应参加方请求提供的信息。“根据其他参加方的要求,参加方应当及时提供对于判断采购是否公平、公正和遵照本协议进行所必要的信息,包括中标的投标文件的特点和相对优势的信息”。

GPA 不仅规定要公开这些信息,而且对应该公开的信息内容进行了详尽的描述和说明,务必做到信息公开的全面、充分、准确、透明。

(三)GPA 规定的采购方式与流程

政府采购方式是指政府实现其采购目标的方法和手段。GPA 协议对政府采购方式和程序做了完整的规定。GPA 协议中第 6—18 条是关于采购方式与程序的规定,其所规定的采购方式主要有四种:公开招标、选择性招标、限制性招标和电子反拍。同时协议还规定了政府采购中可以加入以谈判作为补充,并对各种采购方式的主要流程进行了规范。

(四)GPA 关于异议与申诉的规定

GPA 规定,参加方必须制定提供"及时、有效、透明和非歧视的行政或司法程序",供应商可以据此对该参加方违反 GPA 规则的做法进行投诉;"每一参加方还应当建立或者指定至少一个独立于采购实体的公正的行政或司法主管机关,接受并审查供应商在一涵盖采购中产生的质疑";并规定"每一参加方应确保审查机构如不是法院,则该审查机构的决定应当接受司法审查";GPA 还对审查程序进行了规定。

从以上我们对 GPA 协议主要内容的介绍中可以看出,按照 GPA 规则开展政府采购制度,可以有效地保证各参与国的供应商平等地参与参加方政府的采购项目,并确保各参加方政府在政府采购中保持"竞争中立"的地位。

三、自贸试验区按 GPA 规则实施政府采购的障碍

按照 GPA 规则运行,就是要:①对外开放政府采购市场,给予 GPA 各参加方的供应商以平等待遇;②按照 GPA 规定的规范程序和方法实施政府采购。按照 GPA 规定的规范程序和方法实施政府采购可能遇到的问题不大,而要按 GPA 规则对外开放自贸试验区政府的采购市场则会面临较多的障碍和问题。所以这里我们可以有两种选择方案:一种是先不对外开放政府采购市场,而只是按照 GPA 规定的政府采购程序和方法实施政府采购;另一种是同时实现开放政府采购市场和按 GPA 规定的程序与方法做事。显然,后一种方案的难度要大一些,下面分析一下自贸试验区按照 GPA 规则开放政府采购市场将会遇到的主要障碍和问题。

(一)与我国现有法律法规的冲突问题

我国《政府采购法》第十条明确规定:“政府采购应当采购本国货物、工程和服务。”为贯彻此规定,财政部专门制定了《政府采购进口产品管理办法》,其中也明确规定政府采购进口产品时必须经过审核。此外,为了推广和支持节能环保产品的使用,我国还建立了政府强制采购节能产品和优先采购环保产品的制度,各级政府采购只能从纳入国家节能环保产品的清单中采购相关产品,而目前只有国内产品才能进入这个清单。还有,我国政府采购中的工程招标是按照《中华人民共和国招标投标法》实施的,而其中的一些规定也与 GPA 存在不一致的地方。显然这些规定都与 GPA 规则相冲突,因此如果自贸试验区开放政府采购市场,就必须对这些法律在自贸试验区内的适用问题进行调整。

(二)自贸试验区的地位问题

按照我国加入 GPA 谈判的第四轮出价清单来看,省级以下政府的政府采购并没有纳入对外开放的范围,自贸试验区政府作为省级以下的行政单位,不在我国加入 GPA 谈判的出价范围之内;即使中国以后加入了 GPA,省级以下政府加入 GPA 的可能性也很小。如果把自贸试验区作为我国加入 GPA 谈判的一个政府实体,那么是把上海自贸试验区作为上海市的一个直属机构,还是作为一个特殊区域特殊对待,也有待中央研究审批。

(三)政府采购开放的范围问题

GPA 规则主要针对的是超过门槛价的大额政府采购。而对于自贸试验区来说,如果按中国政府目前加入 GPA 谈判的门槛价,则自贸试验区的大量采购可能都在门槛价之下,那么这种开放可能就没有多大意义。这样,自贸试验区就必须降低政府采购市场开放的门槛。因而有两种选择:一种是划定一个较低的门槛,在这个门槛之上的政府采购都对外开放,并严格按照 GPA 规则做事;而低于这个门槛的政府采购则不对外开放,而是按照国内规则或另外制定一套简易采购程序实施,如香港、新加坡均采用这种做法。另外一种做法是不论数额大小,一律对外开放,采用相同的一套规则。但即使采用后面一种选择,对于数额不同的政府采购,其采购程序和方法也是不同的。一般来说,政府要严管大额采购项目,因此大额政府采购的程序和方法也相对比较复杂;而对于小额采购来说,为了降低行政成本,一般都采用简易的采购程序和方法。

还有一个问题就是:如果自贸试验区对外开放政府采购市场,是仅对自贸试验区内的所有企业开放,还是对 GPA 成员国开放,还是对所有国家开放,这也是一个值得研究的问题。

(四)与现有政府采购管理体制的冲突问题

依照目前的体制,自贸试验区政府的大部分采购(包括集中采购目录范围之内和采购限额之上的采购项目)是委托给浦东区政府采购中心去实施,而自贸试验区政府只负责目录之外或限额以下采购项目的实施运作。如果按照 GPA 规则对外开放自贸试验区政府采购市场,则自贸试验区必须建立一套不同的政府采购制度体系和独立的政府采购实施与监管体系。

(五)自贸试验区政府采购的规模偏小

在目前阶段,我们可能只能开放自贸试验区的政府采购市场,而这个市场的规模总体偏小,内容也较为简单,可能不会对国际供应商产生太大的吸引力,能够开展的政策试验也是有限的,因此有些政策试验的效果可能不太明显。

(六)政府管理水平有待提高

按照 GPA 规则做事对政府的管理水平提出了很高的要求,而相比较而言,我国政府的管理方式与管理能力与这些要求相比可能还有一些距离,这也是制约未来自贸试验区按照 GPA 规则做事的一个重要瓶颈。

四、自贸试验区按 GPA 规则实施政府采购的可行性

虽然自贸试验区按照 GPA 规则组织实施政府采购会遇到一些障碍和问题,但是总体而言这些问题和障碍都是可以解决和突破的,因此是可行的。

(一)与我国现有法律法规的冲突问题

针对自贸实验区按照GPA规则开展政府采购遇到的与我国现有法律法规冲突的问题,关键就是要对我国现行法律法规在自贸试验区内的适用问题进行调整。如果在全国范围推行GPA规则,就必须对我国有关政府采购的法律法规进行修改、调整,但是从自贸试验区这一有限的范围来看,则不需要对我国现行法律法规制度进行修改和调整,只需要解决现行法律法规在自贸试验区的适用问题,难度相对较小。

(二)自贸试验区的地位问题

针对自贸试验区的地位问题,我国可以在加入GPA的谈判中,把自贸试验区作为上海市政府的一个直属机构,或者作为一个特殊区域加入我国政府出价清单即可。加之自贸试验区管理的范围较小,很少涉及国家安全及国内产业保护等问题,并且风险可控,因此完全可以按照GPA规则开展政府采购制度改革的试验。

(三)自贸试验区政府采购市场的开放范围问题

针对自贸试验区政府采购市场的开放范围问题,关键是要建立公平竞争的政府采购制度。自贸试验区政府须尽快制定自贸试验区政府采购办法,对所有国家或地区供应商给予平等待遇,这样就不会引起国际供应商和其他国家的不满。开放自贸试验区的政府采购市场不仅不会对我国加入世界贸易组织GPA的谈判形成不利影响,相反倒是可以彰显我国对外开放和加入GPA的决心,并为我国加入GPA积累经验。

(四)与现有政府采购体制的冲突问题

针对与现有政府采购体制的冲突问题,关键是政府要调整自贸试验区的政府采购体制,在自贸试验区内设立自己的政府采购政策制定与监管机构、采购实施机构、争议申述与解决机构。这是我国政府自己可以做到和控制的。

(五)自贸试验区政府采购市场规模偏小的问题

针对自贸试验区政府采购市场规模偏小的问题,可以通过采用降低自贸试验区政府对外开放的门槛价的方法来解决。比如我国在加入 GPA 谈判的四轮出价中提出,当货物或服务的采购金额达 40 万 SDR 、工程的采购金额达 3 000 万 SDR 时,必须依照 GPA 规则实施。我们可以把这个门槛价降低为:货物与服务的采购金额为 20 万元、工程为 50 万元,即对外开放。这就可以使自贸试验区政府采购对外开放的市场规模扩大很多。此外,即使自贸试验区不会涉及某些政府采购项目(如政府资助的研发项目的采购),可能会出现某些政府采购制度的“空转”,但这也可以发挥“政策风向标”的作用,并接受国内外舆论的评论,从而为这些制度在其他地方的“移植和复制”提供借鉴。

五、自贸试验区按 GPA 规则实施政府采购的建议

我国目前正在进行加入 GPA 的谈判。加入 GPA 会给我国带来什么影响,会遇到哪些问题,都要通过研究、试验来厘清对这些问题的认识。在自贸试验区内按照 GPA 规则开放政府采购市场,一方面可以扩大我国的对外开放,充实自贸试验区的内涵;另一方面也可以发挥自贸试验区“先行先试”的“制度试验田”作用,为我国加入 GPA 后按 GPA 规则实施政府采购积累经验。对照 GPA 规则,自贸试验区政府按照 GPA 规则实施政府采购,首先必须解决如下几个问题:有关现行法律在自贸试验区范围内的适用问题、自贸试验区政府采购体制调整和制度建设问题、政府采购制度和采购信息公开问题、政府采购程序与管理问题、争议申述与解决制度建设与机构设置问题、对外开放的范围问题。针对这些问题,我们建议采取以下解决方式。

(一)调整涉及政府采购法律法规的适用范围

中央政府要给予自贸试验区在政府采购方面先行先试的权利,并对涉及政府采购的相关法律法规在自贸试验区范围内的适用问题进行调整,使自贸区政府能够按照 GPA 规则开放政府采购市场、实施政府采购。

（二）建立独立的政府采购预算和政府采购实施机构

首先，自贸试验区政府的采购预算从浦东新区政府中独立出来，作为自贸试验区部门预算的一部分；其次，要按照GPA的规范尽快研究制定自贸试验区政府采购实施办法，以实现与GPA规则的对接；最后，调整现有的采办体制，在自贸试验区政府下面设立专门的政府采购职能部门，并把原本由浦东新区政府采购中心集中采购的所有政府采购项目交由该职能部门来完成。

（三）政府采购制度和采购信息公开

按照GPA要求，政府采购制度和采购信息必须在指定的媒体上公布，因此自贸试验区可以在上海市政府采购中心网站设立一个专门的版块，作为自贸试验区政府采购制度与采购信息公布的平台。当然，自贸试验区政府也可以建立自己独立的信息发布平台和电子交易平台。

（四）对自贸试验区的政府采购试行分类管理

在《自贸试验区政府采购实施办法》中，可以规定对于门槛金额（比如货物与服务的采购金额为20万元、工程为50万元）以上的政府采购按GPA规则实施，采用公开招标、限制性招标、选择性招标、电子反拍等采购方式；而对于门槛金额以下的采购项目，可以继续沿袭国内的一些成功做法，或者向美国、新加坡等国家和中国香港地区学习，采用简易采购程序（或方法），如零用金支付单、公务卡支付、供货商场、协议供货、电子交易平台等，以降低政府采购的运行成本。

（五）指定或建立政府采购争议调解与申诉机构

根据GPA规则制定解决争端的法律法规，指定或建立一个自贸试验区政府采购争议解决的仲裁机构，并按照GPA的规则对政府采购领域的争端进行仲裁和调解。

（六）政府采购对所有国家开放

政府采购对所有国家开放既可以表明我国政府对外开放的决心，扩大自贸试验区在国际上的影响，也可以使自贸试验区政府按 GPA 规则实施政府采购时遇到的问题得以充分暴露，为我国加入 GPA 的后续谈判及未来按 GPA 规则实施政府采购积累经验。

（严剑峰　赵晓雷）

中国(上海)自贸试验区实施竞争中立操作方案设计

在TPP、TTIP和BIT三大自由贸易谈判的推动下,自由贸易区的投资规则体系面临重塑。上海自贸试验区可以通过先行试验国际经贸新规则、新标准,积累新形势下参与双边、多边、区域合作的经验,为我国参与国际竞争中立准则的制订,形成可复制、可推广的制度创新范式提供有力支撑。

一、竞争中立释义

2011年以来,美欧等发达国家在各种国际场合提及竞争中立概念,试图在双边、多边贸易投资协定中加入有关限制国有企业竞争优势的条款,并积极在经济合作与发展组织(OECD)、联合国贸易和发展会议(UNCTAD)等国际组织中推进有关"竞争中立"框架的制定和推广,使得竞争中立规则获得了国际市场的广泛关注。美国副国务卿罗伯特·霍马茨(Robert D. Hormats)的观点最有代表性,他认为金融危机以来,越来越多的国有企业和主权基金进入国际市场,由于其背后的政府支持,而不是自身的生产率和创新优势,这些企业逐渐在美国市场和第三国市场获得了竞争优势,使得美国没有政府支持的企业陷入了竞争劣势。他指出,美国关注的是一些国家的国有企业和国家扶持的企业享受到了私营部门竞争对手一般得不到的财政支持、税收优惠、监管优待和反托拉斯法豁免等,这会使得这些公司在与私营公司竞争时拥有相对优势,从而会危害到美国公司和美国的就业。

与一般竞争法规制的是企业垄断行为不同,竞争中立政策强调了由于企业所有权优势造成的市场不平等竞争地位。这种源于所有权的竞争优势有时不仅仅来自企业的故意行为,也可能是制度设计上的固有缺陷。可以说,竞争中立规则和竞争法的规制对象有一定重合,但各有侧重,不能完全替代。

二、竞争中立条款和通行标准

(一)TPP 谈判中的竞争中立

《跨太平洋伙伴关系协定》(Trans-pacific Partnership Agreement, TPP)是由环绕太平洋的国家主导的一项区域贸易协定。美国在 TPP 中处于主导地位,它视 TPP 为解决国有企业问题的一个契机。在已知的 TPP 谈判中,美国强调缔约方须对贸易、投资及竞争做出有约束力的承诺,提出加入 TPP 的条件为“高标准的政策协议”,其中包括取消给予国有企业的大量补贴,严格的知识产权保护,严格的劳工、环境标准等。

目前,TPP 谈判已进入重要阶段,美国行业团体敦促美国贸易代表办公室严格界定什么类型的实体是国有企业,要求所有的 TPP 成员国报告他们的国有企业情况,并对各国有企业施加条件限制,以确保他们不会无视或损害其在商品、服务或数码产品上所做出的 TPP 承诺,并敦促美国贸易代表办公室将范本措辞标准化,以确保无论公共机构何时行使任何监管、行政或政府职能,国有企业的行为都能与其所承担的 TPP 义务保持一致。

(二)OECD 制定的竞争中立规则

欧盟与美国支持经济合作与发展组织(OECD)在“竞争中立”领域的工作,该工作强调国有企业和私营商业企业在特定市场上享有同样的外部环境,以及在特定市场上公平竞争的重要性。为达成此目的,OECD 鼓励各会员国建立“竞争中立政策架构”(Competitive Neutrality Framework, CNF)。在 CNF 架构下,政府应透过事前的结构调整,以及事后的竞争监督(主要透过竞争法以及主管机关),降低甚至消除国有企业在竞争关系中之不当优势,确保其竞争中立。

OECD 认为,竞争中立政策旨在提供一种更为公平的竞争环境,在竞争中立的框架下需要重新审视现有的法律和行政法规,使国有企业的运营环境尽量与私人企业相同。同时竞争中立政策还要求提高透明度,即政府有义务披露其国有企业的运作成本。竞争中立的目的就是最大限度地降低来自于政府层面的便利条件,使各种类型的企业能享有相对公平的市场环境。

(三)澳大利亚的竞争中立措施

目前澳大利亚已经有比较具体的竞争中立政策,其措施是基于:政府性质的商业活动不应该在市场上享有大于私人企业竞争优势的准则实施。澳大利亚联邦竞争委员会和生产力委员会负责执行和监督竞争中立政策的具体措施。这些措施包括:

1.税收中立

澳大利亚要求政府的商业行为不得享受比其他市场竞争者更为优惠的税务减免。

2.信贷中立

要求政府需要为其商业行为承担其他市场竞争者相同的信贷成本(利率)。

3.政策中立

要求政府商业行为不能享受与其他市场竞争者完全不同的政策环境。

4.合理的商业回报率

要求国有企业必须提供合理的商业回报并且需要派发商业红利。

5.价格要真实地反映成本

要求国有企业的商业行为在价格制定上应该完全地反映其生产成本,同时非营利性项目的资金不得用于补贴其商业行为。

此外,由于国有企业很容易出现交叉补贴的情形,澳大利亚的竞争中立措施还特别关注政府对公共项目(非商业活动)的补贴行为。政府的公共项目需要严格列明并且对资金有较为严格的管理,"联邦竞争委员会"负责监督此类项目是否有清晰的说明以及资金是否正确使用。

(四)欧盟的竞争中立措施

欧盟成员在对待竞争中立政策问题上通常适用欧盟法的第106条(Article 106 EC)。该条款要求不管是国有企业还是私人企业的经营活动都受欧盟条约中的竞争条款约束,除非适用该条款与条约与其他签订的特殊任务相冲突时,可以有例外情形。总的来说,竞争中立的相关措施已经被欧盟所广泛承认。欧盟法第106条明确指出,欧盟的国有企业受竞争法的管辖,成员不得以任何理由或措施对抗这条规则。此外,欧盟法第106条还规定可以适用于各成员的各种形式的企业(国有和非国有),政府扶持不仅包括资金的直接补贴还应包括各种税务的减免措施。欧盟认为除了一些特殊情况,任何形式的政府补贴都是不被允许的。成员国有义务向委员会及时报告他们计划采取的对任何企业的扶持措施,委员会随后会仔细审查此类措施并决定是否允许实施。

三、上海自贸试验区实施竞争中立可行性分析及操作方案

(一)上海自贸试验区实施竞争中立可行性分析

1. 上海国资改革的先试先行为自贸试验区实施竞争中立政策创造了前提

2013年12月17日,上海市出台了《关于进一步深化上海国资改革促进企业发展的意见》(简称上海国资国企改革20条),将上海国有企业分为竞争类、功能类和公共服务类。这是十八届三中全会关于国资领域改革出台的第一个指导意见,它有助于对国有企业的商业行为和社会行为进行清晰的界定,并将国有企业的商业行为纳入透明的监管和审查流程,从而有效打破国有企业的利益藩篱,遏制国企的垄断冲动。

2. 上海自贸试验区"宽进严管"的投资准入机制为实施竞争中立政策奠定了基础

"宽进"是发挥市场的主导作用,"严管"在于政府能够提供并保障一个公平、公正的营商环境。自贸试验区将事先审批转为注重事中、事后监管,探索创新建立基于负面清单的外资准入和投资管理制度,先行试验与国际投资新规则相适应的外资准入方式和国民待遇制度,强化政府职能转变,从根本上终结传统的投资审批制度,实行内外资一视同仁,建立政府与企业的契约关系。倘若上海自贸试验区任何一个产业政策的出台都经过是否影响公平竞争的检测,国有企业获得的任何一项优惠措施都与其提供的公共服务严格匹配,政企、政资能真正得以分开,所有这些可置于公众监督之下,这就为公平竞争环境的构建奠定了基础。

3. 上海自贸试验区法律制度创新为实施竞争中立政策提供了保障

依法设立自由贸易区并赋予一定的立法权是国际通行做法。上海自贸试

验区建立与国际规则相适应的法律制度,就是要营造公正透明、规范高效的法治环境,营造法治化、国际化、市场化的发展环境,为接轨国际规则、维护竞争中立提供了有力的法律保障。在上海市十四届人大二次会议上,上海市领导表示:构建事中、事后监管的基本制度,建立安全审查机制、反垄断审查机制、企业年度报告公示制度、信用管理体系、综合执法体系和部门监管信息共享机制,提高政府服务管理透明度;建立专利、商标、版权管理合一的知识产权保护机制,完善法治保障,推动制定自贸试验区条例。

4. 上海自贸试验区主动对接国际贸易投资新规则为实施竞争中立政策提供支撑

在 TPP、TTIP 和 BIT 三大自由贸易谈判的推动下,国际贸易投资规则体系面临重塑。上海自贸试验区通过先行试验国际经贸新规则、新标准,积累新形势下参与双边、多边、区域合作的经验,为我国参与国际竞争中立准则的制订,形成可复制、可推广的制度创新范式提供有力支撑。

(二)上海自贸试验区实施竞争中立的操作方案

上海自贸试验区竞争中立的实施操作方案包括制度框架的操作和完善现行法律法规的操作,如图 1 -4 所示。

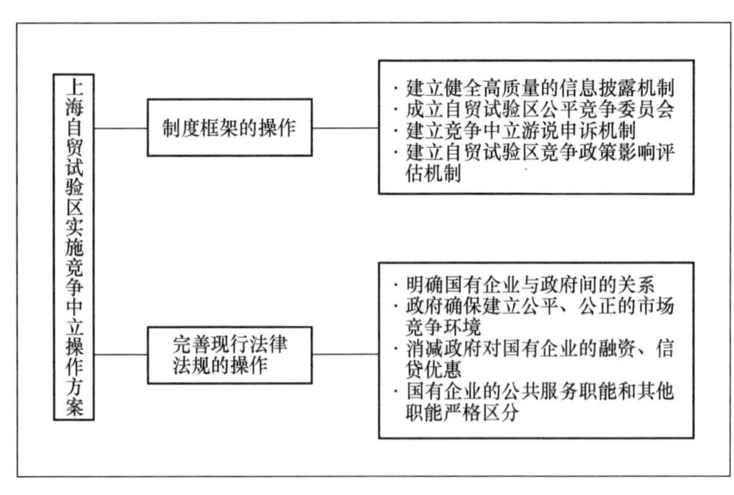

图 1 -4　上海自贸试验区实施竞争中立操作方案

1.制度框架的操作

(1)建立健全高质量的信息披露机制。国有企业的信息披露机制。在许多情况下,国有企业享有一些私人企业不具备的特权或便利条件。这些优惠政策给予国有企业在市场上更强的竞争力,OECD认为这种竞争力并不是来源于企业自身管理或技术的提升,而是更多来自于政府层面的扶持。这类优惠政策包含补贴、便利的融资与担保、独占垄断地位、低度监管以及破产免除等。出于公共利益需要,有必要要求自贸试验区国有企业按照上市公司的要求,建立高质量的信息披露机制,除国有企业商业活动外,将其承担的社会责任以及所享有的政府补贴和政策优惠予以披露。例如在欧盟,那些受到国家补贴而为公共利益服务的公司就被要求对这些活动设立会计单独账簿。

政府信息公开机制。自贸试验区管委会应建立高质量的政府信息公开机制,公开披露与公平竞争相关的政策、措施与活动,包括:竞争法律法规的执法活动;国有企业和指定的垄断企业可能阻碍国家间的贸易和投资的各种迹象;其在国有企业中拥有的全部股份份额以及投票权利的比重;关于国家及其国有企业持有的特殊股份或者特殊的表决权的比重或者其他的权利概述;在国有企业中担任高级职员或者董事会成员的政府官员的名字和政府中的职位;国有企业的年度收入或者总资产;不受竞争法律法规限制的企业及不受限制的范围以及政府向企业提供的财政援助或非财政援助等。

透明化的外资审查机制。自贸试验区对外资准入的管理由审批制改为备案制,并不意味着政府放弃了对外资准入的安全审查,如何在终结外资审批制的同时建立起良性的国家安全审查制度是当下非常现实的一个问题。自贸区管委会应建立一个跨部门对外商投资的安全审查机构,与CFIUS等发达国家对外商投资的国家安全审查委员会职能对等,根据国家军事、经济安全等方面的细则就投资项目进行审查,这不仅是针对自贸试验区,对于我国长期坚持的外资开放政策而言,亦无疑具有重大的战略意义。

(2)成立自贸试验区公平竞争委员会。中国反垄断法自颁布以来,实施效果一直备受质疑,其中一个主要原因在于多头管理。与其他国家由一个机构裁定反垄断行为的制度设计不同,在中国,反垄断执法权分散于商务部、国家发改委、工商总局三个部委。商务部反垄断局主要负责经营者集中的调查,发改委价格监督与反垄断局主要负责与价格有关的反垄断执法,剩下的部分则归工商总局反垄断与反不正当竞争执法局管理。有鉴于此,我们建议自贸试验区管委会成立跨部门的公平竞争委员会,除相关政府部门人员外,可邀请不同所有制企业代表以及专家学者代表进入委员会。公平竞争委员会实行任期制,其职能包括:①拟定自贸试验区竞争政策和法规;②审核税务、金融、政府采购等涉及公平竞争的事宜;③调查有违公平竞争和公平交易的事件和企业;④参与国际经贸投资规则的研究和交流;⑤其他有关公平竞争的事宜。

(3)建立竞争中立游说申诉机制。如果不公平的竞争是由政府自身政策所造成的,那么企业可以采取对立法机构“游说”(advocacy) 或者申诉的方式要求立法机构改变政策。在创造并维护公平竞争环境方面,澳大利亚实施竞争中立政策的做法为我国提供了良好的借鉴模式。竞争中立政策所指导的企业改革进行到一定程度时,澳大利亚通过建立申诉机制保障改革的成果,形成了一种长效监督机制。上海自贸试验区可以借鉴澳大利亚的做法,通过设立自贸试验区管委会申诉机构部门,建立游说申诉机制,通过市场的自我监督来维护公平竞争环境,并推动国有企业的深化改革。在消除民间投资体制障碍的探索中,上海自贸试验区政府应当按照政企分开的原则,对各种性质的投资一视同仁,为民间投资创造公开、公平、公正的体制环境。

(4)建立自贸试验区竞争政策影响评估机制。借鉴发达国家和国际组织近20 年来推动管制创新的经验和做法,通过管制、解除管制与再管制政策、措施和工具的系统性研究,引入 OECD 所倡导的“政策影响评估”(Regulatory Impact A-nalysis, RIA)机制,以确保政府形成高质量与有效的治理能力。政策影响评估机制可由独立的咨询或研究机构承担,通过参与并公开政策决策过程、设计多元化政策方案以及方案比较分析等,为政府制定和评估相关政策提供智力支撑和法理依据,以符合国际经贸投资规则革新的潮流。

2. 完善现行法律法规的操作

就可操作性而言,建议上海自贸试验区采用立法途径,即在《反垄断法》和《反不正当竞争法》的基础上制定自贸试验区竞争法,将国有企业的活动纳入其中。通过竞争中立的法律法规建设,逐渐消除对不同所有制经济成分的差别待遇,以及对非公有制经济在法律地位和社会身份、价格、税收、金融、市场准入等方面的歧视，着力营造平等竞争的市场环境，使各种所有制经济成分都能在统一的法律框架下各显其能。其内容应涉及以下几点。

（1）国有企业必须明确地说明与政府间的关系。在竞争中立政策下，国有企业的投资经营活动应该完全遵循商业活动的原则。但是部分国有企业并非营利性，它们承担了部分社会公共职能，对于这些企业的经营活动需要和商业性国有企业区分开来。但是，对于国有企业提供的某些公共服务的成本需要有相应的透明措施，例如向自贸区管委会申报其公共职能的范围和力度等，防止国有企业利用对公共服务的政府补贴进行与私人企业竞争的商业行为。

（2）政府应该确保一个公平、公正的市场竞争环境。政府需要尽量避免损害消费者利益的不必要的市场扭曲和低效措施，取消国有企业的一系列财政补贴、特许融资和破产免除等特权，国有企业不得享受比其他市场竞争者更为优惠的税务减免等。

（3）消减政府对国有企业的融资、信贷方面的优惠。保证国有企业与国有银行、国有融资机构和其他国有公司之间的关系应当基于纯粹的商务基础，而不受益于国家的显性或隐性担保。

（4）国有企业的公共服务职能应该与其他职能严格区分开来。政府监管机构应该严格将国有企业中的商业活动分支严格剥离出来，并且给予非国有企业和国有企业中的商业分支同等的政策待遇。更为重要的一点是，国有企业产权应该严格地独立于监管机构。为了达到这一目标，国有企业应该严格遵循独立年度审计报告，该审计报告应该严格遵循其他非国有企业的审计标准。

（杨晔　严剑峰）

中国(上海)自贸试验区:国家自由贸易区战略的试验高地

经过2015年的深化推进建设,上海自贸试验区应该在扩大开放和深化改革、推进治理体系和治理能力现代化、牵引中国经济转型升级方面提供更多更好的可复制、可推广制度创新经验,成为我国自贸试验区战略的试验高地。

……………………………………………………………………………………

我国的自贸试验区战略,是站在国内国际两个大局相互联系的高度,审视我国和世界的发展,准确判断国际形势新变化,深刻把握国内改革发展新要求,加快构建开放型经济新体制,以对外开放的主动赢得经济发展的主动和国际竞争的主动。自由贸易区战略为我国经济发展注入了新动力、增添了新活力、拓展了新空间。

一、上海自贸试验区的国家战略意图

2013年9月设立的中国(上海)自贸试验区,是中国自由贸易区战略实施的首个重要举措。上海自贸试验区的国家战略意图应该有三个方面的指向:一是主动适应全球化经济治理新趋势、新格局,主动参与引领国际经贸规则制定;二是在经济全球化中抢占先机,提升中国产业在国际分工体系和全球产业价值链中的地位;三是加快构建开放型经济新体制,以更高水平的对外开放促进全面深化改革。

在第一年建设运行中,上海自贸试验区坚持把制度创新作为核心任务,坚持可复制、可推广基本原则,开展了一系列成功的制度创新试验,实现了功能区从"政策优惠、招商引资"到"开放改革、制度创新"的转型。2015年,我国自由贸易区战略将有新的举措,广东、福建、天津等一批新的自贸园区已展开建设,上海自贸试验区也进入中局制胜的第二年建设期。在第二年建设期,上海自贸试验区需要继续准确把握国家战略意图,围绕核心任务和基本原则推进建设,继续为我国扩大开放和深化改革探索新思路和新途径,成为我国自由贸易区战略的试验高地。

二、上海自贸试验区建设的深化推进维度

2015 年,上海自贸试验区主体建设任务的深化推进有三个维度:一是深化行政管理体制改革,加快转变政府职能,改革创新行政管理方式;二是培育功能与政策创新相结合,深化推进投资、贸易便利化及金融开放创新建设;三是以法治为保障,推进国际化、市场化、法治化营商环境制度建设。下面分别讨论从这三个维度深化推进的基点问题和操作路径。

(一)深化行政管理体制改革

此维度方面主体建设任务深化推进的基点是使市场在资源配置中起决定性作用和更好发挥政府作用。操作路径是依法行政框架内的清权、减权、制权。具体事项包括:

第一,完善以行政备案制为中心的事中、事后行政管理体制,完善负面清单管理模式,完善"一口受理"、综合审批、高效运作的市场服务监管体系。

第二,负面清单的形式要与国际标准形式即 BIT 范本和 FTA 协定的"保留条款"基本对接,增强国际通约性;同时还要衔接协同配合国家安全审查和(经营者集中)反垄断审查,建立有效工作机制。

第三,建立与国际接轨的现代商事登记制度,进一步完善信息归集、综合、评估制度及多部门共享信息监测机制。

(二)深化投资、贸易便利化及金融开放创新建设

此维度方面主体建设任务的深化推进要以企业需求为基点,培育功能与政策创新相结合,在风险可控条件下深化推进投资、贸易便利化及金融开放创新建设,适应进一步扩大开放和完善现代市场经济体制需要。具体事项包括:

第一，进一步扩大投资领域开放，有效推进贸易发展方式转变，深化金融领域开放创新。

第二，提高扩大服务业开放23项措施的项目饱和度，同时实施2014年国务院批准的新一轮31项扩大开放措施，做实做强自贸试验区专注的国际贸易、航运物流、高端制造、金融服务、专业服务五大产业。

第三，进一步推动贸易转型升级，积极培育贸易新型业态和功能，继续推进与贸易发展方式转变相适应的监管服务制度创新。

第四，深化金融领域开放创新，推进国际金融中心功能培育。

第五，深化推进资本项目可兑换的开放创新，包括跨境双向人民币资金池、人民币跨境借款及结算、跨境投融资汇兑便利政策等的进一步深化扩展和辐射。

第六，增强金融服务功能培育，进一步推进金融服务业对符合条件的民营资本和外资金融机构全面开放，加快推进面向国际的金融市场平台建设，提升资本市场开放水平。

（三）推进国际化、市场化、法治化营商环境制度建设

此维度方面主体建设任务的深化推进应以国际双边、多边投资和贸易协定的高标准规则为基点，以保护产权、维护契约、统一市场、平等交易、公开透明、有效监管为基本导向，在维护公平竞争，加强投资者权益保护、加强劳动者权益保护、加强环境保护、加强知识产权保护等“一公平四保护”方面进一步提升立法和执法效率，构建公平公正的市场竞争环境。

经过2015年的深化推进建设，上海自贸试验区应该在扩大开放和深化改革，推进治理体系和治理能力现代化，牵引中国经济转型升级方面提供更多更好的可复制、可推广制度创新经验，成为我国自由贸易区战略的试验高地。

（赵晓雷）

延伸阅读 1. 上海自贸试验区服务业扩大开放23项措施

与上海自贸区负面清单相匹配,2013 年 9 月国务院公布了首批服务业扩大开放措施,涉及 6 大领域,18 个行业,23 项开放清单。

金融服务领域

1. 银行服务(国民经济行业分类:J 金融业——6620 货币银行服务)	
开放措施	(1)允许符合条件的外资金融机构设立外资银行,符合条件的民营资本与外资金融机构共同设立中外合资银行。在条件具备时,适时在试验区内试点设立有限牌照银行。 (2)在完善相关管理办法,加强有效监管的前提下,允许试验区内符合条件的中资银行开办离岸业务。
2. 专业健康医疗保险(国民经济行业分类:J 金融业——6812 健康和意外保险)	
开放措施	试点设立外资专业健康医疗保险机构。
3. 融资租赁(国民经济行业分类:J 金融业——6631 金融租赁服务)	
开放措施	(1)融资租赁公司在试验区内设立的单机、单船子公司不设最低注册资本限制。 (2)允许融资租赁公司兼营与主营业务有关的商业保理业务。

航运服务领域

4. 远洋货物运输(国民经济行业分类:G 交通运输、仓储和邮政业——5521 远洋货物运输)	
开放措施	(1)放宽中外合资、中外合作国际船舶运输企业的外资股比限制,由国务院交通运输主管部门制定相关管理试行办法。 (2)允许中资公司拥有或控股拥有的非五星旗船,先行先试外贸进出口集装箱在国内沿海港口和上海港之间的沿海捎带业务。
5. 国际船舶管理(国民经济行业分类:G 交通运输、仓储和邮政业——5539 其他水上运输辅助服务)	
开放措施	允许设立外商独资国际船舶管理企业。

商贸服务领域

6. 增值电信(国民经济行业分类:I 信息传输、软件和信息技术服务业——6319 其他电信业务,6420 互联网信息服务,6540 数据处理和存储服务,6592 呼叫中心)	
开放措施	在保障网络信息安全的前提下,允许外资企业经营特定形式的部分增值电信业务,如涉及突破行政法规,须国务院批准同意。

7. 游戏机、游艺机销售及服务（国民经济行业分类：F 批发和零售业——5179 其他机械及电子商品批发）	
开放措施	允许外资企业从事游戏游艺设备的生产和销售，通过文化主管部门内容审查的游戏游艺设备可面向国内市场销售。

专业服务领域

8. 律师服务（国民经济行业分类：L 租赁和商务服务业——7221 律师及相关法律服务）	
开放措施	探索密切中国律师事务所与外国及我国港澳台地区律师事务所业务合作的方式和机制。
9. 资信调查（国民经济行业分类：L 租赁和商务服务业——7295 信用服务）	
开放措施	允许设立外商投资资信调查公司。
10. 旅行社（国民经济行业分类：L 租赁和商务服务业——7271 旅行社服务）	
开放措施	允许在试验区内注册的符合条件的中外合资旅行社，从事除台湾地区以外的出境旅游业务。
11. 人才中介服务（国民经济行业分类：L 租赁和商务服务业——7262 职业中介服务）	
开放措施	（1）允许设立中外合资人才中介机构，外方合资者可以拥有不超过 70% 的股权；允许港澳服务提供者设立独资人才中介机构。 （2）外资人才中介机构最低注册资本金要求由 30 万美元降低至 12.5 万美元。
12. 投资管理（国民经济行业分类：L 租赁和商务服务业——7211 企业总部管理）	
开放措施	允许设立股份制外资投资性公司。
13. 工程设计（国民经济行业分类：M 科学研究与技术服务企业——7482 工程勘察设计）	
开放措施	对试验区内为上海市提供服务的外资工程设计（不包括工程勘察）企业，取消首次申请资质时对投资者的工程设计业绩要求。
14. 建筑服务（国民经济行业分类：E 建筑业——47 房屋建筑业，48 土木工程建筑业，49 建筑安装业，50 建筑装饰和其他建筑业）	
开放措施	对试验区内的外商独资建筑企业承揽上海市的中外联合建设项目时，不受建设项目的中外方投资比例限制。

文化服务领域

15. 演出经纪（国民经济行业分类：R 文化、体育和娱乐业——8941 文化娱乐经纪人）	
开放措施	取消外资演出经纪机构的股比限制，允许设立外商独资演出经纪机构，为上海市提供服务。
16. 娱乐场所（国民经济行业分类：R 文化、体育和娱乐业——8911 歌舞厅娱乐活动）	
开放措施	允许设立外商独资的娱乐场所，在试验区内提供服务。

社会服务领域

17. 教育培训、职业技能培训(国民经济行业分类:P 教育——8291 职业技能培训)	
开放措施	(1)允许举办中外合作经营性教育培训机构。 (2)允许举办中外合作经营性职业技能培训机构。
18. 医疗服务[国民经济行业分类:Q 卫生和社会工作——8311 综合医院,8315 专科医院,8330 门诊部(所)]	
开放措施	允许设立外商独资医疗机构。

注:以上各项开放措施只适用于注册在中国(上海)自由贸易试验区内的企业。

2. 上海自贸试验区 31 项扩大开放措施

部门	领域	序号	拟扩大开放措施
B 采矿业	B07 石油和天然气开采业	1	允许外商以独资形式从事提高原油采收率(以工程服务形式)及相关新技术的开发应用。
		2	允许外商以独资形式从事物探、钻井、测井、录井、井下作业等石油勘探开发新技术的开发与应用。
C 制造业	C15 酒、饮料和精制茶制造业	3	允许外商以合资、合作形式(中方控股)从事中国传统工艺的绿茶加工。
	C22 造纸和纸制品业	4	允许外商以独资形式从事主要利用境外木材资源的单条生产线年产 30 万吨及以上规模化学木浆和单条生产线年产 10 万吨及以上规模化学机械木浆以及同步建设的高档纸及纸板生产。
	C34 通用设备制造业	5	允许外商以独资形式从事 400 吨及以上轮式、履带式起重机械制造。
		6	取消对外商投资各类普通级(PO)轴承及零件(钢球、保持架)、毛坯制造的限制。
	C35 专业设备制造业	7	取消对外商投资 15 吨级以下(不含 15 吨)液压挖掘机、3 吨级(不含 3 吨)轮式装载机制造的限制。
		8	取消对外商投资一般涤纶长丝、短纤维设备制造的限制。

续表

部门	领域	序号	拟扩大开放措施
C 制造业	C36 汽车制造业	9	允许外商以独资形式从事汽车电子总线网络技术、电动助力转向系统电子控制器制造与研发。
	C37 铁路、船舶、航空航天和其他运输设备制造业	10	允许外商以独资形式投资与高速铁路、铁路客运专线、城际铁路配套的乘客服务设施和设备的研发、设计与制造,与高速铁路、铁路客运专线、城际铁路相关的轨道和桥梁设备研发、设计与制造,电气化铁路设备和器材制造、铁路客车排污设备制造。
		11	允许外商以独资形式从事豪华邮轮、游艇的设计。
		12	允许外商以独资形式从事船舶舱室机械的设计。
		13	允许外商以独资形式从事航空发动机零部件的设计、制造和维修。
		14	允许外商以独资形式从事摩托车生产(排量250ml)。
		15	允许外商以独资形式从事大排量(排量)摩托车关键零部件制造:摩托车电控燃油喷射技术。
	C38 电气机械和器材制造业	16	允许外商以独资形式从事符合欧盟 RoHS 指令的电器触头材料及无 Pb, Cd 的焊料制造。
E 建筑业	E45 土木工程建筑业	17	允许外商以独资形式从事地方铁路及其桥梁、隧道、轮渡和站场设施的建设、经营。
F 批发和零售业	F51 批发业 F52 零售业 L71 租赁业	18	允许外商以独资形式从事盐的批发,服务范围限于试验区内。
		19	允许外商以独资形式从事植物油、食糖、化肥的批发、零售、配送,粮食、棉花的零售、配送,取消门店数量限制。
		20	取消对外商投资邮购和一般商品网上销售的限制。
G 交通运输,仓储和邮政业	G53 铁路运输业	21	允许外商以独资形式从事铁路货物运输业务。
	G54 道路运输业	22	允许外商以合作形式从事道路客运站(场)经营。
		23	允许港、澳投资者以合资(外资比例不超过49%)、合作形式从事出入境汽车运输业务。

续表

部门	领域	序号	拟扩大开放措施
G 交通运输，仓储和邮政业	G55 水上运输业	24	允许外商以独资形式从事国际海运货物装卸、国际海运集装箱站和堆场业务。
		25	允许外商以合资、合作形式从事公共国际船舶代理业务，外方持股比例放宽至51%。
	G56 航空运输业	26	允许外商以独资形式从事航空运输销售代理业务。
K 房地产业	K70 房地产业	27	取消对外商投资房地产中介或经纪公司的限制。
L 租赁和商务服务业	L72 商务服务业	28	允许取得中国注册会计师资格的香港、澳门专业人士担任会计师事务所的合伙人。
M 科学研究和技术服务业	M74 专业技术服务业	29	允许外商以独资形式从事摄影服务(不含空中摄影等特技摄影服务)。
		30	取消对外商投资进出口商品认证公司的限制，取消对投资方的资质要求。
Q 卫生和社会工作	Q83 卫生	31	取消外商投资医疗机构最低投资总额和经营年限限制。

注:以上各项开放措施只适用于注册在中国(上海)自由贸易试验区的企业。

中国(上海)自贸试验区如何持续保持先发优势

2015年,国家批准新建中国(广东)自由贸易试验区,中国(福建)自由贸易试验区,中国(天津)自由贸易试验区。上海自贸试验区要保持领先优势,就要大胆实践,试验技术含量高、战略意义大的制度创新,为国家自贸区战略谋子、谋势,发展成为开放度最高的国家自由贸易区战略试验区。

……………………………………………………………………………………

2015年,上海自贸试验区从28.78平方公里扩展到120.72平方公里,新加入陆家嘴金融片区、金桥开发片区和张江高科技片区。同时,国家批准新建中国(广东)自由贸易试验区,中国(福建)自由贸易试验区,中国(天津)自由贸易试验区。在这一新的态势下,上海自贸试验区要持续保持先发优势,继续当好改革开放排头兵,创新发展先行者,继续为全国扩大开放、深化改革探索新路径,积累新经验。

一、继续紧紧把握制度创新这一核心,深化推进主体建设任务

上海自贸试验区主体建设任务深化推进的基本要求是扩大开放与体制改革相结合,培育功能与政策创新相结合;主体建设任务深化推进的工作重点是使已经铺开的制度创新全面深化、成熟、饱和;主体建设任务深化推进的工作目标是构建一套真正有效的开放型经济新体制以及相适应的行政管理制度和监管体制。

第一,深化行政管理体制改革,加快转变政府职能,改革创新政府管理方式。深化推进的基点是使市场在资源配置中起决定性作用和更好发挥政府作用;操作路径是依法行政框架内的清权、减权、制权;具体事项是完善事中、事后行政管理体制,完善负面清单管理模式,完善“一口受理”、综合审批、高效运作的市场服务监管体系。

第二,培育功能与政策创新相结合,深化推进投资、贸易便利化及金融开放

创新建设。按照总体任务和措施要求，自贸试验区以企业需求为基点，培育功能与政策创新相结合，在风险可控条件下深化推进投资、贸易便利化及金融开放创新建设，适应进一步扩大开放和完善现代市场经济体制的需要。具体事项包括进一步扩大投资领域开放，有效推进贸易发展方式转变，深化金融领域开放创新。

第三，以法治为保障，推进国际化、市场化、法治化营商环境制度建设。根据国际双边、多边投资和贸易协定的通行规则，以保护产权、维护契约、统一市场、信息透明、公平公正、有效监管为基本导向，在维护公平竞争、加强投资者权益保护、加强劳动者权益保护、加强环境保护、加强知识产权保护等方面切实提高监管能力和执法效率。

第四，实施制度一体、功能互补的扩区发展规划。在现在的120.72平方公里区域内，要尽快复制第一年的制度创新，拉平制度基础，并一体式深化推进制度创新。自贸试验区各区域在功能上应根据自身的区位及产业基础互补性发展，全面实施扩大开放措施，切实提高国际贸易、航运物流、高端制造、金融服务、专业服务这五大产业的发展水平和项目饱和度，优化产业价值链网络及收入流效应。

二、继续坚持可复制、可推广基本要求，与区域发展的国家战略相衔接，更好地服务全国

2015年3月24日，中共中央政治局审议通过广东、福建、天津自由贸易试验区总体方案，以及进一步深化上海自由贸易试验区改革开放方案。会议指出，上海自贸试验区运行一年多来，取得了积极进展，形成了可复制、可推广的经验。

第一，广东、天津、福建自贸试验区和扩展区域后的上海自贸试验区要当好改革开放排头兵、创新发展先行者，继续以制度创新为核心，贯彻“一带一路”建设、京津冀协同发展、长江经济带发展等国家战略，在构建开放型经济新体制、探索区域经济合作新模式、建设法治化营商环境等方面，率先挖掘改革潜力，破解改革难题。

第二，上海自贸试验区要衔接长三角协同发展、长江经济带等区域发展的国家战略，为区域发展注入扩大开放深化改革的活力。制度一体化是区域发展

到高级阶段的合作诉求，此时的区域具有强烈的制度复制需求。从长三角区域合作的发展历程考察，长三角区域一体化已经由在生产要素和产业布局层面上的“浅表一体化”演进到涵盖基础设施建设、基本公共服务、城乡规划、环境保护、产业布局等一体化内涵要素的“深度一体化”发展阶段。一方面，上海自贸试验区的政府行政管理体制改革及事中、事后监管制度，投资领域开放监管制度，贸易便利化监管制度等构成的制度模块主要是适应开放型经济和现代市场体系发展需要，培育功能，促进经济转型升级，这类制度首先适宜在长三角实施“区域一体化”复制；另一方面，服务经济价值活动所形成的价值链网络也是区域一体化的基础要素。

第三，上海自贸试验区要通过制度创新构造长江经济带区域合作价值活动及相应的价值链网络，推进长江经济带一体化发展。在试验成熟基础上，在长江经济带实行统一的贸易便利化监管制度，包括国际贸易及国内贸易单一窗口制度、货物状态分类监管制度、现代航运管理制度、第三方检验采信制度、多部门综合管理服务制度等。通过这些制度创新的有效复制，带动服务贸易、现代物流、融资租赁、保税展示、跨境电子商务、期货保税交割、集拼中转分拨、国际船舶管理、港口航运服务等高端要素聚集和产业转型发展，形成基于市场分工与协调的价值链网络，实现区域一体化发展。

三、为国家自由贸易区战略谋子、谋势，成为开放度最高的自贸试验区

我国的自由贸易区战略，是从国内国际两个大局相互联系的高度出发，审视我国和世界的发展，准确判断国际形势新变化，深刻把握国内改革发展新要求，加快构建开放型经济新体制，以对外开放的主动赢得经济发展的主动和国际竞争的主动，为我国经济发展注入新动力、增添新活力、拓展新空间。上海自贸试验区要保持领先优势，就要大胆实践，试验技术含量高、战略意义大的制度创新，为国家自由贸易区战略谋子、谋势，从而发展成为开放度最高的国家自贸区战略试验区。

（一）与“一带一路”战略相衔接，谋划亚太自贸区（FTAPP）实现路径

“一带一路”战略是新时期我国对外开放的主轴，2015 年是“一带一路”战

略破题实践之年。“一带一路”主要是在亚欧非大陆及沿海航线形成一个扩大开放、区域合作发展的界面。上海自贸试验区要实质性介入“一带一路”战略并发挥领先作用，还要积极谋划亚太自贸区实现路径，形成一个面向太平洋的扩大开放、区域合作发展界面，与“一带一路”战略形成双翼开放型经济新格局。2014 年在北京举行的亚太经合组织(APEC)第 22 次领导人非正式会议通过了协力推动亚太自贸区建立的北京路线图。为实质性推进路线图实施，上海自贸试验区要先行先试相应的制度创新，将自身打造成亚太自贸区营运试验区。第一层面，试验“取消关税壁垒 + 贸易便利化 + 服务贸易自由化”组合制度创新，构成物流、资金流自由流动的开放市场框架。第二层面，试验与跨太平洋伙伴关系协定(TPP)对接的高标准规则及制度，包括投资保护、技术贸易、电子商务、竞争政策、金融服务、争端解决等。通过营运试验区制度创新，探索亚太自贸区的实现路径。

知识链接

亚太自贸区(FTAAP)

2010 年横滨亚太经合组织(APEC)部长级会议上，与会部长表示，将在各国之间 43 项双边及小型自由贸易协定的基础上，在亚太地区建立自由贸易区(Free Trade Area of the Asia - Pacific, FTAAP)，并联合发表了“横滨宣言”。宣言说：“我们已达成一致，现在是时候把亚太自由贸易区从理想转化为更加现实的愿景。”“我们要求亚太经合组织采取具体措施，实现亚太自由贸易区。这是进一步推动亚太地区经济一体化进程的主要载体。”与会代表认为，有关自由贸易区的协议不应过于狭义，必须“广泛、高质量、成型、致力于下一代的贸易和投资”。

2010 年，亚太经合组织领导人发布了《实现亚太自贸区的可能路径》，指示亚太经合组织为实现亚太自贸区采取切实行动，并将亚太自贸区作为区域经济一体化的主要手段。亚太经合组织领导人同意亚太自贸区应是一个全面的自贸协定，并在“10 + 3”、“10 + 6”、跨太平洋伙伴关系协定等现有区域贸易安排基础上发展建立。为此，亚太经合组织应做出重要和富有意义的贡献，成为亚太自贸区的孵化器。通过在区域经济一体化进程中发挥领导力和提供智力支持，亚太经合组织将发挥重要作用，推动实现亚太自贸区愿景。

2014 年在青岛举行的 APEC 贸易部长会议上，中方主张在 APEC 框架下促进跨太平洋战略经济伙伴协定(TPP)、区域全面经济伙伴关系协定(RCEP)等自贸区的互动,建立自贸区信息交流机制,加强自贸区谈判能力建设。同时,积极探讨制定实现亚太自贸区的路径和方式,及早开展亚太自贸区可行性研究,启动亚太自贸区建设进程。

在2014年11月APEC领导人非正式会议上,决定启动亚太自由贸易区进程,批准了亚太经合组织推动实现亚太自由贸易区路线图,这是朝着实现亚太自由贸易区方向迈出的历史性一步,标志着亚太自由贸易区进程的正式启动。

推动FTAAP的重点领域主要包括边界措施、跨界措施、边界内措施三个层面。在边界措施方面,应削减残余的贸易与投资壁垒,提高市场准入水平。在跨界措施方面,应降低贸易与交易成本,拓展区域内联通性,构建硬件、软件和人文交往三位一体的全方位、多层次、多渠道的亚太互联互通格局,减少本地企业参与全球和区域生产网络的成本,推动APEC经济体全面融入全球和区域价值链。在边界内措施方面,应深化规制融合和结构改革,改善营商环境。

(二)先行先试《中华人民共和国外国投资法(草案征求意见稿)》的重要制度创新,为扩大开放深化改革大胆闯、自主试

《中华人民共和国外国投资法(草案征求意见稿)》是我国关于外国投资的重要法律建设和制度创新,是加快构建开放型经济新体制的重要环节。上海自贸试验区要本着国家利益至上原则,结合自身的建设要求及上海“四个中心”建设的国家战略,可以先行先试协议控制(VIE)结构的监管创新试点、外国投资国家安全审查制度创新试点、外国投资者权益保障制度(法律确定性、监管透明、纠纷解决机制)创新试点,以及外国投资信息报告制度创新试点等。这些制度创新试点可以为这部法律的修订完善和顺利实施积累实践经验。

延伸阅读

VIE

VIE(Variable Interests Entity),即“利益可变实体”或“协议控制”,是美国标准会计准则FIN46(FASB Interpretion No. 46.关于企业合并)中关于(被投资)实体的一个术语,是指投资企业持有具有控制性的利益,但该利益并非来自于多数表决权。VIE模式是指境外注册的上市实体与境内的业务运营实体相分离,境外的上

市实体通过协议的方式控制境内的业务实体,业务实体就是上市实体的 VIEs(可变利益实体)。

根据 FIN46 条款,凡是满足以下三个条件任一条件的 SPE 都应被视作 VIE,将其损益状况并入"第一受益人"的资产负债表中:①风险股本很少,这个实体(公司)主要由外部投资支持,实体本身的股东只有很少的投票权;②实体(公司)的股东无法控制该公司;③股东享受的投票权和股东享受的利益分成不成比例。设置这样的规定的目的,就是为了防止大的金融机构通过"孤儿"公司控制表外资产,却能把大量的风险和收益隐藏。FIN46 条款可以保证,至少有一家机构会把这样的表外资产并入报表。

由于 VIE 架构是外商独资企业通过与境内运营实体及其股东签署一系列的协议来实现对境内运营实体的实际控制,一般需要有以下协议以保证结构的有效性:排他技术支持及咨询服务协议;贷款协议或其他资金支持类协议;股权质押协议;管理协议;认股权协议等。

VIE 控制结构原理是:①公司的创始人或是与之相关的管理团队设置一个离岸公司,比如在维京群岛(BVI)或是开曼群岛 。②该公司与 VC、PE 及其他的股东,再共同成立一个公司(通常是在开曼),作为上市的主体。③上市公司的主体再在香港设立一个壳公司,并持有该香港公司 100% 的股权。④香港公司再设立一个或多个境内全资子公司(WFOE)。⑤该 WFOE 与国内运营业务的实体签订一系列协议,达到享有 VIEs 权益的目的。

采用 VIE 模式重组及上市的优点主要在于:①可以使国家限制外资进入或者外资准入政策比较模糊的行业的企业亦可实现境外上市;②可以在一定程度上规避《关于外国投资者并购境内企业的规定》的限制,在无须中国证监会批准的情况下实现境外上市;③无须改变境内运营公司的股权结构,便于灵活调整上市方案。

(赵晓雷)

第二篇

自贸区负面清单管理模式

上海自贸试验区试验的负面清单的实质功能是外商投资准入特别管理措施，即在负面清单范围之外给予外商投资“准入前国民待遇”。仅此一点就与此前的审批制、核准制做法有较大差异，从而对外商投资管理体制及相关的行政管理体制提出了变革要求。

上海自贸试验区所施行的负面清单模式与国际上双边、多边自由贸易协定（FTAs）中的不符措施和保留条款在形式及要素方面仍有较大差距，关键问题是“保留条款”的有效维护对政府治理体系和治理能力有着很高的要求，否则形式再好也只能流于一纸空文。负面清单管理模式要进一步优化，就要牵动制度层面的深化改革，要与全球高标准贸易投资规则对接，推进国家治理体系和治理能力现代化，这也是实现全面深化改革总目标的要求。上海自贸试验区负面清单在形式、功能、关键概念等环节进一步优化，并根据规范文本在管理理念、监管体系方面进行创新试验，不仅可以为中美 BIT 谈判及其他国际经贸谈判提供技术支持，还能为我国治理体系和治理能力现代化提供先行先试的经验。

以开放促改革，推进治理体系和治理能力现代化：论负面清单管理模式的复制推广

上海自贸试验区的定位是“制度创新高地”，而核心制度创新之一就是围绕外资准入的负面清单管理模式。上海自贸区通过形式调整和功能提升来优化负面清单的管理模式，并为中美 BIT 谈判提供技术支持。对于上海自贸试验区来说，“负面清单”也是最能反映其对内、对外双向改革任务的一项试验，目前已成为自贸试验区的“名片”，未来“备案为主，审批为辅”的外资准入管理模式必然将推向全国。

……………………………………………………………………………………

上海自贸试验区试验的负面清单，其实质功能是外商投资准入特别管理措施，即在负面清单范围之外给予外商投资“准入前国民待遇”。就是如此一点突破，就与此前的审批制、核准制做法有较大差异，对外商投资管理体制及相关的行政管理体制提出了变革要求。而上海自贸试验区所施行的负面清单模式与国际上双边、多边自由贸易协定 FTAs 中的不符措施和保留条款在形式及要素方面仍有较大差距。国际 FTAs 的保留条款形式更简洁、要素更严密，但覆盖范围却更广、功能更强。关键问题是保留条款的有效维护对政府治理体系和治理能力有着很高要求，不然形式再好也只能流于一纸空文。负面清单管理模式要进一步优化，要牵动制度层面的深化改革，要与全球高标准贸易投资规则对接，推进国家治理体系和治理能力现代化，这也是实现全面深化改革总目标的要求。

一、上海自贸试验区负面清单管理模式的优化路径

上海自贸试验区负面清单管理模式进一步优化的路径包括形式调整和功能提升两大途径。

（一）形式调整

负面清单在形式上要与国际标准形式基本对接，将中国的国际投资准入管理模式提升到 TTIP 和 TPP 的水平。负面清单形式转型为 BIT 范本及 FTAs 协定的“保留条款”（reservation measures），包括的核心要素有部门、子部门、行业分类、保留条款的类型、政府级别和措施。其中，部门是指保留条款所针对的部门；子部门是指保留条款实施所针对的特定子部门；行业分类是指保留条款所针对的国内行业分类代码；保留条款的类型特指保留条款所针对的职责条款（如国民待遇、最惠国待遇等）；政府级别是指对保留条款进行维护的政府级别；措施是指保留条款实施过程中，对其要素进行详细描述的法律、法规和其他措施。在保留条款的解释中，所有的要素都应该被考虑。保留条款的解释应充分考虑所针对的章节中的相关条款。

负面清单形式转型为保留条款形式，既符合国际标准，使外商更容易理解，也可以避免负面清单的保留行业及特别管理措施目录太细太长，成为“正面清单的翻版”，从而使形式更简洁、要素更严密、功能性更强。

（二）功能提升

通过形式调整，负面清单的功能不仅仅是单一的外商投资准入特别管理措施，而应具备以下三方面功能。

1. 是以开放型经济体系促进全面深化改革的突破口

通过上海自贸试验区建设及负面清单试验，适应经济全球化新形势，促进全面深化改革。负面清单管理模式不仅涉及产业层面，还切入经济制度和行政管理体制以及法律法规层面。负面清单可以作为可操作的突破口，牵动产业层面、市场层面、行政管理层面的深化改革。

2. 促进行政管理体制改革，推进国家治理体系和治理能力现代化

负面清单或“保留条款”的制定和有效维护、有效监管对政府治理体系和治理能力有很高要求。有效实施负面清单，必须转换行政管理理念，确立公开透明、法治规范、有限管理、有效监督的治理理念，实行统一的市场准入制度，提高管理质量和效率，降低经济运行成本，激发国内外企业投资经营活力。国家治理体系和治理能力现代化的一个重要标准是在市场经济条件下平衡政府和市场边界，从低水平、低效率的“管制型”行政管理转向以公共管理为导向的廉洁高效的“服务型”行政管理。

3. 在准入开放及投资者权益保护与国家主权监管方面寻找均衡，为双边、多边国际经贸谈判提供技术支持

负面清单优化版一方面要对诸如投资定义、间接征收、自由投资转移、公平与公正待遇、非歧视原则等重要概念做出尽可能清晰的界定，以透明的外资准入管理模式和流程吸引高端产业和优质资本，并获取其他国家的对等待遇；另一方面要列明国家监管的“兜底条款”，设置反垄断审查及国家安全审查机制，设置投资者—国家争端解决机制（ISDS），使中国的负面清单与 BIT、TPP、TTIP 谈判规则对接，为国际高标准经贸谈判提供实践经验和技术支持。

二、上海自贸试验区的负面清单管理方式要为中美 BIT 谈判提供技术支持

中美双边直接投资处于严重的不平衡状态。中国改革开放以来，美国一直是中国的主要投资来源国。2002 年以后，美对华投资占中国 FDI 的比重逐步下降，但仍是中国最大的外来直接投资国。而中国对美国直接投资仅排在 25 位之后，中国对美投资总量占美国吸收外资的总量不足 1%。中国企业对美国直接投资存在不少法律、监管、知识产权方面的障碍和壁垒，最大的障碍是中美没有签订双边投资协定。事实上，中美双方都需要通过谈判签订 BIT 协定，用共同的规则约束对方行为，维护各自的国家利益。

2012 年 4 月，美国正式发布了美国 2012 年双边投资协定范本（2012US Model BIT），确立了迄今自由化水平最高的投资规则。2013 年，中国同意在 2012US Model BIT 框架中以准入前国民待遇和负面清单为基础与美国重启 BIT 谈判，并于 2014 年上半年开始了新一轮谈判。

保留条款或负面清单是 BIT 谈判和双边、多边 FTA 谈判文本的一个重要装置，是进入端的控制机制，也是谈判的焦点。在实际谈判中，哪些领域和产业列入保留条款或负面清单，双方基于各自的国家利益会有一个通盘考量和艰难的讨价还价过程。上海自贸试验区的负面清单试验可以为中美 BIT 谈判和其他

国际双边、多边 BIT 谈判及 FTA 谈判提供技术层面的支持。除了上文提到的对负面清单进行形式调整和功能提升外，还可以在文本和监管体制中对美国 BIT 范本中的关键概念和美国与其他国家签署的 BIT 协定的保留条款内容予以解读，并进行监管操作试验。

美国 BIT 范本中的关键概念是“投资”、“国民待遇”和“最惠国待遇”，范本对这些概念做了清晰界定。我们的负面清单和管理模式需要与这些概念定义对接，以符合国际通行的话语系统和监管理念。美国与其他国家签署的 BIT 协定和 FTA 协定中保留条款所涉及的行业分类比较重要的有核能、采矿、通信和电信服务、少数民族事宜、金融服务及金融业（银行）、社会服务、交通运输（包括水路运输、空中运输）等。保留条款所针对的职责条款或职责关注主要是国民待遇，第二位是最惠国待遇。上海自贸试验区负面清单在形式、功能、关键概念等环节进一步优化，并根据规范文本在管理理念、监管体系方面进行创新试验，不仅可以为中美 BIT 谈判及其他国际经贸谈判提供技术支持，还能为我国治理体系和治理能力现代化提供先行先试的经验。

（赵晓雷）

延伸阅读

中美 BIT 谈判

BIT（Bilateral Investment Treaty）即双边投资协定，是两国之间签订的以保护和促进国际投资为目的的专门性条约，是调整国际投资关系最重要的法律形式。随着经济全球化进程的不断深入，国际投资流量的稳步增长，近年来国际投资活动日渐频繁，这一现状对国际投资法治环境提出了新的要求。

1. 中美 BIT 谈判的过程

于 2008 年开始启动的中美双边投资协定（BIT）谈判被许多观察家喻为“第二次‘入世’谈判”。但在奥巴马就任总统后，由于美国对 2004 年 BIT 范本的修订而导致谈判一度搁置。2012 年美国 BIT 范本公布后，双方于同年 5 月第四轮中美战略与经济对话重启 BIT 谈判。

至 2013 年 7 月第五轮中美战略与经济对话，中美 BIT 谈判进行了九轮技术性磋商,却一直裹足不前。在第五轮中美战略与经济对话中,中美双方同意以准入前国民待遇和负面清单为基础开展中美 BIT 实质性谈判,打破僵局。2013 年 7 月,中美两国的谈判取得了突破性进展,即双方达成协议,双边投资协定将涵盖经济领域的各个方面。此后,谈判进程迅速加快。

2014 年 7 月 22—23 日,在第六轮中美工商领袖和前高官对话会议上,正式提出了 BITT,即在 BIT 的基础上,除了投资以外,增加一个贸易的协定,也就是在 BIT 后面再加一个 T(Trade)。BITT 相比自由贸易协定(FTA)涉及的范围会小一点,如果中美两国之间三年之内开展这项谈判,可为中美两国企业家建立一个对未来的稳定预期。把 BITT 作为下一步中美 FTA 和亚太自由贸易区的一个重要桥梁,是最大的发达国家和最大的发展中国家建立健康经贸关系的一个良好方案,最终目标是通过 5—10 年时间在亚太地区形成一个更加广泛的,或者称为超世界贸易组织(WTO)的安排,为世界贸易和投资自由化打下良好基础。中美 BITT 谈判的最终目标是实现亚太区域经济一体化,建立亚太自由贸易区。

2015 年 2 月 4 日,第 18 轮中美 BIT 谈判在美国华盛顿举行,双方就协定文本进行了谈判,从而为下一步启动负面清单谈判奠定了坚实的基础。而最为关键的负面清单谈判有望在 2015 年年内启动。

2. 中美 BIT 谈判的内容

中美 BIT 谈判分为两个部分:一个是文本谈判;另外一个是负面清单谈判。中方在谈判中的主要诉求是:保护在美中国投资的安全与利益,最大限度地扩大美国产业对中国企业的开放,促进国内投资审批体制和行政审批制度的改革,促进国内经济体制的改革和对外开放等。而美方在谈判中的主要诉求有:保护在华美国投资的安全与利益,实行“前负模式”(准入前国民待遇和负面列表清单)的外资管理模式,打破国企的垄断,促进劳工权益与环境保护等。

目前 BIT 谈判的主要障碍在于两点:在负面清单方面,美国认为中国的清单还是太长,要求进一步开放;此外,美国一直非常关注中国的金融改革,希望可以开放中国的金融市场 ,但这是中方目前不能接受的。目前看来,中美双方对 BIT 谈判都持“棘手却又有信心”的态度,其谈判的核心是确保中美双方以非歧视性原则对待对方的投资者和投资。

3. 中美 BIT 谈判的意义

未来国际竞争是规则的竞争,中美 BIT 谈判是中国主动参与国际贸易投资新规则制定、更深入参与全球经济治理的契机。由于中国是 WTO 后加入者,中国加入 WTO 谈判历程十分艰难,与 37 个成员进行了长达 15 年的双边市场准入谈判。不仅如此,加入世界贸易组织以后,中国仍受制于欧美等发达国家施加的多种条款,其中《中国入世议定书》第十五条(确定补贴和倾销时的价格可比性)、第十六条(特定产品过渡性保障机制)准许其他 WTO 成员在中国加入世界贸易组织后 15 年内不承认中国市场经济地位、12 年内可对中国特定产品实施过渡性保障机制,导致中国企业成为全球反倾销的最大受害者。在当前 WTO 贸易框架日渐式微、国际投资贸易规则重塑的新时期,中国在新规则制定的开始阶段即积极参与和广泛涉入,将会为中国在未来国际分工和世界贸易竞争中赢得主动。

中美 BIT 谈判有助于中国对外投资保护制度的建设,也有助于通过对外开放倒逼国内改革。中美 BIT 谈判有助于通过金融、投资、技术标准、司法和仲裁等领域进一步开放,倒逼、引领和促进国内改革,使下一轮对外开放成为新时期最重要的改革红利之一。

世界第一大经济体美国和第二大经济体中国正在谈判的这份 BIT 可谓备受瞩目。一方面,中美双方共同努力构建新型大国关系的重要共识,成为 BIT 谈判顺利推进的催化剂;另一方面,BIT 谈判的任何实质性进展又反过来凸显中美双方谨慎处理双方分歧、加强经贸交流、寻求共赢的合作共识。BIT 的达成则将通过促进中美双边投资增长,进一步增进中美双方战略互信,促成中美两国日益成为一个你中有我、我中有你的利益休戚相关的命运共同体。

中国(上海)自贸试验区负面清单(2014版)的评估和思考

开展负面清单管理是重大制度创新,将推进我国投资体制和法治理念的根本性变革。《中国(上海)自由贸易试验区外商投资准入特别管理措施(负面清单)(2014年修订)》的编制遵循了进一步提高开放度、增加透明度、与国际通行规则相衔接三项原则。主要改进之处有:提高开放度和透明度、与国际规则接轨;有待改进方向有:涵盖国民经济所有门类、进一步扩大开放和提高透明度、完善管理模式。外资负面清单管理面临着试验区与全国版负面清单的关系、负面清单作用定位、外资配套政策、编制负面清单路径选择、东道国与BIT负面清单等一系列问题,这些问题应通过负面清单管理的不断优化加以解决。

一、引言

在中国(上海)自贸试验区先试先行的与投资有关的改革措施中,难度最大但也最重要的是对外商投资准入实行"负面清单"管理模式(王新奎,2014)。负面清单最早由美国、加拿大和墨西哥在1992年签订的北美自由贸易协定中引入,是指一国在引进外资的过程中以清单形式公开列明某些与国民待遇不符的管理措施。

负面清单(Negative List,或称不符措施列表)是一种"非列入即开放"的模式,对于没有被列入负面清单的行业或模式,外资准入享受国民待遇。国民待遇是指给予外国投资者和涵盖投资的待遇,不低于本国投资者的待遇①。外资国民待遇有准入前和准入后两种类型:前者包括外资设立、获取、扩大等方面;后者包括外资管理、经营、运营、出售或其他投资处置等。

① 美国贸易谈判代表办公室.2012年美国双边投资协定范本,2012.

与负面清单相对应的是正面清单(Positive List)。正面清单采用一种循序渐进的方式,承担较低的义务标准,适合逐步对外开放,可以预留更多的时间和空间应对投资自由化带来的各种风险,一定程度上保护了本国弱小产业,工作难度相对较低;负面清单则需要以前瞻性的视角,为本国新兴产业的发展预留必要和合理的空间,还要设计系统、简约文本形式并做出承诺,工作难度相对较高。

2013 年 9 月国务院颁布了《中国(上海)自由贸易试验区总体方案》,含附件"试验区服务业扩大开放措施",即扩大开放金融、航运、商贸、专业、文化、社会等 6 大服务领域、18 个行业的 23 条措施。上海市政府颁布了《中国(上海)自由贸易试验区外商投资特别管理措施(负面清单)(2013 年)》。上海自贸试验区挂牌以来,探索外资准入前国民待遇加负面清单管理模式,对负面清单之外的领域,按照内外资一致的原则,将外资企业设立或投资项目由核准制改为备案制,推进服务业扩大开放,政府管理由注重事先审批转为注重事中、事后监管。2014 年 6 月,上海市政府进一步修订颁布了《中国(上海)自由贸易试验区外商投资准入特别管理措施(负面清单)(2014 年修订)》,以下简称负面清单(2014 版)。

本文拟对负面清单(2014 版)开展评估,并对编制负面清单的深层次问题进行论述。这对于提高负面清单文本质量,推进负面清单管理向全国推广,助推中美 BIT 投资保护协定的谈判,具有理论和现实意义。

二、负面清单管理研究文献综述

(一)外资准入和形成全球统一市场

希哈塔(Ibrahim F. I. Shihata,1994)认为,东道国烦琐的审批程序和抽象的审批标准不利于资本的流动,同时缺乏客观审批标准的准入制度也造成了投资者之间的不公平竞争,应该放松管制,实现最大限度的宽泛的自由决策权力。马托(Aaditya Mattoo,1997)引入了国民待遇概念,认为国民待遇涵盖开业权和设业权,适用于外资市场准入阶段。罗森塔尔(Douglas E. Rosentha,1998)指出,形成全球性统一市场,关键在于外资管理模式的创新,以及外资市场准入的开放。川本(Kawamoto,2001)认为,外资管理模式的实质就是实现各国市场准入机制的规制化,从而形成一个统一的贸易环境。石黑一宪(2001)持不同观点,认为应该通过外资管理模式的约束,避免落入发达国家为争夺国际市场而设的"陷阱",其本质目的是推行他们的管理模式和规则,从而顺利地占领世界市场。此外,学者们还广泛研究了投资自由化问题(Rohe,2006;Falsafi,2008;Thanadsillapakul,2010;Pappas,2012)。

(二)外资准入负面清单管理

从文献资料看,国内外学者对国际直接投资的研究成果十分丰富,然而对负面清单管理的研究相对缺乏。近期,由于中美 BIT 投资保护谈判和上海自贸试验区建设进程的推进,国内学者对负面清单管理的研究显著增加,主要表现在以下三个方面。

1. 对试验区负面清单管理的评价

长期以来,我国外资准入采用《外商投资产业指导目录》(简称《指导目录》),分别列出鼓励、限制和禁止外商投资的领域,与之相配套的是政府外资准入审批制度,即"核准制"。王新奎认为,审批制度对于提高外资质量、维护产业安全、政府监控等有很大作用。但是,审批制度存在着弊病,主要是三个问题:一是阻碍了市场机制作用,导致资源错配;二是以人治代替法治,缺乏透明度;三是重审批、轻监管,必然诱发寻租和腐败。试行负面清单管理是一项重大制度创新,其重要意义主要表现在三个方面:一是负面清单取消了《指导目录》没有明确列举的行业,提高了透明度;二是外资准入从政府"核准制"发展到"备案制+核准制";三是逐步形成与国际规则接轨的管理模式(孙元欣等,2014)。

2. 对负面清单(2013 版)的改进建议

武芳(2014)认为,负面清单,特别是管理措施过于繁杂,缺乏国内法律法规支持,透明度不高,行业分类未与国际接轨。龚柏华(2013)认为,与《指导目录》相比,负面清单"其内容并无实质性突破,更多的是从分类、编排上做了调整"。上海自贸试验区目前对外开放的领域并没有实质性的增加(胡加祥,2014),负面清单庞杂、立法主体存在缺陷、辐射范围相对狭窄(杨海坤,2014)。王新奎认为,负面清单设计有三个难点:一是产业编码长度的选择和不符措施的梳理,倘若部门目录采用2位编码,不符措施会产生遗漏,倘若采用3位甚至4位编码,不符措施清单就会很长,难以符合国际惯例;二是如何切实减少对外商投资准入的限制,提高投资便利化程度;三是如何确定需要保留将来采取不符措施权利的行业和领域。

3. 负面清单管理的深层次问题

龚柏华(2013)指出,负面清单实际上是原则的例外,体现的是"法无禁止即可为"的法律理念。然而,在"法无授权"和"法无禁止"之间存在"空白地带"或"边缘领域",即法律规定的"沉默"问题,这是一个司法难题。张磊(2014)认为,我国公司国籍制度采用绝对的"成立地"标准,而国际上比较灵活,可采用"成立地"或"经营地"标准。黄鹏等(2014)指出,试验区负面清单制定与中美BIT投资保护谈判存在联动关系,两者既有区别,也存在关联和互相支撑。陈林等(2014)构建了动态博弈模型,分析了中国外资准入壁垒的政策效应。

综上,开展外资负面清单管理是重大制度创新,将推进我国投资体制和法治理念的根本性变革。下面我们分别论述两个问题:①负面清单(2014版)有哪些新变化,还存在哪些不足,下一步应如何改进?②负面清单管理涉及哪些深层次的问题,如何进行梳理和甄别?

三、上海自贸试验区负面清单(2014版)的评估

(一)上海自贸试验区负面清单(2014版)的法理依据和基本框架

编制2014版的新法理依据是国务院批复《试验区进一步扩大开放的措施》和有关法律法规。国务院批复含31条措施,涉及服务业领域14条、制造业领域14条,采矿业领域2条,建筑业领域1条。

在原23条扩大开放措施的基础上,服务业领域新增14条开放措施。例如,在商贸领域取消了对外商投资邮购和一般商品网上销售的限制等;在物流领域放宽了一些行业的外资股比限制,允许外商以独资形式从事国际海运货物装卸、国际海运集装箱站和堆场业务,允许外商独资从事航空运输销售代理业务等;在会计行业,允许取得中国会计师资格的香港、澳门地区专业人士担任会计师事务所合伙人;在医疗领域,取消了外商投资医疗机构最低投资总额和经

营年限的限制。

制造业领域的14条措施中有5条涉及产品的研发、设计。例如,允许外商以独资形式从事豪华邮轮、游艇的设计;允许外商以独资形式从事船舶舱室机械的设计;允许外商以独资的形式从事航空发动机零部件的设计、制造和维修;允许外商以独资的形式投资与铁路及城市轨道交通配套的乘客服务设施和设备的研发、设计与制造等。采矿业领域的措施涉及新技术开放应用,有助于提升资源利用效率和勘探水平。在建筑业领域,体现了基础设施建设对外资的开放。

编制负面清单(2014版),遵循了进一步提高开放度、增加透明度、与国际通行规则相衔接三项原则。在基本框架上,仍采用了"说明"和"特别管理措施(列表)"的架构,以及《国民经济行业分类及代码》(2011年版)行业分类,包括18个行业门类,不包括社会组织和国际组织2个行业门类。"说明"中保留了"兜底条款"和"衔接条款"。"兜底条款"是指"除列明的外商投资准入特别管理措施,禁止(限制)外商投资国家以及中国缔结或者参加的国际条约规定禁止(限制)的产业,禁止外商投资危害国家安全和社会安全的项目,禁止从事损害社会公共利益的经营活动"。"衔接条款"是指负面清单与内地以及与港、澳、台等地区相关投资协议的关系。

(二)上海自贸试验区负面清单(2014版)的改进之处

1. 投资口径的拓展

"说明"部分指出,适用"外商投资企业设立和变更",其中"变更"两字是新增添的。增添"变更"两字,明确说明了适用于外资企业的设立、获取和扩大等阶段,与国际投资规则更好地衔接。《2012年美国双边投资协定范本》中投资采用"宽口径",涵盖准入前国民待遇(设立、获取、扩大)和准入后国民待遇(管理、经营、运营、出售或其他投资处置方式),并包括直接投资和间接投资的八种投资形式,如投资企业、股权、债权、期货、期权、交钥匙、知识产权、许可、租赁、质押等。

2. 特别管理措施列表结构的改变

负面清单(2014版)采用"特别管理措施+保留行业(主要为中类行业)"的

形式,而其2013版采用"保留行业+特别管理措施"的形式。两者区别在于重点强调哪一个,即哪一项放在前面。保留行业是指某行业中存在对外资的特别管理措施,但不是指整个行业的关门。由于大多数特别管理措施的实际针对面很窄,属于模式级别,大部分小于国民经济小类行业。将特别管理措施位置放在保留行业前面,一则避免造成整个保留行业均被禁止或限制的错觉,二则含义表达更为精准。负面清单(2014版)涉及将不同代码的同一行业不同环节的相关措施做了归并和统一表述。

3. 特别措施数量变化和提高开放度

负面清单(2014版)特别管理措施由原190条调整为139条,调整率达26.8%,减少的51条中,因扩大开放而实质性取消14条,因内外资均有限制而取消14条,因分类调整而减少23条。实质性取消的14条管理措施中,服务业领域有7条。例如,取消对进出口商品认证公司的限制;取消对认证机构外方投资者的资质要求;取消投资国际海运货物装卸、国际海运集装箱站和堆场业务的股比限制;取消投资航空运输销售代理业务的股比限制等。内外资均有限制而取消的主要涉及高耗能、高污染的制造业领域等,以及色情、赌博等内容。

从开放的角度看,与2013版相比,负面清单(2014版)取消了14条特别管理措施,放宽了19条,进一步开放比率达17.4%。放宽的19条管理措施中,涉及制造业领域9条,基础设施领域1条,房地产领域1条,商贸服务领域4条,航运服务领域2条,专业服务领域1条,社会服务领域1条。例如,原"限制投资原油、化肥、农药、农膜、成品油(含保税油)的批发、配送"放宽为"限制投资农药、农膜、保税油的批发、配送";原"限制投资船舶代理(中方控股)"放宽为"除从事公共国际船舶代理业务的,外资比例不超过51%外,限制投资船舶代理(中方控股)"等。

4. 特别管理措施的清晰表述

2013版负面清单外资准入无具体限制条件的55条特别管理措施大幅缩减为2014版的25条。文字表述力求准确和量化,便于理解和可操作。例如:明确了投资直销的条件,即投资者须具有3年以上在中国境外从事直销活动的经验,且公司实缴注册资本不低于人民币8 000万元;明确了投资基础电信业务的条件,即外资比例不得超过49%等。

(三)负面清单(2014版)不符措施和保留行业的分布

负面清单(2014 版)特别管理措施有 139 条,含限制性措施 110 条,禁止性措施 29 条;按三大产业划分,分别为 6 条、66 条(含制造业 46 条)和 67 条。按 18 个产业门类分布,H 住宿和餐饮业与 O 居民服务、修理和其他两大门类为“双无”,对外资没有禁止和限制措施;D 电力、热力、燃气及水供应,E 建筑业、J 金融业、Q 卫生和社会工作 4 个门类为“无禁有限”,对外资无禁止措施,但有限制措施;其余 12 个门类为“双有”,对外资有禁止和限制措施,如图 2 -1 所示。

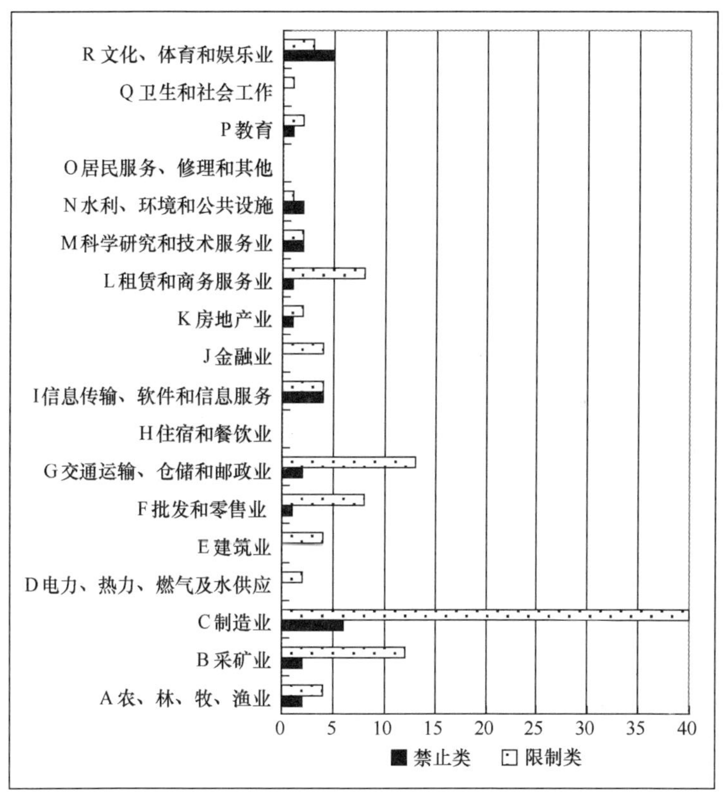

图 2 -1 禁止类和限制类不符措施的行业分布

资料来源:①上海市人民政府. 中国(上海)自由贸易试验区外商投资准入特别管理措施(负面清单)(2014 年修订),2014;②国家统计局. 国民经济行业分类与代码(GB/4 754—2011),2011。

将限制类措施进一步划分为“模式限制”、“股比限制”和“模式股比双限制”三种类型。“模式限制”是指限制外资投资某一领域或经营模式,仅是定性描述,没有量化的限制条件,如“限制投资硼镁铁矿石加工”(第20条)。“股比限制”是指对外资股权比例的限制,如中方控股、合资合作,或者具体股比要求,如外资比例不超过49%、不超过65%等。“模式股比双限制”是指在投资领域和股权比例均有限制。三种类型的限制类措施分别为27条、40条和43条,分别占比重的24.5%、36.4%和39.1%。其中,“股比限制”与“模式股比限制”之和为83条,又可划分为“中方控股”和“合资合作”两大类,分别有48条和35条。

负面清单(2014版)保留行业口径大都为2位编码或3位编码,即国民经济大类或中类行业,例如K701房地产开发与经营、K704自有房地产经营活动等。负面清单涉及18个门类共417个中类行业,其中保留中类行业181个,占比重为43.4%。禁止类和限制类特别管理措施的产业分布,参见表2-1。

表2-1 负面清单(2014版)特别管理措施和保留行业的分布

产业和门类	特别管理措施								保留行业		
	小计	禁止	限制	模式限制	股比限制	模式股比限制	中方控股	合资合作	数量	总数	比重(%)
18个产业门类	139	29	110	27	40	43	48	35	181	417	43.4
产业:第一产业	6	2	4	0	1	3	1	3	23	23	100.0
第二产业	66	8	58	13	30	15	24	21	68	215	31.6
第三产业	67	19	48	14	9	25	23	11	90	179	50.3
门类:A农、林、牧、渔业	6	2	4	0	1	3	1	3	23	23	100.0
B采矿业	14	2	12	4	5	3	2	6	18	19	94.7
C制造业	46	6	40	9	20	11	17	14	42	175	24.0
D电力、热力、燃气及水供应	2	0	2	0	1	1	2	0	7	7	100.0
E建筑业	4	0	4	0	4	0	3	1	1	14	7.1
F批发和零售业	9	1	8	3	0	5	4	1	9	18	50.0
G交通运输、仓储和邮政业	15	2	13	1	3	9	9	3	13	20	65.0
H住宿和餐饮业	0	0	0	0	0	0	0	0	0	7	0.0
I信息传输、软件和信息服务	8	4	4	0	3	1	4	0	8	12	66.7

续表

产业和门类	特别管理措施								保留行业		
	小计	禁止	限制	模式限制	股比限制	模式股比限制	中方控股	合资合作	数量	总数	比重（%）
J 金融业	4	0	4	2	0	2	2	0	21	21	100.0
K 房地产业	3	1	2	2	0	0	0	0	2	5	40.0
L 租赁和商务服务业	9	1	8	4	1	3	1	3	7	11	63.6
M 科学研究和技术服务业	4	2	2	0	0	2	1	1	5	17	29.4
N 水利、环境和公共设施	3	2	1	0	1	0	1	0	4	12	33.3
O 居民服务、修理和其他	0	0	0	0	0	0	0	0	0	15	0.0
P 教育	3	1	2	0	1	1	0	2	6	6	100.0
Q 卫生和社会工作	1	0	1	1	0	0	0	0	5	10	50.0
R 文化、体育和娱乐业	8	5	3	1	0	2	1	1	10	25	40.0

注：①特别管理措施的限制类＝模式限制类＋股权限制类＋模式股权限制类。②股权限制类＋模式股权限制类＝中方控股限制＋合资合作限制。③凡特别管理措施中含部分禁止措施的归属限制类，如负面清单（2014 版）的第 93 条和第 123 条。④第一产业含 A 农、林、牧、渔业；第二产业含 B 采矿业，C 制造业，D 电力、热力、燃气及水供应，E 建筑业；第三产业含 F 到 R 等产业门类。

资料来源：中国（上海）自由贸易试验区外高投资准入特别管理措施（负面清单）（2014 年修订）。

（四）上海自贸试验区负面清单（2014 版）下一步的改进方向

1. 涵盖国民经济所有门类

2013 版和 2014 版负面清单均没有涉及 S 公共管理、社会保障和社会组织与 T 国际组织两个行业门类。S 门类内含 5 个大类、14 个中类和 25 个小类行业，T 门类含 1 个大类、1 个中类和 1 个小类行业。国际上东道国外资准入负面清单或缔约方之间投资保护协定的行业涵盖一般包括国民经济所有行业。韩国禁止外商投资 62 个行业，其中有 14 个行业涉及社会组织和国际组织范畴，占比为 22.6%，如禁止外资投资佛教团体、政治团体、产业团体、劳动组合、驻韩外国公馆、其他国际及外国机关等①。

① 中国商务部. 对外投资合作国别（地区）指南——韩国（2012 版）.

2. 特别管理措施的清晰表述

首先,模式限制措施的清晰表述。参照国际惯例,外资准入不符措施的主要类型有许可证限制、股比限制、业绩要求、高管要求、注册资金限制、商业存在、分支机构规模等,通常有量化标准以便于行政审核。负面清单(2014 版)含"模式限制"特别管理措施的有 27 条,其中部分可以理解为许可证限制类别,如"投资银行业金融机构须符合现行规定"(第 105 条),但也有内容表述不够明确,如"限制投资评级服务公司"(第 120 条)、"限制投资玉米深加工"(第 24 条),只提到经营模式限制,没有具体量化标准。

其次,股比限制措施的规范表述。负面清单(2014 版)股比限制措施表述过于繁杂。例如,中方控股、中方相对控股、国有控股、中方比例不低于 50%,中方比例应大于 50%,限于合资合作、外方比例不超过 25%、49%、50%、60%、65%、70%等。在国际上,外资股权比例限制一般分若干等级,如菲律宾外资准入负面清单分禁止外资进入,以及外资股权不超过 25%、30%、40%、60%五种情况①。

最后,关于针对"所有部门"的不符措施。负面清单(2014 版)"说明"部分有"兜底条款",但"说明"部分和"特别管理措施列表"是分开的,往往容易被忽略。韩美自由贸易协定附件二负面清单含 5 条针对所有部门的不符措施。例如,韩国有权对投资新建或并购行为采取必要措施,以维护公共秩序,只要韩国立即向美国提出已采取措施的书面通知即可;国有企业或政府部门的股权和资产转让、投资用地以及政府当局运作过程中提供的服务,等等②。在美国 BIT 范本附件负面清单中,也有类似针对"所有部门"的不符措施。所以,可以把"兜底条款"的重要内容作为跨部门措施明确表述。

3. 外资准入领域的进一步扩大开放

负面清单(2014 版)第二产业(含采矿业、制造业、电力、热力、燃气及水供应和建筑业)外资准入不符措施有 66 条,占比为 47.5%,开放程度远低于经济发达国家的水平。对内、对外开放度不够也是我国服务业和服务贸易欠发达的

---

① 菲律宾限制外资项目清单(第八版)[OL]. http://www.neda.gov.ph,2010-02.

② 韩美自由贸易协定文本[OL]. http://www.ustr.gov,2007.

原因之一。因此,借鉴国际经验,根据我国国情,外资准入负面清单可以扩大开放。

4. 完善管理模式、管理体制和组织架构

与外资准入负面清单管理相配套的综合改革,如内外资一致的市场准入管理、工商登记改革、企业监管模式、反垄断和国家安全审查、吸引优质外资企业的措施、构建境外投资服务体系、保护投资权益等,以及相应的政府组织架构和管理体制,均有必要加以完善。

四、外资负面清单管理的若干问题思考

(一)上海自贸试验区负面清单与未来全国版负面清单

上海自贸试验区负面清单与未来全国版负面清单是什么关系?如果有很大的不一致,外资企业怎么办?事实上,上海自贸试验区是为全国改革做准备的。尽管上海自贸试验区负面清单形式上是上海市政府颁布、适用于上海自贸试验区范围的,但这是经过国务院和商务部审核批准的,从某种意义上说,它就是全国负面清单的试行版。

另一个情况是编制外资准入负面清单的"遍地开花"问题。上海自贸试验区颁布外资准入负面清单之后,我国许多地方政府对外资管理体制改革试点的积极性很高,不少地方酝酿编制地方版"外资准入负面清单",有些地方已经公开发布。地方政府热衷编制"外资准入负面清单",主要有三个原因:一是发展地方经济的考虑,根据自身产业特色,制定比全国政策更宽松的标准,能更好地吸引外资,拉动地方经济增长;二是地区经济的差异性,各地区在地理条件、资源禀赋、经济水平和产业结构等方面存在差异,希望有个性化的政策;三是我国外商投资法律体系不完善,尚缺乏统一的准则。

然而,倘若我国出现多种地方版"外资准入负面清单",则会带来很大的负面效应和危害性:一是影响国家统一的管理体制;二是弱化外资准入负面清单的法理基础;三是对国家之间的投资保护协定谈判带来负面影响。若出现多种地方版负面清单,对于外商企业是有利的,可以有更多的选择。然而,这对于我国进行国家之间的投资保护协定谈判是不利的,既减少了我国投资谈判的筹

码,又削弱了国家政府部门的权威性。这不仅会影响我国在国际谈判中的地位,以及吸引外资的数量和质量,也将影响中国企业"走出去"战略的实施。

因此,我国外资管理体制改革应该保持统一的管理架构,即全国应该只有一张全国版"外资准入负面清单"。当然,在其内容设计上应该考虑到各地区的差异性。

(二)负面清单是否能一揽子取代我国外资法律法规

有一种观点是期望负面清单能够发挥"一揽子"的作用,能够反映我国相关法律法规的所有内容;另一种观点认为,负面清单只是一个集成化、提示性的表述,还不能完全取代相关法律法规的内容。换句话说,外商企业不仅需要熟悉准入负面清单,还要了解特定行业准入的相关法律法规。鉴于当前我国外资法律法规体系正在健全和完善之中,以及负面清单修改周期与新法律法规生效期的不一致,常常存在交错的情况,持后一种观点是比较符合实际的。因此,外商企业不仅需要了解我国外资准入的负面清单,还要了解所在行业准入的相关要求,这是需要对外商企业明确说明的。

(三)实行负面清单管理之后,是否还需要外资优惠和鼓励政策

在国际上,外资管理政策体系的主要内容有准入制度、企业监管制度、土地政策、行业或地区鼓励政策、税收优惠政策、特殊区域政策、反垄断和国家安全审查制度等。我国正在全面梳理外资管理配套政策体系,借鉴国际经验,外资行业或地区鼓励政策、税收优惠政策、特殊区域政策也应该有,而且应是建立在国民待遇基础上的,同时也应该考虑到我国地区经济差异的因素,以及对港、澳、台地区的特定安排。

(四)编制外资准入负面清单的两种路径选择

路径之一:延续《外商投资产业指导目录》的主线,遵循现有法规体系编制负面清单。优点是基于我国对外资产业指导的政策加以改进,保持了实际操作的延续性,外界易于接受。在此基础上,再逐步向国际投资规则靠拢。试验区编制外资准入负面清单,主要采用这一路径。

路径之二:参照国际惯例,全面梳理我国现有法律法规体系,包括外资法

律、政府规章,以及从中央政府到各级地方政府的管理规章,采用包络的方法,从中直接梳理出对外资限制或禁止的条款。优点是负面清单与法律法规高度一致。

事实上,尽管实现路径有一定差异,由于参照依据都是我国对外资的法律法规,两种路径应有“殊途同归”的效果。从长远看,强化外资负面清单“措施”与投资法律“描述”的关系,更有利于与国际投资规则全面接轨,更有利于发现我国现有相关法律法规存在的问题,进而推进法治体系的建设,实现长治久安。

(五)东道国负面清单与 BIT 负面清单的关系

东道国负面清单与 BIT 负面清单两者是有区别的,前者是东道国主动开放的政策,可以自我调整;后者是国际公约,一旦制定难以调整。同时,两者又有高度相关性,因为两者反映的是同一个主题、同一个事物,即东道国外资政策和业务流程,两者法理基础应该是一致的。因此,两者的关系是“一根藤,两只瓜”,是同一个事物在不同光线的映照下产生的不同影像。从国际经验看,BIT 负面清单更注重规范格式、缔约方各自的兴趣点和谈判博弈的结果。

五、负面清单管理优化的对策和措施建议

(一)加快上海自贸试验区负面清单向全国版负面清单的转化

随着新的自贸园(港)区获得国家的批准,将试行负面清单管理模式。因此,商务部是否有可能及时推出全国版负面清单供各地参照执行十分关键,或者商务部直接宣布上海自贸试验区负面清单为全国“试行版”。这样,能够拓展上海自贸试验区负面清单的应用空间范围,获取改革试点更多的样本经验并进一步完善,从而在全国推广。

(二)以法律形式明确我国外资准入的敏感性行业

法无禁止皆可行。从保护国民生命健康、保护资源、保护环境、文化传承、国家安全等角度,我国应该明确对外资禁止或限制的敏感性行业(或称为战略性产业、关键性基础设施),并以法律的形式加以明确。

在国际上，这类法律有两种类型：一是通过多部部门法或专题法明确某部门或特定领域禁止或限制外资准入的要求，如美国；二是制定一部法律，对禁止或限制外资准入的条款进行总体性阐述，如俄罗斯。得到法律支撑的外资准入政策体系，更具有稳定性和透明度，符合国际惯例，也有利于外商企业的战略选择。上海自贸试验区负面清单（2014 版）对我国外资准入敏感性行业已有初步界定，“将农业、采矿业、金融服务、电信服务、航空服务、基础设施等涉及资源、民生和国家安全的领域和中药、茶叶、黄酒、手工艺品等我国传统产业领域的管理措施予以保留”。有关这一点，需要进一步研究和确认。

（三）进一步完善外资管理的政策体系和管理制度

在国际上，外资管理政策体系的主要内容有准入制度、企业监管制度、土地政策、行业或地区鼓励政策、税收优惠政策、特殊区域政策、反垄断和国家安全审查制度等。我国需要全面梳理外资管理配套政策体系，形成更清晰的全景图。目前，我国外资国家安全审查制度，主要针对外资并购，组织架构为部委联席会议，与经济发达国家相比，口径相对较窄、层级较低。我国外商投资准入分为设立企业和投资项目两种类型，分别由商务部和国家发展改革委员会负责。另外，外资准入管理也需要考虑到地区经济差异的因素，如更好地发挥中西部地区优势产业的作用，以及对港、澳、台地区的特定安排。

（四）积极推进改革试点，及时评估和总结经验

自 2013 年 9 月上海自贸试验区挂牌以来，推进了外资管理领域的改革：出台 2013 版和 2014 版负面清单，内外资一致的市场准入制度，商事登记改革，探索政府事中、事后管理模式，构建社会信用体系，吸引总部经济和高质量的外资企业，构建企业境外投资服务体系等。截至 2014 年 6 月底，上海自贸试验区新设外资企业1 245家，已办结 49 个境外投资项目备案，对外投资 12.69 亿美元。[①] 就外资管理领域的各项改革试点，需要及时评估、总结经验、寻找不足、不断完善和提高。

（孙元欣　徐晨　李津津）

① 中国（上海）自由贸易试验区管委会. 2014 年上半年度信息通报会，2014 - 07 - 04.

第三篇

自贸区与经济新常态

全球经济危机的大爆发宣告了世界经济步入“大调整”与“大过渡”的时期，这种大时代背景与中国阶段性因素的叠加决定了中国经济进入增速阶段性回落的“新常态”时期，并呈现出与周期性调整不一样的新现象和新规律。新常态下中国经济不再强调增长速度，而更关注经济发展的质量。“中高速、优结构、新动力、多挑战”被视作新常态下的主要特征。

在新常态下，上海自贸试验区的发展将面临更大的挑战和任务。自贸试验区试点、简政放权等一系列深化改革措施的持续发力将极大地推进中国市场与国际接轨，营造良好的创业及创新环境，帮助中国的开放战略更加全球化，形成更为开放的格局，并取得推广经验，同时帮助更多的经济参与者在新常态下积累管理市场、应对风险的经验。在新常态下，自贸试验区要朝着创新型、高附加值等方面重塑产业结构、区域结构和贸易结构，促进和支撑上海“四个中心”建设，率先实现城市治理体系和治理能力现代化，为经济增长提供更为稳定的新引擎。

积极探索地方重大公共项目建设投融资的多元化

政府投融资改革的目标就是要实现重大项目投融资主体的多元化和投融资行为的市场化，而其中的关键就是对项目性质(公益性和营利性)的认识和判断，并根据项目的营利性及公益性不同设计不同的开发模式、投融资模式乃至运营管理模式。

……………………………………………………………………………………

十八届三中全会通过的《中共中央关于全面深化改革若干重大问题的决定》明确提出："建立透明规范的城市建设投融资机制，允许地方政府通过发债等多种方式拓宽城市建设融资渠道，允许社会资本通过特许经营等方式参与城市基础设施投资和运营。"这为我国探索城市公共基础设施和公益事业等重大公共项目投融资模式的改革指明了方向。

一、重大公共项目的类别及其投资模式选择

(一)重大公共项目的类别

按照项目的性质或赢利能力，可以把财政性投资重点项目(主要为基础设施和社会事业)分为经营性项目、准经营性项目和公益性项目。

1. 经营性项目

经营性的公共项目也可以分为两大类：一类是高收益的垄断性公共项目，一类是一般收益的公共项目。前者由于存在巨大的垄断收益，因此，如果把这些项目完全交给私人企业投资运营，实质上等于政府放弃了一大收入来源。对于此类项目，政府可以通过国有国营、特许经营权拍卖、协商定价、利润分享等方式，把该类项目的使用费定在一个既能让投资方获得合理回报、使用者又能够承受、政府也能够有一定收益的水平上，然后政府再把从此类项目运作中获得的收益用于其他公共项目的开发建设。对于后者，应主要通过特许经营的方

式,鼓励私人投资。

2. 准公共品项目

准公共品项目有一定收益,但往往其收益率低于正常的市场平均利润率水平,甚至项目收入不足以弥补项目成本,如非义务教育阶段的学校、医院、文化设施等。对于此类项目,政府应给予必要的支持。

3. 纯公益性项目

纯公益性项目收入很少,甚至为零,政府应完全由财政给予支持。即便对于此类项目,我们也可以把纯公益性项目与经营性项目"打包"开发,使纯公益项目正的外部性"内部化",以减轻财政支出的压力。如公园建设与公园周边房地产项目的打包开发。

(二)重大公共项目的投资模式

对于上述几类不同的项目,其投资模式也应不同,如表 3 – 1 所示。

表 3 – 1　重大公共项目的特征及其投资模式

项目类别	具体项目	项目特点	可行的投资模式
高收益的垄断性公共项目	繁忙城市间的高速路、高铁、城市供水、供电等	项目收益远远高于市场平均利润率	政府投资、公司运营;私人投资、利润分享;私人投资、特许经营
一般收益的公共项目	非义务教育阶段的学校、医院、城市地铁、污水处理	项目收益大体等于市场平均利润率	私人投资、特许经营
低收益的公共项目	义务教育阶段的学校、博物馆、垃圾处理厂、图书馆、文化馆、公共卫生设施	项目收益小于市场平均收益率	公私合资、私人运营;私人投资、政府补贴
无收益的公共项目	一般的城市道路、广场、公园、街道绿化	项目收益很少或为零	政府投资、政府运营;打包开发、私人投资

二、积极探索地方重大公共项目建设融资的新模式

政府投融资改革的目标就是要实现重大项目投融资主体的多元化和投融资行为的市场化，而这里的关键就是对项目性质——公益性和营利性——的认识和判断，并根据项目的营利性及公益性不同设计不同的开发模式、投融资模式乃至运营管理模式。

(一)私人提供、政府购买服务模式

对于很多公共项目，可以采用企业投资建设，建成之后由政府向其购买公共服务的方式。这样不仅可以减少政府的初始投资，而且还有利于提高后续的项目管理与运营效率。该种模式可以应用于多个领域，如政府办公楼、学校、医院、文化中心、污水处理厂、街道与公园绿化等。

(二)公共设施使用费模式

公共设施使用费模式是通过对使用公共项目与设施收费的方式来为公共项目建设筹资，能否对公共项目使用者收费也是社会资本是否愿意进入公共项目投资领域的前提。收费项目包括各种使用者费，如牌照费、过路费、过桥费、排污费，具有使用者费性质的燃油税、车船税和机场建设费等。通过征收公共设施使用费既可以为重大工程建设筹资，同时也可以在“受益”与“付费”之间建立对等关系，使得公共产品与服务的正向外部性“内部化”，克服“公共产品与公共服务是‘免费午餐’”和“搭便车”等消极思想及行为。

为此，要加大税费改革的探索力度，探索公共项目的收费机制和收费方式，通过税费改革建立起“受益与税负(或付费)”对等的地方税费体系。

(三)股份公司运作模式

根据项目未来的收益，成立股份公司，实行股权融资，用融通的资本进行重大工程项目的建设。凡是能够走向市场化经营的城市基础设施及社会事业，均可以股份公司为载体进行资金融通、项目建设、资本经营、运营管理及综合开发

等一系列市场化运作。

这里的关键是政府与提供公共服务的股份公司之间的关系。政府可以采取控股、持股、“金股”和长期协议定价等方式控制股份公司，使其行为符合公共利益的需要。

（四）项目融资模式

对于那些有一定收益的公共项目，可以采用项目融资的方式引入民间资本。民间资本参与公共项目建设的方式有多种：BOT（Build－Operate－Transfer）、BTO（Build－Transfer－Operate）、ROT 或 LROT（Rehabilitate－Operate－Transfer or Lease－Renovate－Operate－Transfer）、TOT 或 OT（Transfer－Operate－Transfer or Operate－Transfer）、BOO（Build－Own－Operate）、PPPs（Public－Private－Partnerships）、PFI（Private－Finance－Initiative）和 ABS（Asset－Backed Securitization）等。目前这些项目融资方式被广泛应用在发达国家的公共项目中，例如，耗资巨大的英法海底隧道就是以 BOT 的方式集资建设并投入运营的。

项目融资方式主要适用于交通建设及管道、环境污染防治、垃圾处理厂、污水处理及自来水设施、重大游乐设施、电力气体燃料设施、新城镇开发、发电厂等有固定收益的项目。

知识链接 项目融资模式

BOT：Build－Operate－Transfer，即建设—经营—转让。指的是政府或政府授权的公司将拟建设的某个基础设施项目，通过合同约定并授权另一投资企业进行融资、投资、建设、经营和维护，该投资企业在协议规定的时期内通过经营来获取收益，并承担风险。政府或政府授权的公司在此期间保留对该项目的监督调控权。协议期满，根据协议由授权的投资企业将该项目转交给政府或政府授权的公司。采用这种模式，BOT 整个过程中的风险由政府和私人机构分担。当特许期限结束时，私人机构按约定将该设施移交给政府部门，转由政府指定部门经营和管理。BOT 模式适用于现在不能赢利而未来却有较好或一定赢利潜力的项目，常被一些发展中国家用来进行其基础设施建设并取得了一定的成功。

BTO：Build－Transfer－Operate，即建设—转让—经营。BTO 项目的公共性很

强，不宜让私营企业在运营期间享有所有权，须在项目完工后转让所有权，其后再由项目公司进行维护经营。

ROT（或 LROT）：Rehabilitate – Operate – Transfer，即修复—经营—转让。ROT 项目在使用后发现的损毁，由项目设施的所有人进行修复恢复整顿，而后经营，再转让。

BOO：Build – Own – Operate，即建设—拥有—经营。BOO 项目一旦建成，项目公司对其拥有所有权，当地政府只是购买项目服务。

TOT（或 OT）：Transfer – Operate – Transfer，即移交—经营—移交。TOT 方式是国际上较为流行的一种项目融资方式，通常是指政府部门或国有企业将建设完成的项目的一定期限的产权或经营权，有偿转让给投资人，由其进行运营管理；投资人在约定的期限内通过经营收回全部投资并得到合理的回报，双方合约期满之后，投资人再将该项目交还政府部门或原企业。

PPPs：Public – Private – Partnerships，即公私合营。PPPs 主要应用于基础设施建设等公共项目。首先，政府针对具体项目特许新建一家项目公司，并对其提供扶持措施；然后，项目公司负责进行项目的融资和建设，融资来源包括项目资本金和贷款；项目建成后，由政府特许企业进行项目的开发和运营，而贷款人除了可以获得项目经营的直接收益外，还可获得通过政府扶持所转化的效益。

PFI：Private – Finance – Initiative，即私人融资活动。PFI 是英国政府于 1992 年提出的，在一些西方发达国家逐步兴起的一种新的基础设施投资、建设和运营管理模式。PFI 是对 BOT 项目融资的优化，是指政府部门根据社会对基础设施的需求，提出需要建设的项目，通过招投标，由获得特许权的私营部门进行公共基础设施项目的建设与运营，并在特许期（通常为 30 年左右）结束时将所经营的项目完好地、无债务地归还政府，而私营部门则从政府部门或接受服务方收取费用以回收成本的项目融资方式。

ABS：Asset – Backed Securitization，即资产支持证券。ABS 是以项目所属的资产为支撑的证券化融资方式，即以项目所拥有的资产为基础，以项目资产可以带来的预期收益为保证，通过在资本市场发行债券来募集资金的一种项目融资方式。ABS 资产证券化是国际资本市场上流行的一种项目融资方式，已被许多国家的大型项目采用。

(五)经营性项目与公益性项目组合开发模式

组合开发模式类似于前面所述的打包开发模式,即把公益性项目与经营性项目进行合理组合,用经营性项目所得维持公益性项目的建设与运营,而利用公益性项目的正的外部性提升经营性资产的价值,如在商品房规划开发中加入公园、学校、道路和公交等公益项目的建设。

(六)政府存量资产的证券化、企业化、货币化

资产证券化就是对政府存量经营性资产进行打包重组,以其未来收益为依托,通过在证券市场发行股票或债券等方式变现的一种方式;存量资产企业化是对那些有固定收益的政府资产进行企业化改制,使其自负盈亏,对于收益较好的资产还要向政府上缴一部分利润,这样,一方面可以获得一定的变现收入,另一方面也可以减轻政府负担;货币化则是将一部分市政公用设施存量资产通过产权转让、股权转让、拍卖、使用权出让(承包)、经营权出让(承包)、拍卖经营特许权、合作、合资等各种方式,广泛吸纳社会资金,把获得的资金收入再用于其他公共项目的建设。这些方式都是盘活政府存量资产、筹集建设资金、提高公共产品或公共服务效率的重要途径。

(七)经营性项目的特许经营权拍卖方式

对于收益较好的经营性重大项目,可以采取特许经营权拍卖的方式,并且把项目收费标准、政府补贴数额、项目建设运营周期等作为前置条件与项目经营权一起捆绑拍卖。

(八)“私人投资+政府补贴”模式

对于某些准公共品项目,如医院、学校、公园,虽然有一定的收益,但是由于这类项目具有较高的外部性和公益性,又使得其收益不足以弥补其开发成本,因此可以采取民间投资为主、政府补贴为辅的模式。政府可以根据项目提供的公共产品(或公共服务)的数量与质量确定其补贴形式及补贴数额。

(九)融资租赁模式

对于廉租房,可以采用这种模式。由开发商建设房屋之后,租赁给政府或国有租赁房屋管理公司,这样可以节约一大笔政府资金。

三、地方重大公共项目建设投融资多元化的实施建议

(一)制定政府重大公共项目建设指导手册(或意见)

通过制定政府重大公共项目建设指导手册,规范重大公共项目的投融资行为和流程,明确重大公共项目从规划建设,到运营与管理,再到应急处置等步骤的主要任务、责任主体和行为规范等。其中应规定:在规划建设阶段,凡是能够通过市场化方式投融资的项目都应考虑通过市场实现投融资,并根据项目特点选择适当的融资模式。

(二)完善重大公共项目特许经营制度

通过《公共项目特许经营合约》的实施,加强对公共项目投资与运营方的监管。通过市场多元化投融资建设公共项目,有可能弱化政府对公共项目建成后运营管理的控制,也有可能出现公共服务领域的突发事件。如何应对这些重大突发事件,必须在《公共项目特许经营合约》中对各方的责任做出明确界定。以合约来约束投资与运营主体,使其行为不至于偏离或损害公共利益。

知识链接 公共项目特许经营合约

"特许经营权"系指在公共服务由政府垄断或受政府特别管控的国家,私人(相对于政府或代表政府的垄断机构)投资者根据政府主管机构依法授予而获得的建设、经营基础设施或提供某种公共服务的专营权。

关于《公共项目特许经营合约》的法律性质主要有两种观点:一种观点认为特许经营合约是行政合同;另一种观点认为特许经营合约是民事合同。但是作为特许经营协议的当事人,政府具有行政主体及民事主体的双重属性,而不单纯是行

政主体。因此,西方也有学者认为特许经营合约具有双重属性,即既是合同,又是许可证,应该把它既当作管理财产的赢利合同,又应该把它当作提供公共服务的许可证件。关于《公共项目特许经营合约》适用的法律大体上由如下三种方式调整政府或公共部门的授权行为。

1."开放式协议"方法

目前,大多数准许私营公司参与基础设施建设项目的国家均采用这种方法,即由指定的政府当局同私营公司谈判特许经营合约中的所有或大部分重要条件,而总的谈判授权原则上仅受国家总的立法和政府关于特许经营权政策的基本目标的限制。该方法的优点在于有最大限度的灵活性,并能使特许经营权安排适应不同公共服务部门的特点,适应各部门范围内的不同特许经营项目;缺点包括可能使合同谈判旷日持久和可能使特许经营合约出现疏漏或冗繁等情形。所以,如果采用这一方法,政府当局通常安排富有经验的谈判一揽子合同的管理人员和法律顾问。

2."限制式协定"方法

这种方法一般规定 BOT 项目运营和维护的基本合同条款、私人占有的最长期限、环境保护、偿付条件、对政府财政支持的限制和保险义务等,限制政府一方谈判的余地。该方法一定程度上有助于减少最后确定 BOT 协议的时间和法律费用,但缺点在于缺乏谈判的灵活性,且难以在必要时使合同条件适应不同的具体项目。

3. 介于上述两种方法之间的方法

一般说来,这些方法在涉外投资法或政府规定等方面提供某些详细的规则和条件,但是它们也给予具体谈判的 BOT 条件以广泛的灵活性。此种混合框架可使当局能对部门或具体的项目需要做出快速而有效的反应,其缺点包括缺乏可预测性、对发起人不能平等对待和谈判拖延等。

(三)加强对重大公共项目建设与运营过程的监管和评估

无论是由政府全部投资还是社会参与投资对这些项目都要加大监管力度。对于社会参与的公共项目建设,要实行公开的招投标制度,防止腐败现象的发生;要定期对由私人投资或运营管理的公共项目进行评估,避免私人投资者损害公共利益,必要时要根据《公共项目特许经营合约》的规定及时终止特许经营合同。

(四)通过资本运营确保国有资产保值增值

结合国有企业和国有资产管理制度改革,对重大公共项目形成的国有资产进行分类管理,凡是能够通过资本运营进行管理的,都要采取资本运营与管理的方式,而避免采用国有资产管理的方式。

(赵晓雷)

中国(上海)自贸试验区对区域协调发展的促进作用

上海自贸试验区通过制度复制实现对区域协调发展的促进作用,制度复制的核心目标是推动区域的“深度一体化”发展。在开放的大背景下,促进区域一体化发展的另外一个目标是实现价值链重构,以期建立区域性的生产网络。自贸试验区的“制度红利”主要取决于制度的类型与性质,对于不同的制度类型,制度复制的重点也不完全相同。

……………………………………………………………………………………

一、上海自贸试验区外部效应的主要表现

(一)结构平衡效应

2013 年,上海第三产业增加值占 GDP 比重首次突破 60%,但是服务业发展质量总体仍然不高。以服务贸易为发展重点的自贸试验区有利于解决服务业内部结构失衡,特别是生产服务业对制造业贡献度偏低的问题。当然,这种结构平衡效应的实现,尚有待于自贸试验区现代服务业发展形成集聚优势,并且能够与区外制造业发展形成有效的互动。

(二)高端要素的吸引、积累及扩散效应

上海自贸试验区的作用在于从技术与市场的两个价值端点,特别是商品流通的贸易端口(同时也涉及为与技术创新相关的要素流动提供贸易服务)连通国外高端要素的“蓄水池”,以引导高端要素经由自贸试验区流向广阔的经济腹地。

(三)价值链增值能力的提升效应

提升制造业的增值能力,是上海自贸试验区服务于实体经济的战略目标,表现为制造业向高端环节的价值攀升。上海自贸试验区对实体经济(绝大部分分布在区外环境中)长期的积极影响主要取决于以下两个基本条件:

第一,本土企业对内、对外投资能力的普遍提高,投资范围向高增值环节逐

步扩展。

第二，随着企业产品创新能力和国内消费能力的提升，实现对相当一部分进口消费品的国内替代。

（四）区域分工深化的波及效应

上海自贸试验区旨在通过建设制度高地的方式吸引国外高端要素与资本的流入，同时引致国内资本进入以协同打造基于现代服务业集群的外向型功能平台，属于嵌入式分工与演进式分工相结合的新型发展模式。在自贸试验区内部，由市场驱动的竞争与合作充当着两种模式的协调与融合机制。

知识链接

外部效应

外部效应，是指实际经济活动中，生产者或消费者活动对其他生产者或消费者带来的非市场性的影响。

按照外部效应的“好与坏”，分为正外部效应和负外部效应。正外部效应又称为外部效益或外部经济，是指交易双方之外的第三者所带来的未在价格中得到的经济效益，如教育、研发、自然环境保护等。存在正外部效应时，市场对商品的配置缺乏效率，表现为市场供给不足。个人和厂商在决定产量时，只考虑私人收益，由于存在外部效应时，私人收益小于社会收益，从而由私人边际收益和边际成本决定的私人最优产量就低于由社会边际收益和边际成本决定的社会最优产量。负外部效应又称为外部成本或外部不经济，是指交易双方之外的第三者所带来的未在价格中得以反映的成本费用，如环境污染、过度开发自然资源等。存在负外部效应，市场供给就存在过量。由于生产者决定产量的时候面临的是私人成本而不是社会成本，从而由私人边际成本和边际收益决定的私人最优产量就高于由社会边际成本和边际收益决定的社会最优产量。

按影响范围划分，外部性分为消费外部性和生产外部性。消费外部性，是指个人或家庭的消费行为影响他人或社会，但个人或家庭并未因此给予相应补偿或取得相应报酬。消费外部性又可以划分为：正消费外部性和负消费外部性；代内消费外部性和代际消费外部性；区域性消费外部性和全球性消费外部性；单向的消费外部性和交互的消费外部性。生产外部性，是指由生产导致的外部性，生产外部性意味着厂商的生产影响了其他人的福利。生产外部性主要体现在三个方面:通过技术扩散体现的技术外溢;分工专业化的外部性;政府生产性支出具有外部性。

二、上海自贸试验区通过制度复制实现对区域协调发展的促进作用

所谓制度复制,是指将已经通过运营测试与评估取得成效的制度应用于其他地区的产业促进、经济发展、功能塑造与政府管理等领域,以期获得制度一体化的实施效果。因此,制度复制的过程会涉及国内不同地区之间的制度并轨问题,而仅凭自贸试验区的制度运行状况并不能够完全评判其实际效应。

(一)上海自贸试验区制度复制的前提与性质

制度复制需要具备两个基本的前提,即可复制性与适用性。除了制度本身是否完善与机制架构是否健全以外,同时还取决于待复制制度的类型、待复制地区的发展性质、功能定位、制度缺口的实际表现与现实约束。在具体的制度复制过程中,应根据这些条件进行适应性调整,即制度复制不排除一个调适的过程,因此需要事先做好预案工作。

根据制度变迁理论的观点,上海自贸试验区的制度复制旨在创造新的收入流,主要来源包括如下四方面内容:

第一,通过“一线”范畴的政策放开而产生的收入流,包括更加自由的外汇政策、更具竞争力的税收政策、更加自由与便利的通关环境和离岸金融的政策试点等。

第二,由上海自贸试验区吸引的技术、人力资本通过增长溢出的方式对“二线”范畴的城市和地区产生积极的影响效应。

第三,由总部经济发展而产生的收入流。

第四,国际贸易增长带来的收入流,包括货物贸易的增长和服务贸易的增长。

此外,制度复制不应被理解为简单的制度移植与套用,而是在新的区域环

境中,受到自贸试验区在要素市场、产业结构和功能升级等方面变革的诱致性影响,当地的经济与社会发展为适应新的开放模式而在制度架构上做出的调整与转变。

(二)上海自贸试验区制度复制的广泛治理意义

由于自贸试验区强调制度的先导作用,所以它所探索并积累的制度资产也有着一定的专用性。这类制度资产的专用性,依存于特定范围内实施的法律法规和贸易体制的规则变化。随着这些条件的逐渐放松,制度资产的专用性也将由强变弱,从而使其复制性不断趋强。当国际规则与惯例在更大范围内介入国家治理体系时,政府管理模式与管理体制都将面临深刻的变革。由于面向服务业开放的嵌入式诱致性制度变迁,最终是为了发挥市场在配置资源中的决定性作用,从而要求理顺政府与市场之间的关系。因此,存量领域的改革实际上涉及政府管理职能的重塑问题。

(三)制度复制的核心作用:制度一体化的区域合作效应

制度复制不是简单的制度移植与原样照搬,而是统一规则确立的过程。制度一体化是区域发展到高级阶段的合作诉求,此时的区域具有强烈的制度复制需求。从长三角区域合作的发展历程来看,长三角区域一体化已经由在生产要素和产业布局层面上的"浅表一体化"演进到涵盖基础设施建设、基本公共服务、城乡规划、环境保护、产业布局等一体化内涵要素的"深度一体化"发展阶段。"浅表一体化"与"深度一体化"是"破"与"立"的关系,前者是指通过消除政策干预和减少市场分割来增强竞争的一种区域经济一体化模式,而后者则是指通过一系列制度建构,解决区域经济、社会、生态等的协同发展问题。可见,深度一体化大多涉及的是区域治理的相关问题,而这些问题显然已经超越了政府主导所能左右的一体化范畴。如何设计更有效的制度更为重要,这些制度通过复制预期实现的目标亦超越了产业合作由部门主导的初级层次。

制度复制的核心目标是推动区域的"深度一体化"发展。在开放的大背景下,促进区域一体化发展的另外一个目标是实现价值链重构,以期建立区域性的生产网络。与政府主导的区域合作范式过于强调制造业的分工与协调发展不同，区域生产网络的形成更加依赖于由广泛的服务活动（诸如金融、贸易、零售、物流等）组织起来的价值活动。这也意味着，服务业通过知识分工形成的功能网络对制造业的增值贡献是市场主导一体化发展的深层次需求。

知识链接 区域合作效应

区域合作效应，是指区域经济合作带来的经济效应。区域经济合作通常有七种形式：部门一体化；优惠贸易安排；自由贸易区；关税同盟；共同市场；经济同盟；完全经济一体化。区域经济合作一般会带来七种效应：贸易创造效应；贸易转移效应；增加出口效应；规模经济效应；促进竞争效应；刺激投资效应；资源配置效应。其中，贸易转移效应是指由于关税同盟对内取消关税，对外实行统一的保护关税，关税同盟国把原来从同盟外非成员国低成本生产的产品进口，转换为从同盟内成员国高成本生产的产品进口，从而发生贸易转移的实际效应。贸易创造效应，是指关税同盟内部取消关税，实行自由贸易后，关税同盟国国内成本高的产品被同盟内其他成员国成本低的产品所替代，从成员国进口产品，从而创造出过去所不可能发生的新的贸易。

三、政策建议：根据“制度红利”的类型与来源确定制度复制的重点

自贸试验区的“制度红利”主要取决于制度的类型与性质，大致分为以下四类来源。对于不同的制度类型，制度复制的重点也不完全相同。

（一）第一类：与自贸试验区的某些特质（诸如地理区位优势）相对应的制度及其利益

与自贸试验区的某些特质相对应的制度及其利益包括与港口便利性相关的国际中转贸易、融资租赁、保税展示、跨境电子商务、期货保税交割等运行模式及海关监管制度。此外，还包括与港口运行相关的、自由化的国际航运发展制度与管理运作模式。在“一线放开、二线管住”的监管前提下，这类制度不可能被广泛地在试验区以外的地区复制，因此只适合在沿海地区的港口区域进行复制。

(二)第二类:与投资及服务贸易相关的开放制度

与投资及服务贸易相关的开放制度包括市场准入、国民待遇、国内规制和透明度等方面的内容。目前,根据中国签署的10个FTA协议中的区域服务贸易开放承诺,我国服务业开放度从高到低依次是:环境服务、视听服务、计算机服务、专业服务、旅游服务、保险服务、建筑服务、分销服务、空运服务、银行服务、海运服务、电信服务、娱乐服务、教育服务、邮政服务、健康和社会服务。随着服务业的开放程度进一步扩大,特别是国内相关法律、法规和政策与国际规则接轨以后,为促进服务业开放的管理制度就具有普遍的复制性,涉及投资管理、贸易监管、金融和综合监管。具体的开放模式涉及跨境交付、境外消费、商业存在、自然人流动四种。由于开放模式有多种形式,同时不同的地区之间又存在发展水平与产业结构上的差异,所以在进行制度复制时应各有侧重。

(三)第三类:政府行政管理体制和治理体系的复制

行政管理体制改革的方向是如何让经济结构更加合理、如何保证有效竞争和社会公正;治理体系改革的方向是从低水平、低效率的行政管理转向廉洁高效的服务管理。在上海自贸试验区试验的基础上,行政管理体制和治理体系的复制推广应循着治理理念、技术路径、执行力这三个维度展开。治理理念是提高行政管理透明度、法治化和服务性。技术路径是减少政府对市场和经济活动的过度干预,强化公共管理职能。执行力就是推进事先行政审批为事中、事后监管,这既涉及行政能力,也涉及行政作风。

(四)第四类:促进贸易模式转型的相关制度

贸易模式的转型是我国开放模式转型的核心命题。其中,能否形成集贸易、结算、物流等功能于一体的营运能力至关重要,关系到贸易、金融、航运等城市主体功能在自贸试验区范围内的协调运转,以确立功能竞争的优势地位。就上海自贸试验区而言,贸易模式的转型主要有三个突破口:一是发展离岸贸易,拓展服务贸易市场,包括依靠赚取利差的商务服务和主要以赚取佣金为目的的与离岸交易有关的商品服务;二是探索建立以价格发现为主的国际大宗商品交易和资源配置平台;三是升级贸易功能。发展保税仓储、国际物流、商品展示、国际中转、国际采购、贸易结算、国际维修、金融保险和信息咨询等贸易配套功能,形成储、供、运、销产业发展链,为贸易的发展提供低成本、高效益的服务。这类制度适宜在贸易功能突出的区域率先和有步骤地实施复制,诸如上海的虹桥商务区和浙江的义乌地区等。

(胡彬　赵晓雷)

延伸阅读

我国FTA协议中的区域服务贸易开放承诺

序号	协议名称	签署主体	协议订立历程	中国服务贸易的开放承诺
1	《内地与香港关于建立更紧密经贸关系的安排》	中国—香港	2003年,签署《安排》	开放承诺涉及10个部门,其中8个是WTO已有部门。在其中5个部门中都增加了新的分部门的开放,部门8与健康相关的服务和社会服务以及部门10娱乐、文化和体育服务业也实行了开放。此外还涉及5个在WTO服务部门分类中未列出的部门,即物流服务、专业技术人员资格考试、商标代理、专利代理、个体工商户。服务承诺更具体、市场准入门槛更低
2	《内地与香港关于建立更紧密经贸关系的安排》补充协议一至七		2004—2010年,签订七个《补充协议》	
3	《内地与澳门关于建立更紧密经贸关系的安排》	中国—澳门	2003年,签署《安排》	
4	《内地与澳门关于建立更紧密经贸关系的安排》补充协议一至七		2004—2010年,签订七个《补充协议》	
5	《中华人民共和国政府与东南亚国家联盟全面经济合作框架协议》	中国—东盟	2002年11月,签署框架协议;2004年11月,双方签署自贸区《货物贸易协议》;2007年1月,双方又签署了自贸区《服务贸易协议》	中国的服务贸易承诺主要涵盖建筑、环保、运输、体育和商务服务5个服务部门的26个分部门。具体包括进一步开放部分服务领域,允许设立独资企业、放宽设立公司的股比限制及允许享受国民待遇等

续表

序号	协议名称	签署主体	协议订立历程	中国服务贸易的开放承诺
6	《中华人民共和国政府和智利共和国政府自由贸易协定关于服务贸易的补充协定》	中国—智利	2005年11月1日，签署《中智自贸协定》；2008年4月，签署《中智自贸协定关于服务贸易的补充协定》	我方在计算机、管理咨询、采矿、环境、体育、空运、娱乐等23个部门和分部门降低门槛，包括允许外资在建筑设计服务、软件服务、房地产、广告、管理咨询服务、笔译口译、环境服务领域设立独资企业
7	《中华人民共和国政府和新西兰政府自由贸易协定》	中国—新西兰	2008年4月，签署《中新自贸协定》；2008年10月1日开始生效	中国在商务、环境、体育娱乐、运输4大部门的15个分部门做出了高于WTO的承诺。同时，中方允许软件服务、环境服务、仓储服务、机动车保养修理服务领域设立外商独资（子）公司
8	《中华人民共和国政府和新加坡共和国政府自由贸易协定》	中国—新加坡	2006年8月启动；2008年10月签署协定	中国承诺包括：①承诺新方在华设立股比不超过70%的外资医院；②认可新加坡两所大学的医学学历。同时在商业服务、租赁服务、研究与开发、牙医、笔译领域进一步降低市场准入限制
9	《中华人民共和国政府和巴基斯坦伊斯兰共和国政府自由贸易区服务贸易协定》	中国—巴基斯坦	2006年11月签署自贸协定；2008年10月签署自贸协定补充议定书；2009年2月签署服务贸易协定	我国将在6个主要服务部门的28个分部门对巴基斯坦服务提供者进一步开放；允许外资在建筑设计、软件实施服务、研究与开发、房地产、广告服务、管理咨询、建筑清洁、笔译、维修等领域设立外资独资企业
10	《中国—秘鲁自由贸易协定》	中国—秘鲁	2007年9月1日启动中秘自贸区谈判；2009年4月签署自贸协定	中方在采矿、咨询、翻译、体育、旅游等部门对秘方进一步开放，包括允许在建筑设计、管理咨询、软件服务、房地产服务、建筑清洁、维修、笔译、速递领域设立独资企业

续表

序号	协议名称	签署主体	协议订立历程	中国服务贸易的开放承诺
11	《中国—哥斯达黎加自由贸易协定》	中国—哥斯达黎加	2009年1月正式启动;2010年4月1日签署《中哥自由贸易协定》	中国在7个部门对哥方进一步开放;同时允许在建筑设计、软件服务、房地产服务、广告服务、管理咨询服务、笔译口译、佣金代理服务领域设立独立的外资企业
12	《中国—瑞士自由贸易协定》	中国—瑞士	2013年7月签署;2014年7月1日正式生效	中方对瑞方高端服务业采取适度开放,包括计算机信息、研发等。允许瑞士在中国设立广告咨询、管理咨询、技术测试和分析服务、环境服务、卫生服务的独资企业
13	《中国—冰岛自由贸易协定》	中国—冰岛	2013年4月15日签署;2014年7月1日正式生效	中方在专业服务、信息服务、房地产、商务服务、科学技术服务等部门进一步开放,同时在零售业、教育、环境、金融、娱乐和旅游等部门进一步降低市场准入门槛
14	《中澳自贸协定》	中国—澳大利亚	2014年11月签署了结束实质性谈判的意向声明	允许澳方在华成立100%外资的旅行社、酒店、餐厅、房地产公司、环境治理公司、研发公司等;扩大留学澳大利亚的学校选择;澳大利亚的建筑公司和设计公司可以在华承包更多、更大的工程项目;扩大律师事务所合作;允许澳大利亚的公司在中国中部及西部采矿;中国的服务供应公司在澳大利亚可以享受到与澳大利亚和韩国、日本自贸协定中类似的待遇
15	《中韩自贸协定》	中国—韩国	正在谈判中,有望在2015年年底完成谈判	以负面清单模式展开服务贸易谈判

资料来源:中国服务贸易网:http://fta. mofcom. gov. cn/fta_qianshu. shtml.

中国专业服务贸易：发展现状、国际经验及政策建议

上海自贸试验区的建立，有利于促进区域内的加工贸易加速向服务贸易转型，探索完善新的服务业开放模式和制度安排，并为推动服务业转型升级提供积极的实践探索。我们要充分利用上海自贸试验区的契机，在市场的进一步开放中提高我国服务业的国际竞争力，大力发展专业服务等现代服务业，促进我国服务贸易结构的优化和经济升级发展。

一、引言

改革开放以来，加工贸易对上海乃至中国经济的快速发展发挥了至关重要的作用。然而，这种"大进大出"的贸易方式，正面临着原材料价格快速上涨、用工成本不断攀升、生态环境恶化、国际贸易争端频繁等诸多问题。这就要求我们及时升级产业结构，调整经济增长模式，依靠服务业发展打造经济"升级版"。另外，以美国为主的发达国家所主导的全球贸易和投资规则的重塑，对中国经济发展提出了严峻挑战。为了不被边缘化，我们需要积极参与国际贸易投资新规则的制定，并熟悉和适应新规则。正是在这一国际经济环境背景下，中国（上海）自贸试验区应运而生。上海自贸试验区将在推进服务业扩大开放和投资管理体制改革，推动贸易转型升级，探索建立与国际投资和贸易规则体系相适应的行政管理体系等方面发挥积极作用。

上海自贸试验区的建立，有利于促进区域内的加工贸易加速向服务贸易转型，探索完善新的服务业开放模式和制度安排，并为推动服务业转型升级提供积极的实践探索。为此，上海自贸试验区正在积极调整产业规划和形态规划，初步考虑将主导产业格局由原来的贸易、物流和加工制造，转变为国际贸易、金融服务、航运服务、专业服务和高端制造五大产业。根据上海自贸试验区总体方案，服务业扩大开放在金融服务、航运服务、商贸服务、专业服务、文化服务和

社会服务6个领域,涉及18个行业,共采取了23项开放措施。其中,专业服务领域占23项开放措施中的8项,数量上超过1/3。专业服务可分为生产性专业服务和生活性专业服务,它们分别在促进生产效率和提高人们生活水平方面发挥了重要的积极作用。我们需要充分利用上海自贸试验区的契机,在市场的进一步开放中提高我国服务业的国际竞争力,大力发展专业服务等现代服务业,促进我国服务贸易结构的优化和经济升级发展。

虽然各个国家及国际组织在对产业的分类上存在差异,国际上并没有对专业服务的统一界定,但一般认为,专业服务是指某个组织或个人,应用某些方面的专业知识和专门知识,按照客户的需要和要求,为客户在某一领域内提供特殊服务。在我国,产业是按照《国民经济行业分类及代码》进行划分的,上海自贸试验区负面清单(2013版)也是按照《国民经济行业分类及代码》(2011年版)进行分类编制的。我国专业服务具体包括:法律服务;会计、审计和簿记服务;税收服务;咨询服务;管理服务;与计算机相关联的服务;生产技术服务;工程设计服务;集中工程服务;风景建筑服务;城市规划服务;旅游机构服务;公共关系服务;广告设计和媒体代理服务;人才猎头服务;市场调查服务;其他。而根据联合国服务贸易统计数据库所采用的EBOPS(扩大的国际收支服务分类),专业服务是其他商务服务(other business services)中的一部分,被称为"各种各样的商务专业技术服务"(miscellaneous business, professional, and technical services)。具体分为7类:法律、会计、管理咨询和公关服务;广告、市场研究和民意调查服务;研究与开发服务;建筑、工程和其他技术服务;农业、矿业和现场处理服务;其他商务服务;关联企业间服务。本文中具体专业服务的含义主要采用联合国《国际标准产业分类》中的相关概念,因为我们所用数据主要来自联合国服务贸易统计数据库。

二、中国专业服务贸易发展现状

过去30年间,我国服务贸易持续高速增长,服务进出口总额年均增长17.48%,远高于同期全球年均增速(8.66%)。2013年,中国服务贸易总额已达5 396.4亿美元,居世界服务贸易第三位,占世界服务贸易总额的6%。其中,服务出口2 105.9亿美元,位居世界服务出口第五位;服务进口3 290.5亿美元，居世界服务进口第二位。然而，我国服务贸易逆差却由2012年的897亿美元急剧扩大到2013年的1 184.6亿美元，同比增长32.1%。另外，2013年运输、旅游和建筑等传统服务出口在服务出口总额中的占比仍高达47.5%，专业服务等高附加值的现代服务业占比则较低，中国服务贸易的内部结构性问题并未根本改观。为了更好地考察中国专业服务贸易的发展问题，我们选择两类国家作为参照对象：一类是代表性发达国家，作为中国专业服务贸易的追赶目标，包括美国、德国、英国和法国；另一类是代表性新兴市场国家，选择同为“金砖”(BRIC)国家的巴西(B)、俄罗斯(R)和印度(I)。进入21世纪以来，与参照国家相比，无论是在贸易规模和贸易增速方面，还是在贸易收支和贸易比重方面，我国专业服务贸易发展均表现出众。

（一）专业服务贸易规模持续扩大，世界排名不断提前

2000年，中国专业服务进出口总额仅14.2亿美元，不仅低于欧美重要发达国家，甚至低于巴西、俄罗斯和印度。此后，中国专业服务贸易稳步增长，并先后于2003、2004和2008年分别超过巴西、俄罗斯和印度。2011年，中国专业服务进出口总额又超过日本，位居全球第七位，仅次于美国、德国、英国、法国、荷兰和西班牙。2012年，中国专业服务进出口总额达609.9亿美元，比2000年增长近42倍，年均增长率高达36.79%。2000—2012年，上述国家专业服务进出口总额情况如表3-2及图3-1所示。

表3-2　2000—2012年部分国家专业服务进出口总额　（亿美元）

国家\年份	2000	2001	2002	2003	2004	2005	2006	2007	2008	2009	2010	2011	2012
中国	14	29	47	63	94	133	186	257	358	363	428	538	610
巴西	55	55	52	53	67	84	105	139	177	175	208	260	286
法国	260	271	292	358	356	389	409	447	500	826	825	929	907
德国	426	476	489	603	713	764	825	996	1 151	1 101	1 112	1 260	1 309
印度		61	68	93	181	240	310	324	315	232	376		
俄罗斯			61	75	89	108	146	194	269	88	93	117	125
英国	441	474	548	636	756	824	958	1 167	1 188	1 078	1 148	1 209	1 289
美国	635	681	725	758	828	918	1 114	1 317	1 496	1 514	1 654	1 805	2 072

资料来源：根据联合国服务贸易统计数据库数据整理计算。

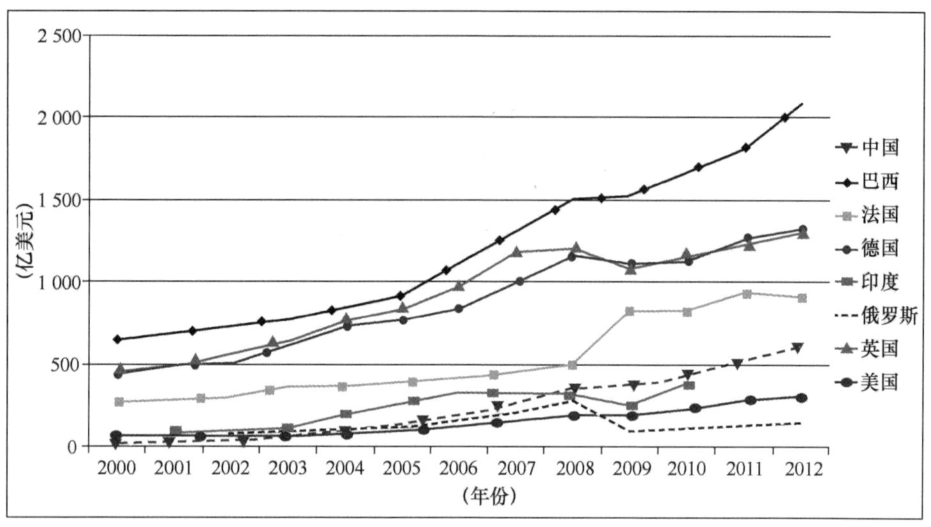

资料来源:根据联合国服务贸易统计数据库数据整理计算。

图 3 -1　2000—2012 年部分国家专业服务进出口总额

(二)专业服务贸易增速总体呈放缓趋势,但始终快于欧美发达国家平均水平

2001—2004 年,中国专业服务贸易因加入世界贸易组织的影响而高速增长,年均增速高达 60.51%(其中,2001 年增速为 105.92%);2005—2008 年,入世效应有所弱化,中国专业服务贸易增速有所下降,年均增速为 39.59%;2009—2012 年,受全球经济环境影响,中国专业服务贸易受阻,年均增速仅为 14.23%(其中,2009 年增速为 1.34%)。虽然中国专业服务贸易增速总体呈放缓趋势,但仍始终快于欧美重要服务贸易发达国家(美国、德国、英国、法国和荷兰等)平均水平,其中仅法国、荷兰和美国分别在 2009 年、2011 年和 2012 年超过中国专业服务贸易增速。2001—2012 年上述国家的专业服务进出口总额增速情况如表 3 -3 和图 3 -2 所示。

表 3 -3　2001—2012 年部分国家专业服务进出口总额增速　(%)

国家\年份	2001	2002	2003	2004	2005	2006	2007	2008	2009	2010	2011	2012
中国	105.9	60.0	34.1	50.3	40.9	40.1	37.9	39.5	1.3	17.9	25.6	13.4
巴西	0.3	-5.5	0.8	25.9	26.7	24.5	32.7	27.0	-1.3	19.5	24.7	10.0

续表

国家\年份	2001	2002	2003	2004	2005	2006	2007	2008	2009	2010	2011	2012
法国	3.9	7.8	22.5	-0.4	9.3	5.2	9.1	11.9	65.4	-0.2	12.6	-2.4
德国	11.6	2.7	23.3	18.4	7.1	8.1	20.7	15.5	-4.3	1.0	13.3	3.9
印度		11.6	37.1	94.2	33.0	29.0	4.6	-2.7	-26.3	61.7		
俄罗斯			23.6	18.0	21.4	35.3	33.3	38.3	-67.3	6.1	25.2	7.6
英国	7.5	15.6	16.2	18.9	8.9	16.3	21.9	1.8	-9.3	6.4	5.4	6.6
美国	7.3	6.4	4.6	9.2	10.8	21.5	18.1	13.6	1.2	9.2	9.2	14.8

资料来源:根据联合国服务贸易统计数据库数据整理计算。

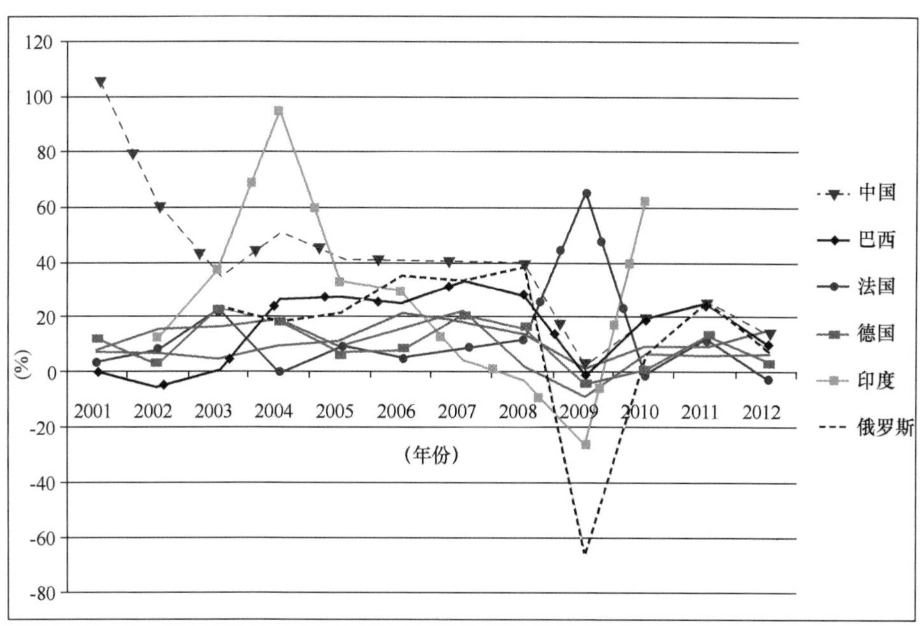

资料来源:根据联合国服务贸易统计数据库数据整理计算。

图 3-2 2001—2012 年部分国家专业服务进出口总额增速

(三)专业服务贸易收支长期为逆差,近期扭亏为盈

加入世界贸易组织初期,中国专业服务进口迅速增加,专业服务贸易收支持续恶化(其中,2001 年和 2002 年逆差分别增长 126% 和 130%),最大逆差为

2003 年的 15.4 亿美元;2004 年起,中国专业服务贸易收支逆差稳步缩小;2007 年,中国专业服务贸易收支实现扭亏为盈,且顺差快速增加(2008—2012 年,同比增速分别为 275%、14%、53%、30% 和 39%);2012 年,中国专业服务贸易顺差达 154 亿美元(仅低于美国和英国)。2000—2012 年,中国、美国、英国、俄罗斯等国的专业服务国际收支情况如表 3-4 所示。

表 3-4　2000—2012 年部分国家专业服务国际收支　(亿美元)

国家\年份	2000	2001	2002	2003	2004	2005	2006	2007	2008	2009	2010	2011	2012
中国	-3	-6	-14	-15	-14	-5	-1	13	49	56	85	111	154
巴西	23	23	25	22	24	37	46	62	81	73	84	107	116
法国	25	17	14	9	5	-5	-27	-49	-60	-6	2	16	18
德国	-80	-118	-98	-48	-28	-21	-7	-15	23	-1	-22	-69	-93
印度		-14	-14	-48	-27	-3	12	35	-17	-42	-74		
俄罗斯			-24	-16	-16	-9	-10	-14	-19	2	8	14	13
英国	155	158	186	221	289	275	296	325	299	238	280	305	358
美国	171	198	186	172	206	215	210	276	267	318	373	312	406

资料来源:根据联合国服务贸易统计数据库数据整理计算。

(四)专业服务贸易占总服务贸易比重较低,但占比提高较快

中国专业服务贸易占总服务贸易的比重,不仅低于美国、英国、德国、法国等发达国家,还低于巴西和印度。但 2001—2009 年,中国专业服务贸易占总服务贸易比重持续稳步提高,由 2000 年的 2.14% 提高到 2009 年的 12.59%。2009 年,中国专业服务贸易占总服务贸易比重已接近印度(13.4%)的水平。2009—2012 年,中国专业服务贸易占总服务贸易的比重趋于稳定,一直在 12%—13% 小幅波动。2000—2012 年,中国、美国、英国、俄罗斯等国的专业服务进出口总额占服务贸易比重的情况如表 3-5 和图 3-3 所示。

表 3-5　2000—2012 年部分国家专业服务进出口总额占服务贸易比重(%)

国家\年份	2000	2001	2002	2003	2004	2005	2006	2007	2008	2009	2010	2011	2012
中国	2.1	4.0	5.4	6.2	6.9	8.4	9.7	10.2	11.7	12.6	12.0	13.0	12.9
巴西	21.1	21.0	21.8	20.4	22.3	20.9	21.6	22.8	22.8	23.4	22.1	22.7	23.7

续表

国家\年份	2000	2001	2002	2003	2004	2005	2006	2007	2008	2009	2010	2011	2012
法国	18.4	19.0	18.9	19.7	16.6	17.0	16.9	16.0	16.3	23.2	22.7	22.4	23.2
德国	19.3	20.6	19.7	20.3	20.7	20.3	20.0	20.6	21.0	22.1	21.7	22.5	23.1
印度		16.2	16.7	19.1	24.4	24.1	24.1	20.6	16.1	13.4	15.6		
俄罗斯			16.4	17.3	16.5	16.9	19.2	20.0	21.2	8.4	7.9	8.1	7.6
英国	20.1	21.6	22.6	22.3	21.8	22.2	23.3	23.8	24.4	25.2	26.2	25.5	27.2
美国	12.5	13.7	14.1	14.0	13.2	13.5	14.7	15.3	15.8	16.9	17.2	17.4	18.9

资料来源:根据联合国服务贸易统计数据库数据整理计算。

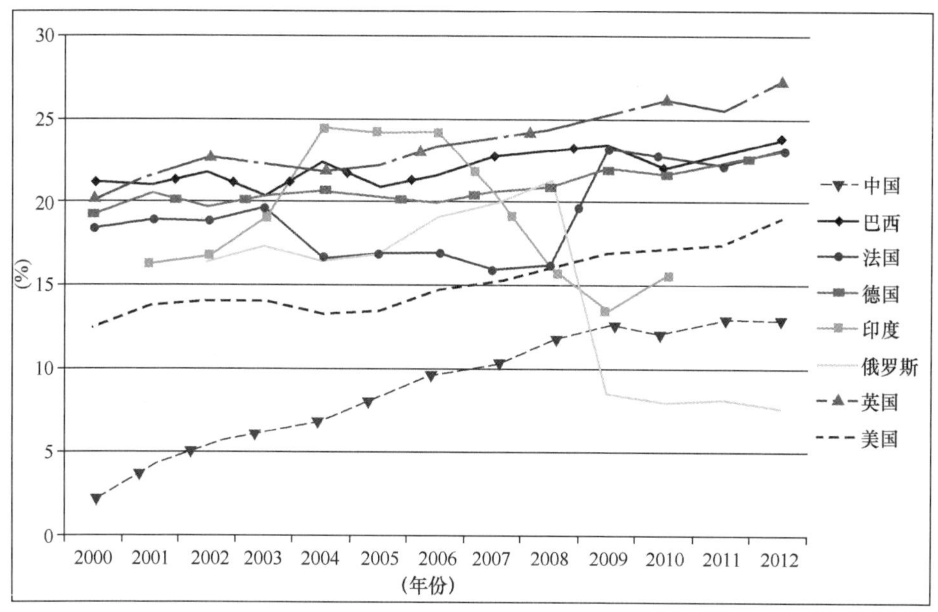

资料来源:根据联合国服务贸易统计数据库数据整理计算。

图 3－3　2000—2012 年部分国家专业服务进出口总额占服务贸易比重

三、中国专业服务贸易发展中存在的问题

21 世纪以来,我国专业服务贸易规模持续扩大,贸易增速较快,国际收支顺差不断扩大,专业服务占比不断提升。然而,中国专业服务业的落后限制了专

业服务出口的持续增长，较高的专业服务贸易限制水平阻碍了效率提高，进口增长相对缓慢拉低了专业服务贸易占比，我国专业服务内部项目的发展也不平衡。

（一）专业服务业总体发展滞后，限制了专业服务出口的进一步增长

加入世界贸易组织后，通过承接国外公司的会计、法律、审计、客户管理等离岸业务，我国专业服务出口快速发展（2008 年前，年增长率达 42.11%—101.43%），明显高于同期总服务出口年增长率（9.54%—38.82%），如图 3－4 所示。

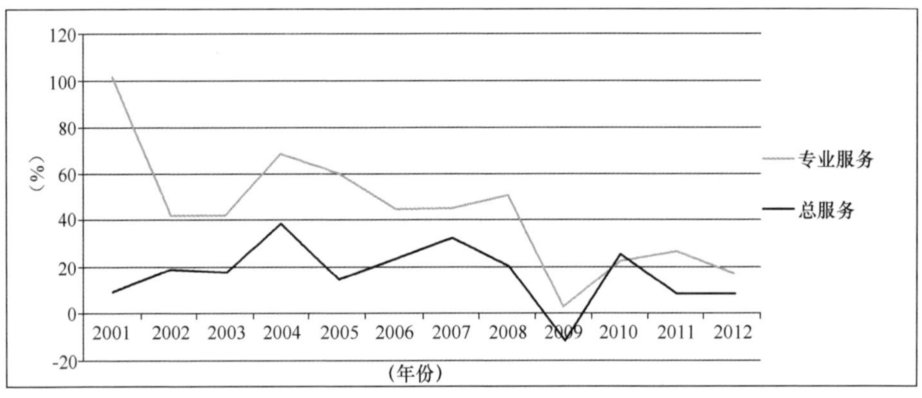

资料来源：根据联合国服务贸易统计数据库数据整理计算。

图 3－4　2001—2012 年我国服务出口年增长率

然而，与国际先进水平相比，我国专业服务业起步晚、起点低、总体发展滞后。1998—2011 年，美国专业服务业增加值占 GDP 的比重始终在 10% 以上，2011 年达 12.5%。而我国 2011 年的专业服务业增加值占 GDP 的比重仅为 1.92%。另外，我国专业服务业的劣势不仅体现在收入总量和机构规模上，还体现在专业人才培养、专业水平及执业能力等方面。目前，欧美发达国家高等教育质量及高层次人才素质较高，全球性专业服务企业实力不断增强，专业服务向规模化、集聚化、专业化和全球化方向发展。而我国专业服务企业规模普遍较小，缺少大企业、大集团和知名品牌；专业服务人才不足，标准化水平不高，从

业人员素质不高;专业分工、管理方面和服务水平与国际同行相比尚有较大差距。2009—2012 年,我国专业服务出口增长乏力,出口增速明显放缓,最高仅为 2011 年的 26.33%。这表明我国专业服务业的相对落后已经制约了专业服务出口的进一步增长。

(二)我国对专业服务贸易的限制水平较高,阻碍了专业服务效率的提高

全球对专业服务贸易的限制水平在所有产业中是最高的,而我国对专业服务贸易的限制水平则更高。根据对世界贸易组织服务贸易限制指数的分析,全球对专业服务贸易的平均限制指数高达 48.35,远远超过服务贸易平均限制水平(28.32)。在专业服务中,对会计服务的限制(38.22)低于审计(48.22)与法律(51.76)。后两者的总体限制指数相近,但在不同提供模式下的限制水平有明显差异:审计在跨境交付模式下的限制(46.88)远高于法律服务(14.18),但在商业存在与自然人流动模式下的限制则低于法律服务。中国与世界服务贸易限制指数的情况如表 3-6 所示。

表 3-6 中国服务贸易限制指数

服务贸易限制指数		跨境提供(模式 1)	商业存在(模式 3)	自然人流动(模式 4)	平均
世界	专业服务	28.29	40.1	60.34	48.35
	会计	23.8	30.53	53.13	38.22
	审计	46.88	38.46	58.65	48.22
	法律	14.18	43.82	63.3	51.76
	服务贸易平均	29.95	26.72	60.34	28.32
中国	专业服务	0	70	75	66
	会计	0	50	50	40
	审计	0	50	75	50
	法律	0	83.33	83.33	80
	服务贸易平均	39.22	37.27	75	36.6

资料来源:根据世界贸易组织服务贸易限制指数整理。

注:指数区间为 0—100,数字越大表示限制程度越高。

虽然中国在跨境交付模式下，会计、审计、法律都允许进入，但在商业存在和自然人流动模式下则限制较多，限制水平远远高于全球平均水平（两种模式下，中国限制指数分别高达 70 和 75，而全球平均限制指数分别为 40.1 和 60.34）。商业存在的限制主要体现在合作伙伴的要求、许可标准的差异以及对雇用人员国籍的限制等；自然人流动则对专业人士的考试认定、工资、工作经验等设有标准。三种专业服务中，我国对法律服务的限制最高（80），尤以商业存在的限制与国际水平差异最大（限制指数高出 39.51），而会计与审计的限制与国际水平差距较小（限制指数仅高 1.78）。对专业服务贸易的严格限制，阻碍了专业服务国际分工的深化发展以及专业服务效率的提高。

知识链接　　服务贸易限制指数

服务贸易推动思想、知识和技术的交流，可以帮助企业降低成本、提高生产率、参与全球价值链并提升竞争力，消费者也会受益于更低的价格和更多的选择。然而，国际服务贸易往往受到贸易、投资壁垒和国内法规的阻碍。服务贸易限制指数（Service Trade Restrictions Index ，STRI）有助于确定哪些政策措施限制贸易。

在国际服务贸易开放与国际贸易协定谈判中，STRI 为政策制定者和谈判代表提供信息和测量工具。它还可以帮助政府确定最佳实践，然后将国内改革努力关注于重点行业和措施。服务贸易限制指数是在报告现行监管的 STRI 数据库信息的基础上计算的。根据 WTO 数据库，STRI 指数值区间为 0—100，数字越大表示限制程度越高，0 表示完全开放，100 表示完全封闭。根据 OECD 统计数据库，STRI 指数值从 0 到 1，0 表示完全开放，1 表示完全封闭。

（三）专业服务进口增长相对较慢，专业服务贸易总额占服务贸易比重相对较低

加入世界贸易组织以来，我国专业服务进出口额总体高速增长，但专业服务进口与专业服务出口发展不平衡。2000—2012 年，专业服务进口年均增长率（31.63%），比出口年均增长率（41.78%）低 10 余个百分点。专业服务

进口增长长期落后于专业服务出口，在使专业服务贸易收支出现盈余的同时，也拉低了专业服务进出口总额的整体增速，进而限制了专业服务贸易总额占服务贸易比重的提升。中国专业服务出口额占服务总出口的比重已由2000年的1.90%稳步提高到2012年的19.95%（如图3－5所示）。这一比例已超过美国，并接近德国、法国、英国、荷兰等服务贸易强国的水平。

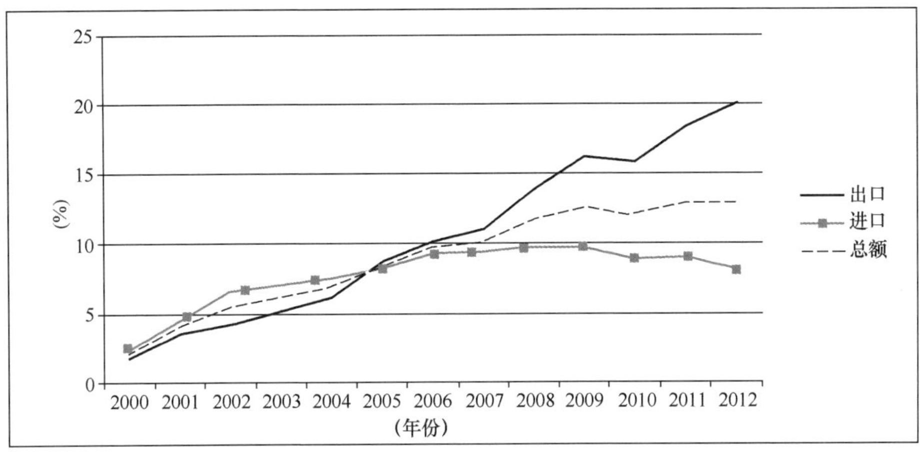

资料来源：根据联合国服务贸易统计数据库数据整理计算。

图3－5　2000—2012年中国专业服务贸易占服务贸易比重

由于中国专业服务进口增长相对较慢，导致专业服务进口额占总服务进口比重仅从2000年的2.34%缓慢提高到2008年的9.74%，且自2009年起这一比重开始波动下降至2012年的8.11%。最终，中国专业服务进出口总额占总服务贸易比重仅从2000年的2.14%提高到2012年的12.9%（而2009年这一比例就已达到12.59%，近几年几乎没有提高）。目前，中国专业服务贸易在总服务贸易中的占比，与英、法、德等发达国家还有很大差距。

（四）专业服务内部项目发展不平衡，广告调查服务贸易增长较慢、占比较低

在专业服务贸易增长率方面，2000—2012年，中国专业服务贸易年均增长率为36.79%（如图3－6所示）。其中，法律、会计、咨询服务贸易年均增长率为39.37%，比广告调查服务贸易年均增长率（25.57%）高出13.8个百分点。尤其是2001—2008年，法律、会计、咨询服务贸易年均增长率比广告调查服务贸易年均增长率高23.5个百分点。2009年起，专业服务内部项目年增长率差距相对较小，法律、会计、咨询服务出口年增长率略低于广告调查服务。

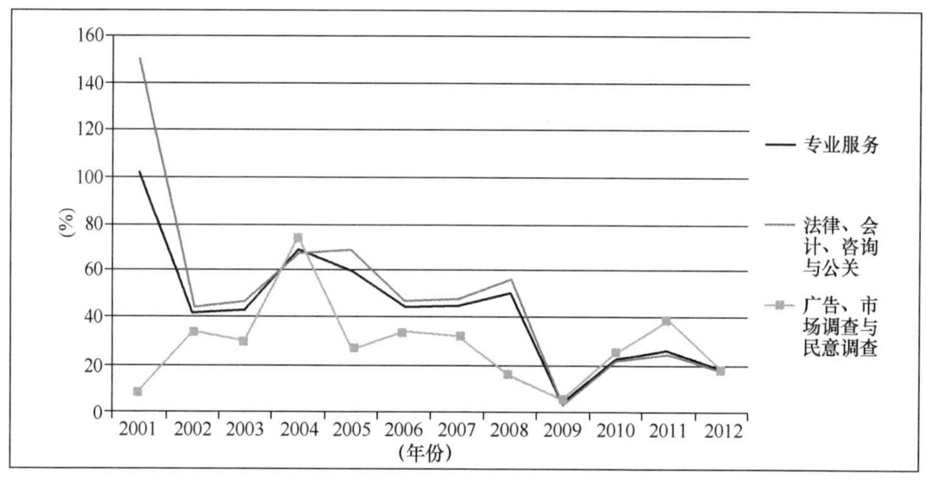

资料来源：根据联合国服务贸易统计数据库数据整理计算。

图3-6　2001—2012年中国专业服务出口增速

在专业服务贸易构成方面，专业服务具体项目贸易增速的差异也导致了它们在专业服务贸易中所占份额的变化。1999—2008年，中国法律、会计、咨询服务贸易在专业服务贸易中的比重从64.7%提高到88.4%；广告调查服务贸易占比则相应地从35.3%下降到11.6%。2009年之后，中国专业服务贸易构成仅有微小波动，广告调查服务贸易始终维持较小的份额，如图3-7所示。

在专业服务贸易收支方面，由于法律、会计、咨询与公关服务出口增长较快，2007年起法律、会计、咨询、公关服务贸易收支转为顺差，且顺差年均增长率高达79.32%；同期，广告调查服务贸易顺差年均增长率为28.01%，如图3-8所示。

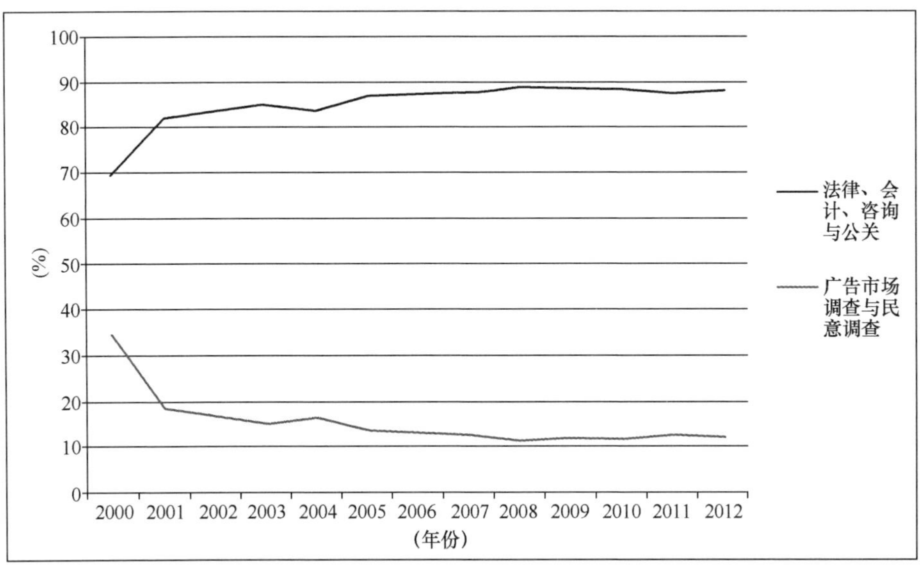

资料来源:根据联合国服务贸易统计数据库数据整理计算。

图 3－7　2000—2012 年中国专业服务贸易结构

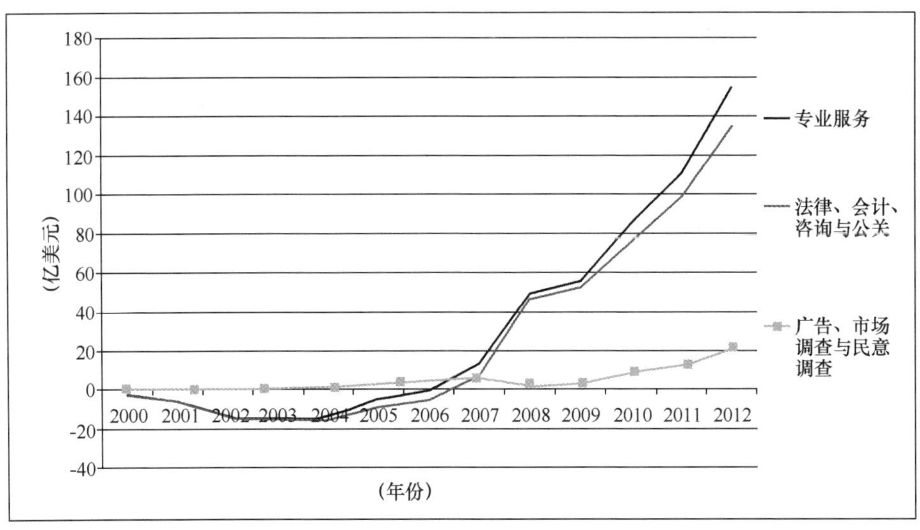

资料来源:根据联合国服务贸易统计数据库数据整理计算。

图 3－8　2000—2012 年中国专业服务贸易收支

四、专业服务开放的国际经验——以法律服务为例

法律服务是专业服务的重要内容,也是各国限制较高的部门。在法律服务方面,各国开放程度差异较大。

(一)德国法律服务开放情况

为满足国际贸易规则逐步开放市场的要求,德国调整了原有的律师服务业体系,制定了《欧共体规则援用法》,完善了外国律师在德国境内执业的规范。伴随欧盟的成立,德国依靠法治来规范市场秩序、积极促进法律服务的步伐进一步加快。德国对外国律师在德国境内的执业范围、外国律师事务所的设立以及律师合作都做出了明确规定。首先,对外国律师执业范围的规定:德国《联邦律师法案》把外国律师区分为欧洲共同体或者欧洲经济圈内所属国家的律师、世界贸易组织成员的律师和其他国家的律师三种。外国律师依其所属国类型分别在德国法律服务市场上从事不同的法律业务。其次,对外国律师及律师事务所分所登记制度的规定:根据德国法律的规定,外国律师只能以律师个人的名义申请登记,再以律师事务所的名义对外执业。各州律师协会只接收律师个人成为会员,而不接收律师事务所团体会员。除合伙制律师事务所外,公司形式的律师事务所需要进行工商登记。另外,关于律师合作的问题:对于与外国律师(事务所分所)的合作,德国法律没有任何限制,既允许德国律师事务所聘用外国律师(但外国律师必须在其法定的范围内执业),也允许外国律师事务所分所聘用德国律师。

德国法律服务开放之前,德国的律师事务所规模都比较小,所做的业务大都是传统的民事和刑事诉讼。在贸易、金融、证券和投资等国际法律业务上竞争力比较弱,无法与英、美律师事务所竞争。德国法律服务开放后,通过加强专业培训和职业道德教育,强化行业自律,使德国律师事务所取得了较快发展。另外,德国政府通过鼓励律师事务所合并的行业政策,特别是鼓励国际合并,实现强弱联合、强强联合。特别是与英美法系国家的律师合作、合伙,组成新的律师事务所联盟,对提高德国律师的竞争力和事务所的管理水平起着相当重要的作用。例如,2000 年 1 月,德国潘德律师行(Punder, Volhard, Weber & Axster)

与英国高伟绅律师行(Clifford Chance LLP)、美国罗杰斯律师行(Rogers & Wells)合并为高伟绅律师行(Clifford Chance LLP),一举成为全球最大规模的事务所。

(二)欧盟成员间法律服务开放情况

《欧共体条约》规定,在共同市场内要消除基于国籍而对欧共体公民所给予的歧视,从而赋予了欧盟成员国公民基于就业目的而在成员国之间自由流动的权利,但该权利仅限于从事经济活动的个人。在1987年《单一欧洲法令》生效后,成员国的所有公民都享受了自由流动的权利,但成员国基于行使政府权力而提供的服务被排除在《欧共体条约》成员国公民提供服务自由的范围之外。

在法律服务方面,欧共体理事会于1977年3月颁布了《促进律师自由提供服务有效实施的指令》,要求成员国允许其他成员的律师临时性入境提供服务。该指令允许成员国有选择性地将有关不动产转让法律文书的准备、土地利益的转让等方面的业务,保留给特定种类的律师;要求成员国承认其他成员国赋予的律师身份;其他成员国律师在东道国应以其母国授予的头衔提供服务。东道国不得要求该律师在一个行业组织登记注册。如果其他成员国是在东道国出庭代理或辩护,该律师应与东道国律师联合提供服务。1988年12月,欧共体理事会又颁布了适用于所有服务行业的《相互承认授予给至少为期三年的专业教育和培训的高等教育文凭的一般制度的指令》。根据该指令,成员国对于在另一成员国学习三年以上的法律并取得权威机构颁发的文凭,而且通过了东道国组织的能力测试的其他成员国公民,应允许其取得本国律师资格,成为本国律师。指令生效后,欧共体各成员国都相继建立了相应的能力测试制度,并对符合条件的其他成员国公民授予本国律师资格。为促进成员国律师在另一成员国永久性地提供服务,欧盟于1998年2月颁布了《促进律师在资格取得国以外的成员国永久执业指令》。该指令规定:东道国律师或其他成员国律师可以与东道国律师合伙执业,也可以与其他成员国律师联合设立机构执业;其他成员国律师的业务范围虽然受到一定的限制,但总的来看,服务范围比较广泛;其他成员国律师可以通过申请能力测试取得东道国律师的身份,或在东道国执业达到一定期限、符合一定条件后申请转为东道国律师执业;对于既没有在东道国登记,也没有成为东道国律师的其他成员国律师,可以根据 1977 年的指令,进入另一成员国提供临时性的服务。可见,这一系列的自由化措施,已使欧盟律师服务市场呈现出鲜明的一体化、自由化特征。

(三)印度法律服务开放情况

印度始终以发展中国家代表的身份积极参与整个世界贸易组织贸易开放的谈判过程,极力要求发达国家对发展中国家给予过渡期保护或是降低开放条件。在专业服务中,印度仅对工程服务做出了明确的开放承诺。印度并没有在乌拉圭回合谈判中对法律服务做出任何承诺,也没有在服务贸易总协定(GATS)的谈判中对法律服务做出任何准入承诺。

印度法律服务由印度律师职业委员会进行管理,《印度律师联合会条例》和 1961 年出台的《律师法》是印度政府管理法律服务的主要法律依据。根据《律师法》法案,所有涉及律师、法院陈述的咨询服务、律师辩护服务、公证机构做出的公证行为都统称为律师服务。根据印度法律规定,法律服务只能由作为印度公民的自然人提供;法律服务提供者必须在服务地建立商业存在,并列入提供服务所在邦的律师名册;服务提供者可以建立独立经营或合伙制事务所,但服务只能由自然人来提供。对于外国法律服务提供商在印度提供法律服务,印度设置了很高的障碍:外国公民若要在印度注册为律师要受很多条件的限制,包括持有印度律师联合会认可的机构或大学的法律学位,并向所在邦律师联合会或印度律师联合会注册,而且其母国须为印度公民提供法律服务的市场准入;禁止外资进入,也不允许设立国际性律师事务所;印度律师不得与境外律师达成利润分享协议;外国服务提供商可以为国内法律律师所雇为雇员或咨询人员,但他们不得成为合伙人,也不允许签署法律文件或代表客户。

(四)中国香港法律服务开放情况

作为世界贸易组织成员,中国香港地区在 GATS 具体承诺表中做出法律服务开放承诺,没有在 GATS 的框架下对法律服务承担具体的开放义务,但实际上香港对法律服务比许多提交了法律服务具体开放承诺的世界贸易组织成员还要开放。《执业律师条例》是香港对事务律师、大律师、外国律师、公证人等进行规范管理的主体法律规定,构成了香港律师制度的基本框架。《执业律师条例》中"外国律师及外国律师事务所"部分规定了香港的对外律师服务贸易制度。《执业律师条例》还授权各律师协会理事会制定具体规则的权力。根据授权,香港律师会制定了《外国律师注册规则》、《外国律师执业规则》和《海外律师(资格取得)规则》。根据《海外律师(资格取得)规则》,外国律师申请取得香港律师资格,必须具备的前提条件主要包括接受的法学教育、以前从事律师服务的时间、申请前的执业行为表现,以及在香港的居住或居留时间等。没有取得香港律师资格的外国律师,其登记注册和执业活动,要遵守《外国律师注册规则》、《外国律师执业规则》以及《外国律师注册(费用)规则》等实施性规则的规定。首先,在执业范围上,允许外国律师从事有关国际法、第三国法的咨询服务,但不允许外国律师从事有关香港法律的服务。其次,在执业组织形式上,允许外国律师在香港设立律师事务所,但不允许外国律师与香港律师合伙,也不允许在港外国律师事务所雇佣香港律师;允许外国律师事务所与香港律师事务所设立联营组织,但对联营组织业务范围、内部运行等设立了诸多限制。另外,香港允许外国人取得香港律师资格,但设置了严格的考核和考试程序。

此外,许多区域性国际经济组织或协议都在致力于法律服务贸易自由化。例如,北美自由贸易协定(NAFTA)已经将律师服务贸易作为自由化对象;澳大利亚与新西兰自由贸易协定含有律师服务相互开放的内容;东南亚国家联盟(ASEAN)优先考虑包括律师服务在内的专业服务;经济合作与发展组织(OECD)认为各国应对律师服务实行自由化;亚太经合组织(APEC)也将律师服务自由化纳入讨论议题。

(五)法律服务开放国际经验总结

总体来说,各国(地区)均对外国公民取得本国(地区)律师资格进行了严格规定,取得本国(地区)律师资格的外国律师将享有相对较多的从业权利,否则只能以"外国律师"的身份在东道国从事相应的法律事务,但其从业范围等会受到诸多限制。德国和欧盟内部对法律服务的开放程度相对比较高,但这种开放也是循序进行的,开放程度逐步提高。印度和中国香港地区并未对法律服务开放做出明确承诺,虽然印度和香港地区法律服务并未封闭,但印度对外资进入印度法律服务市场绝对禁止;香港地区虽对外国律师事务所在香港的活动进行了一些限制,但其法律服务开放程度还是比较高的。许多外国律师和律师事务所能在香港生存和发展,也是香港成为世界法律服务中心的重要原因之一。

关于律师(事务所)合作的问题,德国对与外国律师(事务所分所)的合作,没有任何限制,既允许德国律师事务所聘用外国律师(但外国律师必须在其法定的范围内执业),也允许外国律师事务所分所聘用德国律师。印度禁止外资进入,也不允许设立国际性律师事务所;印度律师不得与境外律师达成利润分享协议;外国服务提供商可以为国内法律律师所聘为雇员或咨询人员,但他们不得成为合伙人,也不允许签署法律文件或代表客户。香港地区允许境外律师在香港设立律师事务所,但不允许境外律师与香港律师合伙,也不允许在港境外律师事务所雇佣香港律师;允许境外律师事务所与香港律师事务所设立联营组织,但对联营组织业务范围、内部运行等设立了诸多限制。律师合作程度的高低,与本国(或地区)法律服务能力和国际竞争力的提高总体上呈正相关关系。

五、促进我国专业服务贸易发展的政策建议

上海自贸试验区的成立,将为专业服务对内地的跨境交付创造更加有利的条件。在扩大中国专业服务进口的同时,自贸试验区内服务提供商必将对内地企业形成更加激烈的竞争。鉴于目前我国专业服务发展落后、专业服务贸易限制水平较高、专业服务项目发展不平衡,再加上高度开放的上海自贸试验区对内地专业服务企业带来的巨大竞争与挑战,我国在推进自贸试验区建设的同时,迫切需要进一步推进内地专业服务开放,以开放促改革,以竞争促发展,提高专业服务竞争力,促进专业服务贸易健康发展,推动产业结构转型与经济升级。为此,笔者提出如下具体政策建议。

(一)逐步放宽对商业存在模式下法律服务的限制,提升法律服务竞争力

在商业存在和自然人流动模式下(特别是在商业存在模式下),中国对法律服务的限制水平远远高于全球平均水平。而在跨境交付模式下则无限制。目前,上海自贸区对法律服务的限制包括:限制投资法律咨询,外国律师事务所只

能以设立代表处的形式提供法律服务。这在一定程度上保护了内地法律服务企业。但随着负面清单的缩减,这种保护将逐步取消。届时,上海自贸区对内地法律服务的跨境交付将更具竞争力,更多的企业可能直接选择在自贸区内设立机构,对我国提供法律服务。这在一定意义上限制了上海自贸区对内地辐射功能的发挥。因此,为了提高我国法律服务的竞争力,更好地发挥上海自贸区对内地经济的辐射作用,一方面,我们要加大内地法律服务的开放,缩小商业存在与跨境交付模式下法律服务限制水平的差距,以促进外资律师事务所对内地的投资;另一方面,在上海自贸区建设的过程中,我们要积极探索密切中国律师事务所与外国及港、澳、台地区律师事务所业务合作的方式和机制。

在扩大内地法律服务的开放方面,适当放宽从业人员要求,取消对外国律师事务所代表机构不得聘用中国执业律师等相关限制,允许外国律师事务所代表机构雇佣本地执业律师,并允许中国受雇人员为其提供法律服务。这有利于中国法律服务人才素质的培养与提升,提高中国法律服务的整体竞争力。另外,要鼓励律师事务所合并,实现规模化发展。通过引入外国律师事务所的竞争,鼓励中国律师事务所发展国内外的合作、合伙与合并,甚至组建律师事务所联盟,从而提高中国法律事务所的管理水平和中国律师服务的服务水平及竞争能力。

在上海自贸区建设方面,通过租金、税收等优惠政策,鼓励中国律师事务所入驻上海自贸区开展业务,并加强与境外(包括港、澳、台地区)律师事务所的业务合作。在市场准入上,适时逐步放宽对投资法律咨询的限制。在内地法律服务相对开放一定时间、中国律师事务所法律服务竞争力相对增强后,可以考虑允许自贸区内律师事务所或其办事处从事法律咨询服务业务;条件成熟时,再逐渐放开法律代理业务(可以按照案件性质或者按照管辖法院的级别逐渐放开)。在所有权方面,放宽对外国律师事务所只允许设立办事处的限制。可以首先允许外国律师事务所与国内律师事务所合资经营(但对投资比例做出一定的限制);然后逐步适时放宽限制,直至允许设立外资律师事务所。鼓励中外律师事务所进一步密切合作关系,通过合作提高中国律师事务所的管理水平和法律服务水平,提升中国律师事务所的国际竞争力。

(二)鼓励中外会计、审计企业合作,提升我国企业的竞争力

通过政策优惠,鼓励中国会计、审计企业进驻上海自贸区,并加强与外国先进企业在自贸区内的合作。中外会计、审计企业合作的加强,以及服务跨境交付带来中国会计、审计市场竞争的提高,最终将从溢出效应和竞争效应两方面提升中国会计、审计企业的管理水平和竞争能力。目前,我国中外合资审计企业的外国合作伙伴必须具备三个条件:①先进的专业技术和良好的声誉;②年收入不低于2 000万美元;③至少200名专业审计人员。在内地会计、审计开放方面,可以考虑适当放宽合资企业合作伙伴资格的限制,降低外资企业进入中国会计和审计服务市场、加强与中国相关企业合作的门槛,以进一步活跃中国服务市场,增强会计、审计服务企业的竞争力。就全球对会计、审计服务的限制来说,商业存在模式下的限制水平(限制指数分别为30.53和38.46)相对低于各种模式的平均限制水平(限制指数分别为38.22和48.22)。因而,在中国会计、审计企业具备足够的竞争实力的情况下,就可以考虑通过"走出去"战略的实施,突破国外对跨境提供模式下会计、审计服务较高的贸易限制,进一步促进中国会计、审计服务出口的增长。

(三)开放广告、调查等生产性服务,促进产业发展

广告、调查等生产性服务业对产业结构的优化升级具有明显的支撑作用。因而,我们还应该大力发展广告业,鼓励第三方调研机构发展。引导广告企业加强品牌建设,提升企业价值,提高规模化水平,提高广告业集约化、专业化和国际化发展水平;在自贸区内加强与外国先进广告企业的合作,利用外国企业的市场资源积极承接国际广告业务,促进广告服务出口。通过优惠政策,鼓励境内外企业在自贸区内投资设立市场调查公司,并最终允许国内企业与国外优质企业的合资与合作。一方面,通过向中国市场提供调查服务,减少企业经营中的各种市场风险,提高经济效益,并扩大调查服务进口规模;另一方面,可以促进中国市场调查公司评估技术水平的提高,从而带来市场调查服务出口能力的提升和出口规模的扩大。

总之,我们需要利用自贸区这一契机,通过完善专业服务市场准入制度,逐

步放开专业服务贸易管制,扩大专业服务业的开放。积极吸引德国和我国香港地区等专业服务发达地区的企业投资,适当加强内地企业与外资企业的合资与合作,从而产生技术与管理的溢出效应,提升我国专业服务企业的管理水平,提高专业服务的国际竞争力,促进专业服务贸易发展。我们建议,首先从所有权和市场准入等方面逐步开放法律服务,进而开放审计服务及广告调查服务,以实现我国专业服务水平的提高和国际竞争力的增强。我们需要利用自贸区这一契机推进专业服务业开放,实施促进专业服务贸易发展的配套政策,同时也要参照国际通行做法,完善我国专业服务业利用外资的监管体系,通过风险预警机制和服务贸易紧急保障措施机制等控制可能的风险,更好地维护国家安全和国家利益。

(鲍晓华　高磊)

中国(上海)自贸试验区离岸业务税收政策研究

在上海自贸试验区内建立离岸业务中心,开展离岸金融和离岸贸易等相关业务,有利于上海自贸试验区吸引外资和带动相关产业的发展。为使上海自贸试验区快速成长为东亚乃至亚太地区离岸业务中心,需要根据中国国家战略即自贸试验区的总体目标,设计离岸业务税制和税收监管制度。同时,自贸试验区离岸业务税收政策不仅能提升上海自贸试验区的发展等级,也能为全国提供可复制、可推广的制度创新经验。

……………………………………………………………………………………

一、引言

离岸业务以国境或一国之内的不同经济区域作为离岸与在岸的分界线,具体是指一国投资人为某种特定目的将公司注册在离岸管辖区,离岸管辖区政府允许投资人不必亲临公司注册地,其业务运作在离岸管辖区外的世界各地直接开展。全球离岸业务多以离岸金融业务和离岸贸易业务为主。离岸业务起始于20世纪六七十年代,随着经济全球化的日益发展,离岸业务也突飞猛进。目前每年大约有14万家离岸公司在全球各个离岸管辖区成立,据估计全世界一半以上的资产属于离岸管辖区。离岸业务的产生到现在也只有半个世纪左右的时间,其之所以能迅速发展,与税收政策有着直接的关系,国内外学者对此展开了相应的研究。

(一)国外相关研究

沃尔特(Ingo Walter,1985)研究了离岸业务中心成为避税港的税收政策及其对国家金融安全可能带来的冲击;汉普顿和艾博特(Hampton & Abbott,1999)认为,国际资本的出现促进了离岸业务的快速发展,并随之形成避税天堂;汉普顿(Hampton, M. P,1996)分析了离岸金融市场对离岸市场所在国货币升值造成的压力，并认为离岸金融市场对货币政策的执行也将产生一定的负面影响；马克和约翰（Mark & John，2002）认为，国际组织应该采取积极行动，以应对离岸业务引发的不合法税收活动；格雷戈瑞（Gregory，2005）指出，由于各国对离岸业务市场的监管程度不同，导致税收中性难以实现，有害税收竞争也愈演愈烈，但各国税制差异的存在会继续使离岸业务拥有广阔的市场。

（二）国内相关研究

我国针对离岸业务相关税收政策方面的研究并不多。罗国强（2010）针对离岸市场税收征管的法治问题进行了研究。研究认为，在税收征管原则上我国应采取中等程度的税收优惠政策，采取适中的容忍态度应对避税问题，并通过国际通行的预约定价协议来应对关联企业的转移价格行为，在税收管辖冲突的解决方面应积极参与国际合作。陈钧浩（2010）提出，保税港区是我国发展离岸业务的首选地，发展离岸业务是我国保税港区向自贸区转型的必然选择。付新刚（2008）对以新加坡、英国、美国、瑞士、日本、中国以及中国香港地区等为代表的全球主要离岸金融中心的自由度进行了研究，其研究表明：在税收制度、外贸准入、贸易制度、金融管制等方面的自由度，我国与这些全球主要离岸金融中心相比在各项指标上都存在着较大的提升空间。

概括而言，国外对于离岸业务与税收关系的研究较为全面。国外研究认为：优惠的税收政策促进了离岸业务的快速发展，但同时也产生了避税问题，加强监管和国际合作是规制避税问题的有效途径。国内研究主要集中在我国离岸市场税收征管法治的初步构建等方面，对我国离岸业务市场的具体税收政策研究较少，对自贸区离岸业务税收政策的研究更少。我们这里尝试对上海自贸试验区离岸业务税收政策进行研究，内容涉及离岸业务与税收的关系、上海自贸试验区离岸业务税收政策现状、上海自贸试验区离岸业务的税收政策设计，以及研究的结论与启示。

知识链接 离岸业务

离岸以国境或一国之内的不同经济区域作为离岸与在岸的分界线。例如，在香港注册一家贸易公司，投资人可以在内地控制该公司的一切业务经营，贸易经营可以是在欧洲与美洲之间进行。20世纪六七十年代,世界上一些国家和地区,如英属维尔京群岛(BVI)、巴哈马群岛、百慕大群岛等(多数为资源严重匮乏的岛国)为振兴该国(区域)经济,纷纷以法律手段制定并培育出一些特别宽松的经济区域,允许国际人士在其领土上成立一种国际性的业务公司,这些区域一般称为离岸管辖区或离岸司法管辖区。所谓离岸公司,就是泛指在离岸管辖区内成立的有限责任公司或国际商业公司。离岸业务主要包括离岸贸易和离岸金融。

离岸贸易(Offshore Trade)是指贸易商(或称贸易中间商)从海外组织货源并直接销售给海外进口商,即贸易商分别与出口商和进口商签订买卖合同,但经营的货物由出口商所在地直接发运到进口商所在地,而不经过贸易商所在地。因此,其基本特征是货物流与资金流、订单流的分离,贸易商所在地往往是资金流、订单流和货物流的控制管理中心。离岸贸易具有三种类型:标准离岸交易类型、准离岸交易类型和区内交易类型。标准离岸交易指贸易商与出口商、进口商位于不同国家,即贸易商是在海外组织货源,并销售给海外客户,其中出口商和进口商可能处于不同国家,也可能处于同一国家。这均属于典型的离岸交易。在现实中,极少有贸易商只从事标准的离岸交易,他们往往同时也从事境内出口商与境外进口商之间的国际贸易。贸易商分别与境内出口商和境外进口商订立买卖合同,货物则由境内出口商所在地直接发运至境外进口商所在地。此种情形符合离岸贸易的一般特征,但又不属于典型的离岸贸易,因此被称为"准离岸交易类型"。区内交易类型则属于准离岸交易类型的一种延伸方式,即贸易商从海外进口货物后,在保税区或自贸区之类的区域内将货物转卖给其他公司(其他公司也可能将货物向境内公司再转卖),而货物则从海外出口商直接运交给最后受买的公司。这三种交易类型均符合离岸贸易的上述基本特征,只是在这三种交易类型中,贸易商、出口商和进口商所处的国别和位置不同而已。当然,如果贸易商、进口商和进口商同处一国境内,则不属于离岸贸易的范畴。

离岸金融(Offshore Finance)是指设在某国境内但与该国金融制度无甚联系,且不受该国金融法规管制的金融机构所进行的资金融通活动。例如,一家信托投资公司将总部设在巴哈马群岛,其业务活动却是从欧洲居民或其他非美国居民那里吸收美元资金,再将这些资金投放于欧洲居民或非美国居民中,该公司便在从事离岸金融活动。从严格意义上讲,离岸金融也就是不受当局国内银行法管制的资金融通，无论这些活动发生在境内还是在境外。如美国的国际银行业设施(IBF)和东京离岸金融市场的业务活动等，均属离岸金融。

离岸公司与一般公司相比，主要区别在税收上。与通常使用的按营业额或利润征收税款的做法不同，离岸管辖区政府一般只向离岸公司征收年度管理费或较低税收。除了有税收优惠之外，几乎所有的离岸管辖区均明文规定：公司的股东资料、股权比例和收益状况等享有保密权利，如股东不愿意，可以不对外披露。另一优点是几乎所有的国际大银行都承认这类公司，如美国大通银行、香港汇丰银行和新加坡发展银行等。

二、离岸业务与税收的关系

离岸业务市场的发展过程是税收体系不断改进和完善的过程。全球离岸业务中心的共同特点是：涉及离岸业务的税收都处于很低水平，大多数离岸业务中心对其离岸业务提供部分或全部税收优惠。图 3 -9 为离岸业务与税收的关系。

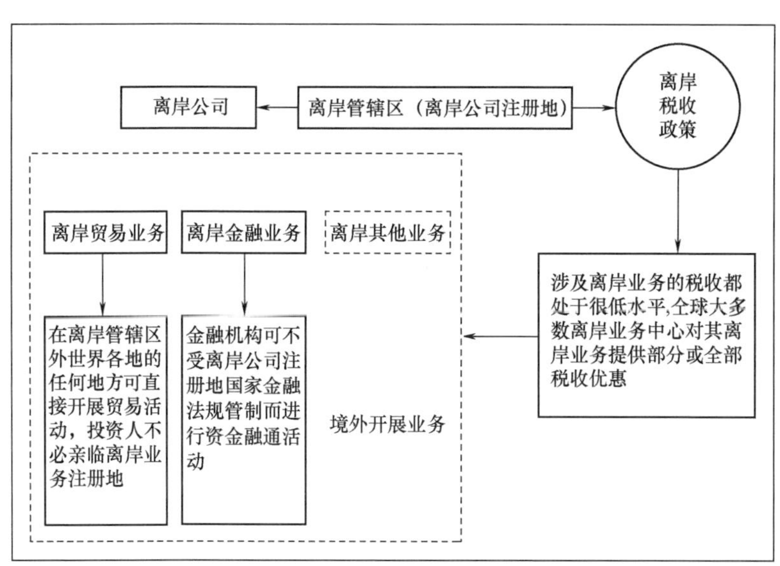

图 3 -9　离岸公司业务与税收关系

(一)离岸业务涉及的税种

全球离岸业务中心在税收结构上以直接税为主，一般无间接税。对离岸公司而言，离岸业务涉及的直接税包括企业所得税、利息预扣税、资本利得税、股息预扣税和印花税等税种，所以，多数离岸业务中心无营业税。例如，新加坡以直接税为主体税，所得税占其所有税收收入的比重高达40%—50%。

知识链接

直接税与间接税

直接税(Direct Tax)，是指纳税义务人同时是税收的实际负担人，纳税人不能或不便于把税收负担转嫁给他人的税种。属于直接税的这类纳税人，不仅表面上有纳税义务，而且实际上也是税收承担者，即纳税人与负税人一致。直接税以归属于私人(为私人占有或所有)的所得和财产为课税对象，包括各种所得税、房产税、遗产税和社会保险税等。

所谓间接税(Indirect Tax)，是指纳税义务人不是税收的实际负担人。企业间接税是指纳税义务人能够用提高价格或提高收费标准等方法把税收负担转嫁给他人的税种。属于间接税税收的纳税人，虽然表面上负有纳税义务，但是实际上已将自己的税款加于所销售商品的价格中，由消费者负担或用其他方式转嫁给他人，即纳税人与负税人不一致。目前，世界各国多以关税、消费税、销售税、货物税、营业税和增值税等税种为间接税。

(二)离岸业务的税率

为了解离岸业务的税率，我们选取全球部分具有代表性的离岸业务中心(中国香港、新加坡、英国伦敦和菲律宾马尼拉)进行比较研究。这些离岸业务中心涉及的主要税种及税率如表3-7所示。

表3-7 全球部分离岸业务中心的税种及税率

国家(地区)	企业所得税	资本利得税	利息预扣税	股息预扣税	印花税
中国香港	16.5%或15.5%	0	0	0	1%—2%
新加坡	17%或15%或10%	0	0	0	0
英国伦敦	30%	0	0	0	不予减税
菲律宾马尼拉	5%	0	0	0	0

数据来源：国际货币基金组织(IMF)报告。

以中国香港为例。香港作为全球著名的离岸业务中心,其优惠的税收政策吸引了大量外资进入。香港早在1982年就取消了对外币存款利息收入16.5%的预扣税,所以在香港没有资本利得税、利息预扣税和股息预扣税,但是部分交易如股票交易须缴纳印花税。从2011年起香港下调了除企业以外法人实体的所得税一个百分点,即对除企业以外的法人实体的应税利润征收15.5%的所得税,对企业应税利润按照16.5%的比例征收企业所得税。

作为全球最具竞争力之一的自贸区离岸业务市场,新加坡在很大程度上也得益于政府优惠的税收政策。多年来,新加坡为了保持其在全球离岸市场中的竞争力,对所得税不断进行调整。例如,2010年新加坡将企业所得税从之前的18%下调到17%,设在新加坡的跨国公司总部享受10%的优惠税率,设在新加坡的跨国公司地区总部享受15%的优惠税率。

可见,这些离岸业务中心都实施较低的所得税率,并且都免征资本利得税、利息预扣税和股息预扣税。对于离岸业务涉及的印花税,伦敦不予优惠减免,中国香港地区实行较低的税率,新加坡和菲律宾马尼拉则完全豁免。

(三)离岸业务的税收征管

全球离岸业务中心的税收征管都表现出简单和高效的共性。以中国香港地区和新加坡为例,香港税收征管采用一级税制的征管体制,对税收征管主体实行规范化和简单化的管理,以通知申报纳税方式进行税收征管,减轻纳税人的负担。在征收环节上,征税机关实现网络化管理,与社会中介组织和其他政府机构进行信息交流,保障纳税人的"课税同意权"。新加坡税收征管的高效性主要体现在优惠税制的体系化以及税率的简单化,其实施的效果相当于实行了一种档次少、级距小的超额累进税率,降低征税机关的征管难度,具有很强的实际操作性。

(四)离岸业务的税收监管

随着全球离岸业务的迅速发展,离岸业务市场的竞争也愈演愈烈。为了争夺外资,一些国家和地区实施有害税收竞争,对国际税收秩序造成了较大冲击。国际组织以及各国政府愈发认识到这一问题的严重性,希望通过加强税收透明度建设和国际税务合作来遏制有害税收竞争。目前,无论是国际组织或国家监管机构都趋于加强对离岸业务市场的监管。监管主要针对避税活动展开，包括避税的单方规制和多方规制。避税单方规制的措施主要包括限制本国居民在避税地设立离岸公司、制定受控外国公司的制度和完善纳税申报制度等；对离岸公司避税多方规制的措施主要包括强化国际合作，与避税地国家签订情报协定，与非避税地国家合作等。另外，针对离岸公司常用的避税手法（比如转移价格）实行正常交易原则，采用预先定价协议（APA）机制等法律规制措施。

知识链接 国际上对离岸公司避税问题的相关法律规制

很多国际组织以及发达国家政府（主要是资本输出国家）都致力于抵制离岸公司利用避税地等方法规避税收的行为。

经济合作与发展组织（OECD）在2000年报告中就对35个其所列的避税地的有害税收竞争发出最后通牒：限其在12个月内决定是否与OECD合作，并在2005年前取消有害税收制度，否则其将受到国际社会的制裁。报告共提出11项制裁措施。这些要求促使百慕大等一些国际避税港不得不采用更透明、更公平的税收制度。

此外，世界上其他国家对于此问题还进行了相应的立法。美国是第一个制定反避税地法规的国家。其1921年在《国内收入法典》中授权当局对关联关系的企业集团重新确定其收入额、扣除额和抵免额。但由于其制度中的延期纳税制度，导致了对于离岸公司以股息形式转移税前所得留下了空间。因此，在1961年对于《国内收入法典》的修改中，增加了专门针对利用避税港避税的部分条款，同时也明确了必须在美国缴纳税收的外国子公司的收入种类。这些都对离岸公司避税产生了有效的约束作用。其中法典新增的F部分条款规定，凡是受控外国公司，其利润归属于美国股东的部分，即使当年不分配，也不汇回美国，也要视同当年分配的股息，要分别记入各股东名下，与其他所得一并缴纳美国所得税。F条款可以直接刺破法人面纱，从而取消了受控外国公司的美国大股东就其来自于受控外国公司的利润延期纳税的权利。此外，所得税条例中有一项“一般原则”规定，即如果实体集团的一名成员为另一成员提供服务而不收取费用或者支付的费用不符合独立竞争原则，那么应进行适当的收入划拨，以反映竞争性服务所得［美国所得税条例第1482节2(b)项］。该条例还规定，如果无形资产的使用并未按独立竞争原则处理也应进行划拨。以上这些规定，有效地制约了离岸公司的避税措施。

三、上海自贸试验区离岸业务税收政策现状

我国在离岸业务的发展过程中,由于相应的配套政策制定较为滞后,因而离岸业务在我国的发展遇到了许多问题。目前为止,我国税收政策没有明文规定究竟应该对离岸业务的哪些纳税主体征税、征收哪些税种、税率是多少等。也就是说,我国还未制定出具体的政策和法规对离岸业务市场的监管进行规范,因此,我国目前离岸业务市场的税收政策处于真空状态。

事实上,我国的离岸金融业务始于1989年,而我国第一部离岸金融的正式法规《离岸银行业务管理办法》于1997年10月23日才由中国人民银行出台,并于1998年正式实施相关细则。在税收管理的相关问题方面,我国现有的法律法规都没有对离岸业务税收问题做出任何规定,这意味着我国离岸业务税收优惠还未有成文的法律承诺。以上海和深圳为例,两地同样开展离岸金融业务,但是它们的税负却存在很大差异。例如,在上海经营离岸金融业务的银行面临5%的营业税和25%的所得税,而在深圳经营离岸金融业务的银行免征营业税,按10%的税率征收所得税。

建立上海自贸试验区是我国在新形势下推进改革开放的重大举措。截至2014年3月25日,上海自贸试验区新设企业7 492户,其中外资628户,平均每户注册资本468万美元;内资企业6 864户,平均每户注册资本2 116万元。如果再加上已办理核名手续但还没有设立的企业,数量将达到10 000户左右。这意味着,在吸引企业入驻方面,上海自贸试验区半年交出的成绩单赶上了过去的20年。但是上海自贸试验区目前吸引的外资企业数量远远小于内资企业的数量。而在上海自贸试验区内建立离岸业务中心,开展离岸金融和离岸贸易等相关业务,有利于上海自贸试验区吸引外资和带动相关产业的发展。由于目前上海自贸试验区尚未制定出台针对离岸业务的税收政策,如果上海自贸试验区离岸业务的税收政策难以与国际接轨,则一方面会降低外资进入的积极性,大量的外资企业因为较高的税负而对上海自贸试验区望而却步;另一方面,较高的税负可能会刺激离岸业务交易主体逃避税收监管,对国内和国际税收竞争秩序产生一定的消极影响。我们正是在此背景下,在符合我国税制改革方向和国际惯例,以及不导致利润转移和税基被侵蚀的前提下,研究设计适合上海自贸

试验区离岸业务发展的税收政策,从而不仅提升上海自贸试验区的发展等级,也为全国提供可复制、可推广的制度创新经验。

四、上海自贸试验区离岸业务税收政策设计

建立上海自贸试验区对加快政府职能转变、积极探索管理模式创新、促进贸易和投资便利化,为全面深化改革和扩大开放探索新途径、积累新经验,具有重要意义。由于上海自贸试验区是连接境内在岸市场和境外离岸市场的、具有双向辐射与渗透功能的市场,因此,上海自贸试验区离岸业务税收政策应从上海自贸试验区离岸业务税收制度、税收监管制度和税收政策的可复制、可推广等方面进行设计。

(一)上海自贸试验区离岸业务税收制度

以最常见的离岸业务——离岸金融业务为例,其主要是吸收非居民资金,为非居民提供的一项国际金融业务,是两头在外的业务活动(outside to outside)①。由于非居民个人或机构是资本的持有者,他们可以决定将资本投放于何处,如果对其资本投资收益征税,则不利于吸引外资进入上海自贸试验区开展离岸业务。为此,我们从设计原则、税种和税率、税收征管等方面对上海自贸试验区离岸业务税收进行设计。

1. 设计原则

根据上海自贸试验区总体目标、主要任务等功能,自贸试验区离岸业务税收政策设计遵循两项原则:第一,税制具有国际竞争性,至少在东亚具有相对竞争性,使上海自贸试验区快速成长为东亚乃至亚太离岸业务中心;第二,税收征管制度更简洁高效。这既是发展国际业务的要求,也是政府管理体制改革的要求。

2. 税种和税率

(1)税种:单一直接税。依据全球离岸市场的共同点,税种少、税率低是推

---

① 离岸金融市场主要分为避税型(如开曼、巴哈马、加勒比海)、内外一体型(如香港和伦敦)和内外分离型(如新加坡、纽约、东京)。鉴于我国金融开放程度低、资本项目未实现自由兑换、汇率和利率市场化机制改革仍在推进过程中,上海自贸试验区离岸金融市场初期应实行内外分离型模式。内外分离型离岸金融业务主要是吸收非居民资金,为非居民提供金融业务,是两头在外的金融业务。

动全球离岸业务中心快速成长的助推器。为此,建议在上海自贸试验区离岸业务中心只征收一项直接税,即所得税,免征包括营业税在内的所有间接税。对任何形式的外来资本投资收益所得免征资本税,即免征资本利得税、利息预扣税和股息预扣税等;取消离岸业务相关的印花税。

(2)税率:多级分类所得税率。在税率的制定方面,要保证离岸业务的税率处于较低的水平,即保证离岸公司的税率不高于在岸公司的税率,保证离岸公司面临的税负不高于周边离岸业务市场的税负水平,这是发展离岸业务所必须具备的基本条件。同时,为适应上海自贸试验区建设的需要,税率设计要有一定弹性,以便于利用税收杠杆调控离岸业务结构。为此,上海自贸试验区离岸业务所得税率设计为15%—17%,见表3-8。

表3-8 上海自贸试验区离岸业务税种与税率设计

上海自贸试验区离岸业务税种	企业所得税	资本利得税	利息预扣税	股息预扣税	印花税
上海自贸试验区离岸业务税率	15%—17%	0	0	0	0

3. 税收征管

为实现自贸试验区离岸业务税收的高效征管,应从征管对象和征管机构两方面制定政策。征管对象的核心要素一是离岸业务界定;二是离岸业务分类。我们建议上海自贸试验区实行内外分离型离岸市场模式,这种模式的业务链是两头在外,即为非居民提供服务,与在岸业务严格分离,以便于识别界定。关于离岸业务分类,主要是对离岸业务包进行分拆,根据国家战略予以不同的税率待遇。例如,离岸金融业务的企业所得税率为15%;对总部设在自贸试验区的跨国公司企业所得税率(离岸业务)为15%,地区总部设在自贸试验区的跨国公司企业所得税率(离岸业务)为16%,见表3-9。

表3-9 上海自贸试验区税收征管制度设计:征管对象

改革举措	原因
明确离岸业务的判断标准,为税收征管机关提供明确指引	避免交易主体通过离岸业务逃避税收征管
对自贸试验区离岸业务包进行分拆,实行不同业务分类政策	服务于国家战略的离岸业务可以有更优惠的政策。例如,离岸金融业务的企业所得税率为15%

续表

改革举措	原因
跨国公司总部和地区总部实行不同的企业所得税率	为吸引更多跨国公司总部和地区总部入驻,总部设在自贸试验区的跨国公司企业所得税率(离岸业务)为15%,地区总部设在自贸试验区的跨国公司企业所得税率(离岸业务)为16%

在税收征管机构方面,征管机构的核心要素一是设置"离岸业务税务登记证号";二是设置"离岸账户",见表3-10。

表3-10 上海自贸试验区税收征管制度设计:征管机构

改革举措	主要原因
在分清权责的基础之上,实行征管职能合并	简政放权
可以规定为经营离岸业务的公司单独设置一个"离岸业务税务登记证号"	便于税务机关将不同的征税对象相分离,加强对离岸业务缴纳税收情况的监督和管理
在银行账户的设立方面,也可考虑单独为离岸业务设置一个"离岸账户"	方便有关部门对涉及离岸业务的转入和转出进行监管和控制,避免跨国机构将资金在"离岸账户"和"影子账户"之间互转,避免跨国机构利润转移和税基侵蚀
强化监管协作,探索综合监管模式	建立打通海关、质检、工商、税务、外汇等各部门的信息共享平台;建设诚信管理体系;引进社会第三方组织协管;实现税收征管环节的网络化管理等

(二)上海自贸试验区离岸业务税收监管制度

国际避税行为是离岸业务税收政策的固有风险。在岸公司通过离岸业务中心设置子公司,采用转移定价行为①避税,转移利润,侵蚀在岸公司的税基,扭曲了国际贸易和投资模式,影响国际资本的流向,增加了离岸业务中心以外的

---

① 转移定价行为是通过低税率国子公司(离岸公司)以高转移价格向高税率国子公司(在岸公司)出口或以低转移价格从高税率国子公司(在岸公司)进口,把利润从高税率国子公司(在岸公司)转移到低税率国子公司(离岸公司),降低整个跨国公司的纳税总额。这种转移,并不一定是货物的实际转移。

国家征收税款的成本,导致竞争环境缺乏公平性和有序性。国际上针对离岸业务税收监管的通行做法是采用预约定价协议机制和加强国际合作。

1. 采用预约定价协议机制,规制国际避税行为

预约定价协议(Advance Pricing Agreement,APA)机制就是由纳税人与税务机关就有关关联交易的转移价格方法事先签订的协议,用以解决和确定在未来年度关联交易所涉及的税收问题。作为国际通行的反关联企业避税的方式(目前预约定价协议机制被认为是解决转移定价反避税最有效的方式,已成为美国、经合组织国家、韩国、新西兰、墨西哥、中国香港等20多个国家或地区普遍使用的反避税调整方法),预约定价显然可以被运用到离岸市场上,而且基于离岸业务的国际性以及离岸业务关联企业国籍的复杂性,在离岸市场上应主要采取多边预约定价①的方式,即纳税人与两个以上的税务当局达成预约定价协议。

上海自贸试验区可以借鉴国际通行做法规制国际避税行为,即通过预约定价协议机制,离岸公司通过与税务机关进行协商讨论,预先确定税务机构和离岸企业双方同意的关联交易定价原则,即将转移定价的事后税务审计变为事前约定。结合离岸业务的特点,上海自贸试验区亦可采用多边预约定价的方式以防范税基侵蚀及利润转移,并充实完善涉及预约定价协议机制的法律规范。

2. 加强国际合作,提高税收透明度

以经济合作与发展组织(OECD)为代表的国际组织都纷纷加强了对离岸业务中心的监管。上海在建设自贸试验区离岸业务市场的时候也理应遵守相关的国际准则,积极参与国际合作,与世界上部分低税率的国家或地区,以及部分国际离岸业务中心签订税收情报交换协议、双边税收协定和避免双重征税协定等,以提高税收透明度。

(三)税收政策的可复制、可推广

上海自贸试验区离岸业务税制的制定,应借鉴全球离岸业务市场的经验,针对离岸业务且具有普遍性的税收政策,使其未来能在全国其他自贸区范围

① 预约定价可以分为单边预约定价(纳税人仅与东道国税务当局达成预约定价协议)、双边预约定价(纳税人与东道国和母国税务当局达成预约定价协议)和多边预约定价(纳税人与两个以上的税务当局达成预约定价协议)。

内,从技术、制度和管理模式国际化等层面进行复制和推广,见表3－11。

表3－11　上海自贸试验区税收政策的可复制、可推广

税收政策的可复制、可推广	涉及的主要内容
技术层面	离岸业务界定、税种、税率、税收征管等
制度层面	税收制度和监管制度等
离岸业务管理模式的国际化	职能合并、监管协作、探索综合监管模式等

此外,在政策制定的过程中,应将上海自贸试验区离岸业务的税收政策纳入税法体系中,为我国境内成立的其他自贸区制定离岸业务税收制度提供法律依据。同时,加强上海自贸试验区离岸业务中心与我国其他各离岸业务市场之间的沟通合作,逐步使境内离岸业务市场的各项税收政策实现统一,实现资金在这些离岸中心的有效配置。

五、结论与启示

离岸业务是上海自贸试验区重要的功能性业务。离岸业务的发展要求有相配套的、具有国际竞争力的离岸业务税收政策的支持。通过研究,我们有如下主要结论和启示。

(一)结论

第一,全球离岸业务的产生到现在只有半个世纪左右的时间,其之所以能迅速发展与税收政策有着直接的关系。

第二,全球离岸业务中心的共同特征就是涉及离岸业务的税收都处于很低水平,大多数离岸业务中心对其离岸业务提供部分或全部税收优惠。

第三,具体而言,全球离岸业务中心在税收结构上以直接税为主,一般无间接税。全球离岸业务中心都实施较低的所得税率,并且都免征资本利得税、利息预扣税和股息预扣税。对于离岸业务涉及的印花税,大都实行优惠减免或完全豁免。

第四,全球离岸业务中心的税收征管都表现出简单和高效的共性。征税机关实现网络化管理,与社会中介组织和其他政府机构进行信息交流,相当于实行一种级距小、档次少的超额累进税率,降低征税机关的征管难度,具有较强的实际操作性。

第五,各国都趋于加强对离岸业务市场的监管。监管的措施主要是对避税的单方规制和多方规制。此外,针对离岸公司最常用的避税手法即转让价格,实行正常交易原则,采用预先定价协议(APA)制度等法律规制措施。

(二)启示

为使上海自贸试验区快速成长为东亚乃至亚太地区离岸业务中心,需要根据中国国家战略即自贸试验区总体目标,设计离岸业务税制和税收监管制度。同时,自贸试验区离岸业务税收政策不仅能提升上海自贸试验区的发展等级,也为全国提供可复制、可推广的制度创新经验。借鉴国际经验,对制定上海自贸试验区离岸业务税收政策有如下启示:

第一,建议在上海自贸试验区离岸业务中心只征收一项直接税,即所得税,免征包括营业税在内的所有间接税。对任何形式的外来资本投资收益所得免征资本税,即免征资本利得税、利息预扣税和股息预扣税等;取消与离岸业务相关的印花税。

第二,为适应上海自贸试验区建设的需要,税率设计要有一定弹性,采用多级分类所得税率,以便于利用税收杠杆调控离岸业务结构。为此,上海自贸试验区离岸业务所得税率可设计为15%—17%。

第三,为实现自贸试验区离岸业务税收的高效征管,应从征管对象和征管机构两方面进行政策制定。就征管对象而言,其核心要素一是离岸业务界定,二是离岸业务分类。我们建议上海自贸试验区实行内外分离型离岸市场模式,这种模式的业务链是两头在外,即为非居民提供服务,与在岸业务严格分离,便于识别界定。关于离岸业务分类,主要是对离岸业务包进行分拆,根据国家战略予以不同的税率待遇;就税收征管机构而言,征管机构的核心要素一是设置“离岸业务税务登记证号”,二是设置“离岸账户”。

第四,针对离岸业务的税收监管,上海自贸试验区应采用预约定价协议机制和加强国际合作两方面来规制国际避税行为。

第五,上海自贸试验区离岸业务税制的制定,应针对离岸业务且具有普遍性的税收政策，使其未来能在全国其他自贸区范围内，从技术、制度和管理模式国际化等层面进行复制和推广，为今后我国境内成立的其他自贸区制定离岸业务税收制度提供法律依据。

总之，为了使上海自贸试验区离岸业务能够健康有序的发展，我国应当为其制定出科学合理的、符合国际规范的、具有自贸区自身特色的离岸业务税收政策。当然，除税收政策外，我国还可以适度放松银行离岸业务附加资本金的要求，实施更加宽松的准备金政策，打破银行、证券、保险之间的经营界限，建立更加自由开放的金融市场，推动各类机构之间的交叉竞争与合作，提高整体竞争力，建立完善的上海自贸试验区离岸业务政策体系。

（何骏　郭岚）

自贸区内的人民币资本项目需求

从外汇管理资产负债表的角度出发,在人民币国际化的过程中,需要将以往的负债型国际化调整为资产型国际化。负债型的国际化需要上海金融资本市场的发展作为其基础,而资产型国际化有赖于中国企业在国际市场上的竞争力。上海自贸试验区和资本市场发挥着人民币从负债型国际化转向资产型国际化的功能,而自贸试验区内的资本项目开放将有助于人民币国际化的进一步转变。

一、从外汇管理资产负债表的角度推进人民币资本项目可兑换

我们从一个崭新的视角——人民币(资产和负债)国际化,提出"创新"是两类国际化的原动力。目前的负债型国际化不可能走多远,因为它是"跛足"的,它需要与资产型国际化相匹配。负债型的国际化需要上海金融资本市场的发展作为其基础,而资产型国际化有赖于中国企业在国际市场的竞争力。上海自贸试验区和资本市场发挥着人民币从负债型国际化转向资产型国际化的功能。

知识链接 人民币国际化(负债型和资产型)

人民币国际化,是指国外政府、企业和经济组织使用人民币进行交易计价结算等,或者说人民币在国际上流通的过程。从广义的国家层面上讲,境外的人民币就是央行对境外的负债,但从微观的私人部门而言,境外的人民币主要是由于与境外的企业或机构之间进行贸易或投融资等活动而形成的人民币债权债务。这里所指的资产型人民币国际化是从微观层面而言的,而非广义的国家层面。发达国家的货币国际化的一个特点就是在私人部门形成对外的本币债权,而在政府层面是本币对外负债。而发展中国家或欠发达国家则与之相反,在政府层面是对外的外币债权,私人部门是对外外币债务。我国的人民币就需要为由负债型向资产型国际化转变而努力。

(一)自贸试验区账户与资本项目可兑换

现在世界上没有一个国家是无保留地实行资本项目开放①,就连美国也存在对并购等投资的限制。虽然人民币国际化有赖于资本项目的更加开放,但它不构成绝对和必要条件,因为资本项目开放的国家很多,但它们的货币并非都是国际货币。随着上海自贸试验区账户和人民币的两个资金池的扩容与便利性的增强,资本项目可兑换额度将越来越扩大。在可预测的未来几年内,中国的资本项目一定会“水到渠成”地全部开放。

通过外向型经济来充分利用境内外两种资源,使得制造业得以长足发展,这不仅提升了企业在国际市场的竞争力,而且也积累了大量的外汇储备。由于人民币还不是“外汇”,并且中国本土的资本市场也难以确保这种资产的价值维持,这种方式积累的大量外汇储备②(不得不以美元的形式)逗留在美国(多数以美国国库券的形式)。也就是说,中国的对外资产多数是美元,而美元自从布雷顿森林协定后就开始不断“放水”,美元危机不断,中国的对外资产面临着不断贬值的风险。

就目前来说,人民币国际化是通过中国对外负债来形成的。换句话说,人民币在伦敦、澳大利亚、中国香港地区等的离岸市场上交易量的增加,多数是属于来自这些国家和地区向中国的出口。这意味着,一方面中国要让渡国内市场,进口这些国家和地区的产品;另一方面还要支付给他们人民币(正在升值的资产),才能使这些国家和地区居民获得人民币的所有权(特里芬难题式的国际货币)。通俗地说,目前的人民币国际化是一种人民币“负债”国际化。中国的对外资产长期处于“不对称”状态:资产(美元)在不断地贬值,负债(本币)在不断地升值,长此以往中国的福利将受到侵蚀。这也赋予中国(上海)自贸试验区“转变”这种资产负债动态不对称的使命。“把海外负债人民币转化为资产人民

① 资本项目是指国际收支中因资本输出和输入而产生的资产负债的增减项目,所反映的是本国和外国之间以货币表示的债权债务的变动。换言之,就是一国为了某种经济目的在国际经济交易中发生的资本跨国界的收支项目。资本项目开放指的是资本项目下的完全开放以及金融市场的开放。

② 外汇储备是指为了应付国际支付的需要,各国的中央银行及其他政府机构所集中掌握的外汇资产。

币”是自贸试验区最大的功能和贡献。自贸试验区账户(五类)让香港等地的人民币“回流”,让区内注册的企业利用回流的“负债”人民币到海外投资(变为“资产”人民币)。

日元国际化的最初战场是东南亚,这是原来美元的势力范围,也就意味着日元要侵蚀美元的领地。美国凭借着本土的市场强势,不允许东南亚向美出口使用日元标价。东南亚总体的购买力有限,日资企业在东南亚的投资不可能都在东南亚当地销售,为此,最终市场必然转向美国,因为返销到日本市场的比重也不大,日本市场毕竟狭小,容纳不了大量来自东南亚的出口。20 世纪 90 年代初日本的“宫泽喜一计划”①(日元国际化计划)按优惠利率贷款给东南亚企业,企图让东南亚企业利用日本的优惠贷款在日资企业的产业链上使用日元,但最终还是以“不了了之”收场。就连日本本土的东京“离岸市场”也变成了玩外币的天堂,日元被“边缘化”了。历史证明这种“补贴式”的推行日元国际化是不可持续的。处于长期升值趋势的人民币“负债”国际化加上本土与离岸的“利差”,从某种角度说也是“补贴式”的本土货币国际化。若不及时转换模式,也将被证明“不可持续”。因为随着资本项目的开放,人民币汇率波动幅度将会放开,汇率波动幅度放开自动会阻止国际游资在中国资本市场上的“大进大出”(根据利率平价论的原理)。当人民币升值趋势减弱时,人民币“负债”国际化就会迅速下跌,海外的非居民则失去了持有人民币的动机。亚欧的丝绸之路经济带②可能让中国绕开美元的势力范围,另辟蹊径以避免重蹈日元国际化的覆辙。为此上海自贸试验区突出了人民币资金池的流动性要强于外币资金池的流动性,自贸试验区以及上海国际金融中心在这个过程中促成了人民币对外资产负债账户的平衡。

(二)自贸试验区在匹配“负债”与“资产”国际化中的作用

自贸试验区以及各类市场和平台的建设都是为中国长远利益而谋划。无

---

① 即日元的国际化进程,利用低利率将日元贷给东南亚国家企业,企图从东南亚产业链入手实现日元的国际化进程。

② 丝绸之路经济带,是中国与西亚各国之间形成的一个经济合作区域,大致在古丝绸之路范围之上,地区资源丰富。2013 年由中国国家主席习近平在哈萨克斯坦纳扎尔巴耶夫大学演讲时提出。建设丝绸之路经济带,将对世界经济产生重要影响。

论什么形式的人民币国际化(资产模式还是负债模式)都是在中国境内账户上的居民与非居民的所有权变更。为此,无论哪种形式(存款、贷款、债券、股票、大宗商品和其他衍生品)都需要一个高效率的市场平台的支持。境内资本市场的"长足"发展再也不能等待了。

美元可以获得"双向"资产和负债的国际化的最佳配合。由此,我们看到的美国国际收支平衡表是动态的"蝴蝶型"。虽然上海侧重于金融优势,但还是必须与长三角乃至全中国企业的创新相匹配。单向的"资产"或"负债"本币国际化是难以长足发展的。虽然可以一时地动态向前发展,但毕竟是"跛足"的。前十年的人民币国际化被认为是"跛足"的发展,将来若继续这种"跛足"是危险的。也就是说,金融与实体经济的哪一方滞后(没有创新)都会拖后腿,在加速中的风险则更大。

二、提高FT账户内外币兑换比例,缓解"堰塞湖"风险的形成

自贸试验区的FT账户(自由贸易账户)①与其说是创新,不如说只是在资本项目还未能完全开放之前的权宜措施。这是符合中国现阶段的国情的,即要通过两地(在岸与离岸)人民币价格的收敛,让套利套汇的动机逐步自动消亡。事实上,自贸试验区建立以来的一年内两地的价格确实较之以前已经收敛得很多,这与自贸区境内和境外两个人民币资金池便利化措施有关,也是自贸区对接中国国家战略调整对外资产负债不利局面的效果。在便利跨国公司在其产业链上的融资业务的同时,让中国对外资产人民币化(人民币"走出去"以及内保外贷等多种形式),尤其是在人民币汇率处于上升通道的时候,通过自贸区的便利,让企业降低融资成本获得廉价的离岸人民币到海外投资,同时解决了中国香港地区人民币的"回流"问题。由于自贸试验区的FT账户的把关,人民币国际化(负债方面)的扩展也并没有减少。倘若FT账户中的人民币可自由兑换的话,那么还可以调整中国对外负债结构(负债美元化,若美元在贬值通道中,可以改善中国的资产负债表),但也很有可能人民币在兑换后被"边缘化"。

① FT账户体系是人民银行支持自贸试验区发展30条意见的关键内容,属于自贸试验区内特定账户,是探索投融资汇兑便利、扩大金融市场开放和规避金融风险的一项重大制度安排。

知识链接

FT 账户

FT 账户是指自由贸易账户(Free Trade Account),目前主要是指在上海自贸试验区内试行的自由贸易账户,账户类型包括区内机构自由贸易账户、境外机构贸易账户、区内个人自由贸易账户、区内境外个人自由贸易账户,以及同业机构自由贸易账户。FT 账户为自贸区内企业境外的投融资提供便利。FT 账户的境内外资金的流动目前按《中国人民银行关于金融支持中国(上海)自由贸易试验区建设的意见》中指出的"一线放开,二线管住"的有限渗透。目前 FT 账户的境外融资进行的是宏观审慎的监管政策,出台的主要政策是《中国(上海)自由贸易试验区分账核算业务境外融资与跨境资金流动宏观审慎管理实施细则》。

日本东京离岸市场的近来的结局就是当本币兑换后被"边缘化"①了。东京离岸市场成了非居民玩外币的天堂。这对日本调整其对外资产负债来说失去了一个渠道。较之新加坡,日本的离岸金融中心运营得略显失败,日本公开市场(JOM)②建立时监管当局的初衷是内外分离,但是在实际运作过程中却出现了离岸资金向在岸市场的严重渗透,产生了日本"再贷款"危机,严重冲击了日本的经济,在房地产领域以及金融领域造成了极大的泡沫,损害了实体经济的发展。1984 年 6 月日本政府废除外汇兑换限制,原则上外汇资金可以自由地兑换为日元,且可作为国内资金使用。开放外汇汇兑的同时,却没有采取很好的监控措施,外汇兑换限制的废除,使得银行可以不受数量的限制将外汇兑换成日元,或吸收欧洲日元③并将其运用于国内市场。由于经过"特别国际金融账户"向国内账户转移离岸资金需要缴纳准备金,日本经营离岸业务的商业银行在逐利动机下,将离岸筹集的大量外汇资金贷给其在香港和新加坡的境外分行,境外分行再将这些资金贷给国内金融机构和企业。这些离岸外汇资金

---

① 日元在国际化之后,并没有实现预期的广泛应用,其只是在国际金融交易当中充当着交易货币的作用,在实体经济中并未实现真正的国际化。

② 即"日本公开市场"(Japanese Open Market)的缩写。除了常规金融交易市场之外,还包括欧洲日元市场以及日本离岸金融市场。JOM 的参与者比银行间市场更为广泛,金融机构以外的个人和一般企事业单位也可参与该市场。

③ 即境外日元。

以对外负债的形式被自由兑换为日元进入日本国内市场,绕开了政府对离岸资金进入在岸的监管通道。

然而,在自贸试验区内过于严格的限制兑换成外币也会让企业减少对 FT 账户的兴趣。这里有中国整体的对外负债的结构问题。存在人民币的对外负债(软外债)与外币对外负债(硬外债)比率问题。在宏观审慎的原则下,在人民币的流动便利性大于外币的流动便利性制度设计下,可以尝试逐步适度放开兑换的限制,否则长期累积的对外币兑换的需求会形成“堰塞湖”。此外,逐步有条件下化解 FT 账户下的“外币”资金涌动还要想出更有效的办法。

所以,在可控的条件下要对 FT 账户与可自由兑换货币之间的关系予以关注。跨国公司持有中国资产(中国对外负债)的动力是后面的广袤的中国市场。这里不仅是消费品市场,而且更重要的是其他生产要素的市场。自贸试验区的“负面清单”管理模式为跨国公司和产业链上的实体经济提供了“绿色通道”,银行第一线的员工在“了解你的客户”原则下最大限度地节约了企业的生产成本。

三、围绕实体经济的需求设计未来改革

我们于 2014 年 10 月 16 日采访了天津市浩通物产有限公司。该企业是经营大宗商品产业,其总部位于天津,在全球 158 强排位,是拥有自己的金融、实物、物流等的全产业链企业。2014 年 10 月 17 日,我们又采访了中国银行上海市分行国际结算部跨境人民币业务团队。关于 2014 年 5 月出台的 FT 的 5 个专门账户,企业反映最大的掣肘是“没有外币可兑换,企业无法使用”。其中 FT 的 5 个账户为:FTE(区内机构自由贸易账户);FTN(境外机构自由贸易账户,但不包括开立外币账户);FTU(境外银行的分账核算账户);FTI(自贸试验区的居民);FTF(自贸试验区的非居民)。

(一)企业的资本项目开放需求

1. 跨境借款作用甚微

对于企业来说,当然希望自贸试验区提供更多的融资便利,扩大人民币跨境使用,借用人民币可以买卖货物,进行区内投资建设。然而,“外汇”人民币的

融资规模取决于注册资本。如果该公司可以借用2亿元人民币,也只不过相当于4 000吨钢,可说是杯水车薪。该公司的外国同行却可以在国外融到成本更加低廉的资金。国内的融资成本为5%—6% ,跨境为4.8%,而在国外可以融到1%—2%的资金,国外同行相比国内有很大的竞争优势。大家都在第三方市场竞争,比如,通过在伦敦金融交易所上“盯盘”来锁定成本,而中国企业不能做套期保值,区内企业也不得不在香港市场设立子公司才能如此操作,势必要提高成本。目前的人民币“双向资金池”在某种程度上虽然可以实现套期保值,但是把国内的头寸用到香港地区,反而增加了环节和麻烦。目前境内企业在国内市场赚不到钱,在与海外同行企业竞争的时候,必然寄希望于自贸试验区给予更有力的政策支持:一是让国内企业到境外做套期保值;二是有更加活跃的外汇交易市场可以让企业灵活报价;三是在设立“防火墙”的前提下与海外同行竞争。

2. FT账户不及资金池

如果说,跨境借贷给企业的感觉是作用甚微,那么资金池的业务相对而言更具实用性,尤其是对一些跨国公司以及境外有子公司的国内企业而言。利用资金池业务,企业可实现资金在集团内的自由流通,利用母公司的雄厚实力对子公司进行资助,也能及时将子公司的利润收益流回母公司。双向资金池业务因为其资金流动速度快,且额度不受限制,而受到诸多企业的青睐。虽然目前资金池数量不及FT账户的数量多,但是池内资金的数量要比FT账户内的数量多。企业使用母公司的资金在很大程度上是由于母公司的规模实力往往比子公司更为雄厚,在融资方面具有更大的优势。我们也发现,在资金池的使用过程中,不少企业采用的是利用母公司代为融资的方式。但是,伴随着国内利率的改革以及国际利率的上调,尤其是香港地区的利率上调,与内地的利率差距不断缩小,资金池的使用动力也会逐渐减弱。

现在上海自贸试验区FTE账户有1 000多个,但使用的很少,是“死水”。要让其活起来,要有自由兑换外汇,如黄金交易所推出的产品,还要在自贸试验区搭建有外汇交易所、证券交易所的平台。产品要专业化,提高“沪港通”的双向流动,上海期货交易所还不能进行原油产品交易,监管机构也要专业化,成熟市场应该有机构投资者。

知识链接

沪港通

沪港通是指上海证券交易所和香港联合交易所允许两地投资者通过当地证券公司(或经纪商)买卖规定范围内的对方交易所上市的股票,是沪港股票市场交易互联互通机制。沪港通由中国证监会在2014年4月10日正式批复开展互联互通机制试点,总额度为5 500亿元人民币。2014年11月17日,在香港交易所举行沪港通开通仪式,标志着沪港通正式开通。

沪港通是中国资本市场对外开放的重要内容,有利于加强两地资本市场的联系,推动资本市场双向开放,有助于推动人民币国际化,支持香港地区发展成为离岸人民币业务中心。沪港通既可方便内地投资者直接使用人民币投资香港市场,也可增加境外人民币资金的投资渠道,便利人民币在两地的有序流动。

CNH(人民币离岸价)与CNY(人民币在岸价)的差价缩小是自贸试验区的功劳,但双向资金池、跨境借贷、FT账户没有体现出应有的效应,使得回流进来的人民币没有多少新用途。自贸试验区目前还不能与香港地区攀比或代替香港地区,如企业的境外收购还要进行审批,而境内企业到香港地区后就不用审批了。这从源头上就涉及税收协定,由于定位不同,上海自贸试验区也要采取“抵税方法”(与香港地区、开曼、新加坡比较)利用FT账户,在资金进入后,不要让企业不知道“干啥用”。可以学习黄金交易所、上海能源交易中心有限公司(期交所)的石油产品做法,由中国买进资源,因为都是实物交易,应该没有最高限额。原油期货采用人民币定价和结算,境外人民币可以参与交易和交割。在这方面天津的融资租赁就做得比较灵活。

3. 另辟蹊径寻发展

谈及对自贸试验区未来发展的设想,在自贸试验区的宣传中,不少媒体专家将上海自贸试验区的发展设定为取代香港地区,但是在对区内企业的调研中却发现,企业对于将上海自贸试验区发展成为第二个香港的兴趣并不大。中国香港、新加坡的国际金融中心的地位是在几十年的发展过程中依据税收便利、政策扶持等因素综合之下得到的结果,这样的形成条件,内地在自身“先天不足”的情况下很难实现赶超,尤其是税收领域的便利,政府不能也无法通过地域性的降低税收来创造条件:首先是税收的降低对于政府的公共事务的开展必然会产生相应的影响;其次便是容易因此而产生所谓的“政策洼地”,一些原先预备在江苏、浙江靠近上海的部分城市注册成立的企业都会纷纷将企业搬至自贸试验区内,影响了这些城市的经济发展,并且也无法将自贸试验区内的经验复制到全国。战明华(2013)在论述自贸试验区金融改革对浙江的影响时,着重提及上海自贸试验区内的金融改革对温州金融改革的影响以及对浙江金融资金、金融人才的“吸虹”作用,但他仍然指出,机遇大于挑战。

从企业的角度出发,企业的行为更多的是出于其自身逐利性的考虑,在调研中我们也了解到,目前开展了资金池账户的不少企业,利用自贸试验区内资金池业务资金快速流动的优势,将国内资金输送出国,进入新加坡等国家和香港地区,在新加坡、香港地区进行投资,享受当地优质的金融服务。这也带给我们诸多启发:在竞争处于弱势的情形下,若顺应企业层面的要求,可将自贸试验区所带给企业的便利性功能作为发展的一个重头,使上海自贸试验区的发展与新加坡等国家和香港地区形成互补,让企业能够顺利“走出去”享受国外的优惠,同时将人民币资产范围扩大。这样也可以使我们避开与新加坡完全竞争的局面。

(二)金融机构创新账户的操作感受

1.业务开展必须审慎

在对中国银行的调研中我们也了解到,自贸试验区内资金池业务确实要比FT账户业务更受企业的欢迎。对此,银行认为主要还要从FT账户目前的操作细则以及业务内容层面来解释。首先,目前FT账户本身的划转要求还是很多的,不管是一线划转还是二线划转①,都有着相关的限制要求,不像资金池是一步到户就能联通境内境外企业进行资金的流转,所以从便利性层面无法很好满足客户的需求。其次,FT账户是对投融资汇兑所做出的一个创新,这种体系下人们对其本身的预期是本外币转换方面的功能加强,但是目前业务仍是单币种的,外币业务还未上线,这使得用户对FT账户持有观望态度,等待其业务的发

① 一线指的是境外与区内之间的传递,二线指的是自贸试验区内外之间的传递。

展。但就目前情况看,从账户数量的总数上而言,FT 账户的数量要远远多于资金池的个数,但是从金额的总数上来看,却是远远不及资金池内的金额数量。

针对企业加快各项创新项目落实的希望,银行方面顾虑更多的是出于安全性的考虑。首先,银行认为政策的落实、业务的实施都要和当时的情形相对应,与企业整体的状况相结合,不能贸然地为了落实创新而落实。其次,银行认为自贸试验区内的各项业务落实应该严防洗钱行为的发生,而不是套利。套利是一种中性的金融行为,在某种程度上可以说,金融的本质就是套利,套利本身便是定价的一种途径,无法被严格杜绝。但是洗钱行为却是需要被严格监督和预防的,近期监管部门的主要工作是在金融领域的"三反"问题,分别是"反洗钱,反逃税,反恐融资"。自贸试验区内金融业务的开展都要在合规的基础上进行,要求银行在了解客户的基础上开展业务。不仅仅银行本身要有这种认识,监管层面也应给予更多的沟通和指导。如果银行对客户的尽职调查、业务情况的了解不够透彻的话,那么风险层面的问题就必然无法避免,监管层面的审慎也是不少业务暂时无法开通的原因之一。

在审慎监管的要求下,银行在办理业务的过程中,更多的是注重风险的控制。例如,在跨境人民币项下,央行提供出口重点监督名单,银行可依据名单对办理业务的企业进行事前审查、事中事后的监督,以控制洗钱逃税等不法行为的发生。整体而言,金融机构在开展自贸试验区内金融业务时态度是谨慎小心的,与外界、企业的预期速度相比必然具有一定的滞后性。然而,上海自贸区自成立迄今仅一年多的时间,从时间的角度而言,金融创新领域的发展可谓相当快速,成果也是显而易见的。

武剑(2013)指出,在做好自贸试验区内外隔离工作的前提下,风险是可控的,因此,在适当的节奏下,可适度地超前实施部分业务,实现自贸区"试验区"的作用。罗素梅、赵晓菊(2014)指出,自贸区金融开放会产生叠加在传统金融风险之上的新型风险,所以,对于自贸试验区内的金融开放必须采取谨慎的态度,合理有序地推进自贸试验区内的金融开放,处理好开放项目之间的关系。

从银行管理的角度来看待新政策的落实、新业务的发展,涉及银行的诸多管理方面的问题,前有业务平台,后有风险管理、业务流程的管理,等等。根据这些管理要求制定银行内部的一些实施细则,落实到个体就将涉及业务人员、客户经理、审批人员以及后台监控,属于全体系的人员架构。在这样的架构下,在新的业务产品推出之际,要进行全套培训、考试才能操作相关业务。对于银行而言,控制风险是其重中之重,不仅仅是上文提到的监管风险,还包括银行为了开展业务而必须实行的种种举措,以控制内部风险。

同样,目前 FT 账户还不能开展外币业务,无法与境外进行很好的连接,一旦 FT 账户内的外币业务被打开,自贸试验区与海外更好地进行连接,那么跨境风险必然会进入自贸试验区内。这时银行必然会对风险做出管理体系的调整,从而成为银行在自贸试验区业务中一个着重发展的领域。伴随着业务的变化、客户种类的变化和服务模式的变化,必然也会出现银行管理模式的变化。

2. 后期发展应主要在 FT 账户

上海自贸试验区的政策颁布一直都是具备差异性的,从 2014 年 2 月扩大人民币跨境使用、深化外汇体制改革以及放开小额外币存放利率上限,到同年 5 月发布分账核算的细则和 6 月对分账核算的正式启动,不难发现,自贸试验区金融改革的逻辑结构主要是一个账户体系加四个创新。从创新层面来看,利率市场化等改革发展趋势良好。一个账户体系主要是指分账管理,而在这部分却是规划大于落实,所以,接下来发展的重点应该是在 FT 账户的使用方面。

黄金交易所的国际版进入,是 FT 账户应用的一个很好的实际案例。中国人民银行与证监会、保监会之间的协商合作也会使得之后在 FT 账户内能够推动更多的产品,包括个人的跨境投资、资产交易平台在自贸试验区内的建立等。对 FT 账户功能加大力度的挖掘,强调账户体制的发展,对于自贸试验区的建设以及国内金融体制的改革都有着重大的意义。同样不容忽视的是,在该领域有巨大的发展空间,银行层面也会着重在该领域进行未来产品的开发和人员的培训等。

"沪港通"正式开通之后,能够方便投资者对香港地区的证券市场进行投资交易;之后自贸试验区内证券交易平台的开设将在更大的平台上为投资者对境外投资创造更多便利。因为"沪港通"只能联通香港地区的证券交易,对其他地区的证券却无法进行交易,加之"沪港通"的标的限制,使得自贸试验区内的全球证券交易平台更为必要,从而扩大投资者的投资交易选择,满足其不同的需求。

自贸试验区内资本项下其他方面的发展规划主要还是取决于央行将来在现有的框架之下进行的调整,目前在自贸区的业务发展主要围绕 FT 账户进行业务创新和变更。

一是 FTN、OSA(离岸账户)和 NRA(非居民账户)三账户完全可以合并。上海自贸试验区做得比较突出的是企业内部的人民币和外币的双向资金池。例如,集团内(股权或有控股关系)的人民币和外币、供应链关系上的人民币可以集中收付,但外币不可以。这属于国内外企业集团的普通账户之间,没有涉及 FT 账户。在融资方面,则是根据注册资本(认缴制与实收制)的倍数(1—1.5 倍),这比前海的区域总额(总规模)分配来说更有可持续性和公平性。该普通账户的外汇资金池可以在国内主账户和国际主账户之间设定外债额度限制,也就是境内成员对外借债的总额度。该额度是境内成员所有者权益的 50%,将来还要建立全国版的资金池。

二是 FT 账户的多账户拓宽。现在是“一线划转,二线按规定”(单币种的投融资汇兑)。目前大型跨国公司的财务公司区内注册只有 2 家,主要瓶颈还是人民币资本项目的可兑换,这涉及三个方面的问题:①外债;②企业增资;③借款。总的变革精神是把钱用到外部去(负债人民币转变成资产人民币国际化),对企业的监管则主要针对的是反洗钱、反恐怖、反逃税,具体落实过程是事前、事中、事后列出出口重点监管名单。此外,各国系统还有各国的制裁名单(反向查询)。

四、完善跨境人民币清算系统,为人民币资本项目可兑换提供技术保证

要树立超前变革实践的意识。在“大数据”时代,人民币跨境结算和清算系统(CIPS)的完善,与国际资金清算系统(SWIFT)等的接轨,不仅可以降低人民币跨境结算的成本,而且可以及时发现热钱流动的蛛丝马迹,在技术层面上扩大监管覆盖面,也可以从另一个侧面发现资本项目开放导致的新问题。资本项目开放也并非我们想象得那么可怕,上海的大数据(包括机构的金融信息后援中心等)为这条“绿色通道”提供了技术保证,也为建立人民币的跨境结算支付监管系统(RCPMIS)奠定了基础。例如,1970 年纽约清算所协会(NYCHA)建立纽约清算所银行同业支付系统(CHIPS),代替原有纸质支付清算方式,为企业

间和银行间的美元支付提供清算和结算服务。2007 年,该协会成为全球最大的私营支付清算系统之一,主要进行跨国美元交易的清算,拥有安全、可靠、高效的支付系统,可处理全球 95% 左右的国际美元交易,每天平均交易量超过 34 万笔,金额约为 1.9 万亿美元。有了这一系统,美国可以对敌对国实施金融制裁和反洗钱。

知识链接 国际资金清算系统(SWIFT)

SWIFT 是指环球同业银行金融电讯协会,是国际银行同业间的国际合作组织,由会员银行和其他金融机构协同管理。该组织成立于 1973 年,董事会为其最高权力机构。SWIFT 为银行的结算提供了安全、可靠、快捷、标准化、自动化的通信业务,从而大大提高了银行的结算速度,并且其通信费用低。SWIFT 的价值体现在为全球金融业提供一个技术先进的、安全可靠的通信平台,并在信息处理和金融标准方面处于世界领先地位。它扮演着国际银行业中枢神经系统的角色,担负着全球银行之间信息交流、资金流通的重任。

一个国际水准的清算结算系统也为资本项目开放确立了技术支撑。人民币跨境支付系统(CIPS)作为中国人民银行宣布建立的人民币国际支付基础设施,反映了中国希望通过一个通用清算网络来推动人民币的国际化进程。CIPS 系统重新定义了各人民币中心、清算银行和国际基础设施的生态系统。这种全新的基础设施有望覆盖多个时区,推动离岸银行直接参与,从而使其重新思考如何拓展人民币清算业务。在岸与离岸人民币支付系统的联网互通性将得到大幅提升,即这两个系统以及国家之间可以进一步互通有无。虽然目前上述基础设施的具体功能及部署时间尚不明确,但 CIPS 系统带来的节支增效效应将成为吸引潜在离岸银行采用 CIPS 系统的一大动力,最终将提高人民币的成交量。市场希望中国人民银行与未来可能接入 CIPS 系统的在岸与离岸银行开展更多对话。与此同时,市场正在关注新的人民币交易规定,新规定有可能将投资者的关注重点从 CIPS 系统转移到上海自贸区,或与 SWIFT 的结算体系对接,或形成自己独立的系统,以满足三个基本条件(即可靠、稳定和良好的保密性)。

知识链接

美国CHIPS系统

CHIPS是美国纽约清算所银行间支付系统的英文缩写，它是由纽约清算所从当地电话公司租用高速数据传输线路，将成员银行的电脑终端以点到点的方式连接到CHIPS中心电脑的接口上而构成。每一个成员银行可占用接口的数量由其收付业务量决定。CHIPS是一个私营的支付清算系统，由纽约清算所协会所有并经营。

纽约是世界上最大的金融中心，国际贸易的支付活动多在此地完成，因此，CHIPS也就成为世界性的资金调拨系统。现在，世界上90%以上的外汇交易是通过CHIPS完成的。可以说，CHIPS是国际贸易资金清算的桥梁，也是欧洲美元供应者进行交易的通道。

CHIPS允许事先存入付款指示，以后需经拨款银行卡下达“解付”指令后才会于解付日将此付款通知传送给收款银行。CHIPS系统具有完善的查询服务功能，参加行可以随时查询自己银行的每笔提出或存入记录并可调整头寸；另外它还具有自动化程度高、安全性好等优点。

美国CHIPS系统功能确实可以使中国获得很多启迪。那种实时的、多边的网络系统可提供全球流动性，同时完善的查询服务功能、审核监测和统计分析功能更可促进其货币的国际化，技术的“创新”也会改变原来对资本项目开放的风险担忧。

（丁剑平　方琛琳　吴小伟）

企业统一代码管理制度模式与方案设计

在信息化时代，企业赋码制度是一种重要的管理手段，统一的代码体系既是国民经济信息化建设的迫切需要，又是强化宏观管理的一项可操作性的技术措施。与发达国家相比，中国现行企业代码管理制度存在多重代码体系并行使用、缺乏唯一性和权威性的问题。在上海自贸试验区探索建立统一赋码制度，可以提高行政管理效率，降低企业成本，打造更加优越的企业运营环境。

代码是客观实体或属性的一种表示符号，在企业的信息系统中，它是人与计算机的共同语言，采用代码，可以使数据表达标准化，简化程序设计，节省存储空间，提高系统的运行速度，并有利于系统内部的信息交换。

目前，我国企业代码管理制度呈现多重代码并行的局面，对企业管理造成了很多麻烦。1989 年 10 月，国务院发文决定在全国范围内建立企事业单位和社会团体代码标识制度。自国务院国发[1989]75 号文件下达以后，全国范围内开始推广“统一代码标识制度”(冯进安，2001)，但同时还存在很多其他代码，如工商、税务、人民银行等各有本系统的代码，增添了不必要的手续和成本。在当今信息时代，我国工商企业登记、机构编制管理、社会团体登记、银行账户管理、税收、社会安全方面的文件，以及计划、统计、物资调配、财政拨款和知识产权登记等迫切需要使用统一代码标识(洪泽伟，2010)。

随着计算机及其网络的广泛应用，政府各管理部门迫切需要对其管理或服务的各组织机构赋予适应计算机检索需要的编码。建立统一赋码制度，就是为避免政府各职能部门重复为各组织机构赋码，实现“信息共享、业务联动、交叉稽核、统一管理”，提高政府各职能部门处理特定信息的能力(王延维，2009)。因此，统一赋码制度既是国民经济信息化建设的迫切需要，又是发挥监督管理体系整体效能、强化宏观管理而采取的一项可操作性的技术措施。

一、企业统一代码管理模式:国际经验

当前,世界上许多经济发达国家,如美国、日本、英国、法国等都实行了统一代码标识制度,体现了较高的管理效率。统一赋码制度的建立对管理国家正常经济活动和依法规范组织机构的工作、经营,从技术手段上起到了积极的促进作用。国际上存在着两种与代码密切相关的管理模式:以美国为代表的市场化管理方式和以法国、挪威为代表的中央政府统一管理模式。当前,信息化和电子政务的快速发展正在对各国代码管理体制产生重大的影响,基于国际标准、实行全国统一的组织机构代码标识管理,成为信息化条件下各国代码管理体制发展的一个显著特征。

(一)美国的代码管理方式

近年来,美国联邦政府意识到业务机构采用唯一身份识别代码的重要性。因此,美国联邦政府将邓白氏公司的邓氏编码用于机构识别方法,从而提供统一的企业代码管理制度体系。

建立各部门互联互通、简单、安全的政务网络环境是实现联邦政府电子政务发展的基本要求,也是解决各个政府机构之间缺乏资源共享问题的业务处理环境和手段。美国政府在《总统管理议程》的 24 个行动项目就提出建立“政务一体化环境”的项目。机构身份识别系统就位于该项目的业务合作伙伴网络(Business Partner Network,BPN)之中。BPN 的主要目的是为方便联邦政府机构与私营企业和其他公共机构进行交易提供所必需的安全、可靠的信息来源(李广乾等,2011)。

供应商中央注册系统(CCR)是美国国防部和其他所有联邦政府机构的产品供应商数据库。希望通过 BPN 系统向承包商购买产品和服务的政府部门、那些想向美国联邦政府部门供给产品的企业,都必须到 CCR 注册(李广乾等,2011)。在 CCR 注册的所有政府部门和企业都必须到邓白氏公司获得 9 位数字的身份识别代码,该代码是整个 BPN 所共用的身份标识,是相互之间共享机构信息的桥梁。

(二)法国的代码管理方式

法国建立了世界上相对完善的代码管理制度,代码的应用也非常普遍,对欧洲和其他国家已经和正在产生影响。

1. 代码管理机构

法国的代码管理由国家统计与经济研究院(The National Institute for Statistics and Economic Studies,INSEE)负责,其基本职责是收集、加工、分析和传播经济和社会信息,并供人们进行研究、预测和决策;协调法国的官方统计系统(李广乾等,2011)。1973 年,INSEE 获得"全国企业及其地方单位的计算机注册系统"(SIRENE)的管理权限。

2."全国企业及其地方单位的计算机注册系统":SIRENE

SIRENE 包含所有经济主体及其在法国经营的地方机构:制造企业、批发和零售企业、专业技术人员、银行、政府机构、非营利组织。SIRENE 的目的是记录企业关键数据:个体业主的姓名、出生年月和地点或机构的名称;法人形式、注册地、开业或停业时间等。

3. SIRENE 注册网络与机制

1981 年之前,企业必须到所有的监管部门登记,包括法人登记部门、税务部门和统计部门等。在每个部门,企业都需要填写大量冗余的表格。为了简化登记注册程序,法国政府于 1981 年要求成立"机构开业登记中心"(CFE),使 CFE 成为企业开业、经历变动和停业时提交报告的"一站式"中心(李广乾等,2011)。

4. SIRENE 的最新发展:第三代 SIRENE 系统(SIRENE3)

20 世纪 80 年代后期发展起来的第二代 SIRENE(SIRENE2)应用系统,对注册的内容、结构以及管理程序进行了重大的变革。后来,由于管理政策的变化,为了提高 SIRENE 系统的服务质量与服务范围,人们对 SIRENE2 进行了局部修改(李广乾等,2011)。2000 年,SIRENE 注册系统开始进行重新设计和完善,该项目被称为 SIRENE3。其主要内容是增加了大量的自动化业务,改革地区办公室的管理结构等。

(三)挪威的代码管理方式

挪威的代码管理采取的是中央集中管理方式,由挪威全国注册中心(BRC)负责全国大多数事项的登记注册事务。BRC 拥有非常广泛的职责,负责全国有关企业、产业发展与社会机构的调控与注册管理等一系列使命,具体包括企业注册、动产抵押登记、公司会计注册、企业破产登记、婚姻事务登记管理、猎狩登记管理、水产行业登记管理等(李广乾等,2011)。

根据挪威于 1988 年颁布的"注册登记协调中心法案(The Central Coordinating Register Act)"的规定,BRC 必须为每个被注册的机构赋予一个组织代码。该代码表示该机构的身份,是联系 BRC 注册系统中的相关信息的关键(李广乾等,2011)。因此,挪威政府认为,他们是世界上建立了最为先进的法人身份统一识别制度的国家之一。

(四)国际代码管理制度的主要特点

通过上述考察我们认为,发达国家企业统一代码管理制度存在以下四个主要特点。

第一,通过法律强制推行代码在政府行政管理和社会服务中的应用。这一特点在法国和挪威非常显著。法国的法律是"73—314 号法案",挪威是"注册登记协调中心法案",两者都明确要求强制推行代码在行政管理中的应用。

第二,从技术方法上看,各国编码方法都是采用 9 位数字,且最后一位是校验码,都以 ISO6523《数据交换标识法的结构》国际标准为基础。从标示对象来看,几乎包括除自然人之外的所有类型的具有有关民事权利的组合体。

第三,重视代码在信息化和电子政务系统中的作用。这点在已经确立代码中央管理体系的法国和瑞典不成问题,美国也日益认识到了统一代码制度在实现资源共享、克服重复投资、发挥电子政务效能方面的基础性作用。

第四,组织机构代码都在发挥多重功能。就法国模式来看,SIRENE 代码首先注重的是政府行政管理和统计双重功能,并且还将其与经济活动分类和地理信息系统联系起来。美国与法国类似的代码主要是由信用公司来使用,首先注重的是其社会服务,并开始向国家的电子政务建设靠近。

二、中国现行企业代码管理制度状况及弊端

社会经济活动的行为主体是由企业等组成的,对企业的社会经济活动进行管理的关键是要对其身份进行识别。对企业赋予唯一的法定代码标识是我国信息化建设及政府行政管理实现现代化、网络化的一项基础性工作。但我国目前对组织机构赋予的“终生不变的法定代码”却并不是“唯一的”。

(一)现行企业代码的基本情况

在当前社会经济环境中,企业的各种代码比较多,没有形成统一的、权威的、一致认可的、高效的代码体系。

虽然组织机构代码是目前对组织机构分别赋予唯一的、终生不变的法定代码标识,但是该代码并没有被普遍接受和使用(崔金勋,许强,2007,2009),在其他部门还建立了独立的代码管理制度,如工商企业在工商部门进行登记注册,通过审核后获得营业执照,是工商部门通过审核后准许其进行经营活动的凭证,营业执照便是该企业的合法证件,审批编码记录在营业执照上,这种编码在全国范围内也是唯一的,已经起到了代码证的作用(潘光政,2000;乔杰,杜海娇,2013)。

目前我国企业已经形成了庞杂的代码体系,涉及工商、税务、质监、海关、外汇管理局等(见表 3-12)。如此繁多的代码体系是一种行政审批赘余,换言之,是一种社会资源的浪费。

表 3-12 我国现有企业代码体系

代码	颁布机关	功能	编制方法
工商代码	工商行政管理局	登记注册、工商管理	工商注册号由 14 位数字本体码和 1 位数字校验码组成,其中本体码从左至右依次为:6 位首次登记机关码、8 位顺序码
税务登记代码	税务局	纳税人识别号	区域码(行政区划代码)+技术监督代码
组织机构代码	质量监督检验检疫局	查询、管理、监督	全国组织机构代码由 8 位数字(或大写拉丁字母)本体代码和 1 位数字(或大写拉丁字母)校验码组成

续表

代码	颁布机关	功能	编制方法
机构信用编码	人民银行	信用监督	以工商局的企业登记为编码依据
企业海关代码	海关	对外贸易、海关监督	10 位数编码,前面 4 位代表所属关区,第五位是所在区域性质,第六位代表企业性质,后面 4 位是流水号
企业外汇信息系统代码	外汇管理局	信息处理、外汇交易	采用国际标准、国家标准和金融行业标准

资料来源:作者根据相关资料整理。

(二)现行企业代码制度的弊端

1. 造成社会资源的浪费

多种代码体系并行使用,既不利于统一管理和提高使用效率,同时还造成了社会资源的巨大浪费,甚至相关部门之间的冲突。

企业组织机构代码相当于某单位的合法身份证件,以书面证明的形式存在。但从实际流程来看,是先从审批部门获得准许经营的证书,然后审批部门会给予每个申请企业一个编码,并被记录在所获的证书上(李霞,2013;熊健等,2011)。企业在工商部门进行注册,通过审核后获得营业执照。营业执照是工商部门准许其进行经营活动的凭证,从而肯定了企业从事生产的合法性,审批编码记录在营业执照上。这种编码在全国范围内是唯一的,那么再让所有登记的企业重复从相关部门获得代码证的行政审批过程,无疑造成了社会资源的浪费。

2. 实效性严重滞后

从机构代码证的登记及年检来看,质监部门会出现严重的滞后性,并不能做到实时监督,主要体现在其掌握的信息不能与企业的近期信息同步。

首先,就代码证登记来说,一个新企业成立时要先办理营业执照,后办理组织机构代码证。营业执照上已经登记了基本信息,在办理组织机构代码证时也要登记这些信息。因此,组织机构代码证上的信息就具有明显的滞后性。其次,由于代码证的年检与工商营业执照的年检不是同步的,如果工商部门先进行年检,主要检查营业执照,那么质监部门再进行代码证的年检将出现滞后问题。

3. 增加了企业成本

多种代码的使用将提高企业的成本,企业不得不在不同的机构重复提交相似的信息,并且需要投入更多的人力和资源来应对各个部门关于代码的管理事务(李晓岚,2011)。企业呈报和提供重复的信息,不仅增加了企业的直接成本,而且影响到企业的运营效率,增加了企业的间接成本。代码工作的管理多是另起炉灶,这显然是不合理的。相对国外的代码制度来说,管理水平发展较快的国家都已经实行了管理措施的统一。

4. 造成腐败和违规问题

由于机构办公的不透明和缺少系统性,加上缺乏大众的监督,导致代码证管理的腐败和违规问题始终没能得到很好解决。随着科技的发展,在代码证的基础上发展出组织机构代码 IC 卡,企业信息以电子信息的形式被存储在卡中。使用组织机构 IC 卡本是一件好事,但一些部门却强制推行组织机构代码 IC 卡的发行并强制收费,把国家明文规定的自愿原则抛到脑后。组织机构 IC 卡信息的修改本无须换卡,只需修改内部存储的电子信息即可,但一些相关部门却强制换卡(刘思辰,2013;陆小红,2009),另外还出现了一些乱收费的现象,导致年检费用和各种费用绑架,造成腐败现象。组织机构代码制度的实施无论是登记还是年检都应极力避免这种现象的发生,切实做到取信于民、服务于民。

知识链接

组织机构代码

组织机构代码是对中华人民共和国境内依法注册、依法登记的机关、企事业单位、社会团体,以及其他组织机构颁发一个在全国范围内唯一的、始终不变的代码标识。国家质检总局负责组织机构代码的管理工作。

1. 组织机构代码实施的意义

如同居民的身份证一样,组织机构代码证是组织机构在社会经济活动中统一赋予的单位身份证。组织机构代码系统覆盖范围广泛,对申领代码单位的资质审核也有数字档案(档案数字化)作为凭证,可以动态追溯每一个组织机构的历史发展变化。

对单位法人实行组织机构代码和对自然人实行社会保障号码制度,是国家整个经济和社会实现现代化管理的基本制度。尽快建立这一制度对建立社会主义市场经济体制和推动社会进步具有十分重要的意义,且具有紧迫性。实施组织机构代码标识制度,不仅有利于计算机的自动化管理、实现信息交换和信息资源共享,而且有利于政府各部门、社会各行业充分发挥监督、管理的整体效能,从而保证社会活动和经济活动健康、有序地进行,有效地促进国家和地方经济的发展。

2. 编码规则

(1)全国组织机构代码由8位数字(或大写拉丁字母)本体代码和1位数字(或大写拉丁字母)校验码组成。本体代码采用系列(即分区段)顺序编码方法。

(2)代码的表示形式。为便于人工识别,应使用一个连字符"—"分隔本体代码与校验码。机读时,连字符省略。

(3)自定义区。为满足各系统管理上的特殊需要,规定本体代码PDY00001至PDY99999为自定义区,供各系统编制内部组织机构代码使用。自定义区内编制的组织机构代码不作为各系统之间信息交换的依据。

3. 组织机构代码的电子档案

组织机构代码电子档案,是指将全国各类组织机构成立的合法依据、历史变迁的文字、图表的纸质档案形成数字化的档案。这些纸质档案包括:组织机构批准成立的证件,如企业的营业执照、事业单位的事业单位法人登记证书、机关单位的批准成立文件、社会团体的社会团体法人登记证书、民办非企业的单位登记证书以及其他组织机构成立的合法证明的复印件;组织机构的法人代表(负责人)身份证复印件和经办人身份证复印件;申领组织机构代码证申请表及其他需要归档的纸质资料以及每一个单位的变迁情况。

"组织机构代码电子档案库"的建成使组织机构代码在唯一性、完整性、动态性等特性的基础上又增加了可追溯性的特性。组织机构代码基于电子档案的这一可追溯性特性,是我国在网络、金融等领域推行"实名制"的基础工作,将对我国社会信用体系建设起到积极的促进作用。

三、自贸试验区企业单一代码管理方案设计

为了探索企业统一代码管理制度,在上海自贸试验区可以率先推出相关举

措。我们在此详细探讨如何在上海自贸试验区实施企业统一赋码制度,以提高行政管理效率,降低企业成本,打造更加优越的企业运营环境。

(一)企业统一代码的设计标准

代码设计是一项重要的基础性的工作,代码设计的优劣,不仅关系到计算机的运行效率,更关系到信息系统的推广与使用。代码设计必须统筹规划,参照相关的标准和原则。传统的代码应用工作是单纯的一个部门与代码中心的对口,而现代对于代码工作的要求已经变得日益深广,涉及多个领域、多个部门,复杂而多变(俞亚萍,2007)。因此,有必要借鉴国际经验,对企业代码体系进行梳理,在现有代码制度的基础上,推行统一的企业赋码管理机制和代码体系,以提高企业代码管理效率。

制定统一的企业代码标识制度,目的就是为了规范企业的社会经济行为,加快社会信息化的进程,与国际惯例接轨,推动我国一系列涉及经济信息化的重大工程项目的实现(任健,王全明,2004)。单一代码制不仅可行,并且符合国际大趋势。可以选择一个具有权威性和广泛使用的代码作为单一代码推广的对象,通过管住端口就可以形成有效的代码管理制度。这样既有利于监管和管理,也有利于企业降低成本和提高效率。施行单一代码制的关键是打破部门之间的分割,打破部门之间的利益格局,打破权力垄断。

在上海自贸试验区要推行单一赋码制度,必须控制好代码数据质量的三个要素。

第一,唯一性。唯一性是要求企业代码不存在重码现象。不存在一个企业有两个或两个以上的代码,并且这个代码号是始终不变的。企事业单位等组织机构均获得一个唯一的法定代码,并从技术上保证企业代码的唯一性。

第二,准确完整性。准确完整性是要求企业代码数据中所含信息应该是准确完整的。企业的基本信息包括机构名称、机构类型、法人姓名、经营范围、经济类型代码、注册日期和营业起始日期、注册资金和职工人数等。

第三,实时性。数据实时性是要求企业代码是现实存在并且实时准确的。实时性是在代码信息库中,每一条数据都是有效的记录,而不是废置或注销的组织机构,所有的信息都能够真正反映企业当时的经营运作情况。

(二)统一赋码的基础

综合考察现在的企业代码管理体系和现状,我们认为以工商注册登记号作为统一代码设计的基础最为合适。主要原因有如下各项。

第一,企业登记的第一步就是在工商部门获得营业执照,取得审批编码。审批编码记录在营业执照上,这种编码在全国范围内是唯一的。

第二,工商行政管理部门在我国具有较强的权威性,承担着对企业管理的重要责任,具有较大的影响力。

第三,工商部门的审批编码认可度高,所有的企业都使用,应用广泛,具有较强的接受性和使用基础。

第四,工商部门已经形成了现成的代码体系,具有丰富的使用经验,拥有具体的操作部门和管理制度,容易操作。

第五,容易与其他部门协调。以工商部门的审批编码作为统一代码,容易被其他部门接受,可减少部门之间的利益争端,协调起来也比较容易。

第六,信息安全可靠。工商部门的信息相对比较安全可靠,容易建立企业管理的"政务一体化环境",提供可靠的信息来源。

第七,有助于构建综合信息平台。工商部门拥有企业基本的运营信息,更容易搭建现代化的综合信息平台,能够更好地适应大数据时代的需求。

第八,有利于监管。工商部门拥有相对完整的监管体系和操作流程,建立了监管工作队伍,积累了丰富的监管经验,更容易对统一代码的使用实施监管。

因此,综合以上优势,选择工商注册登记号作为统一代码的基础最为合适。

(三)统一赋码的操作流程

1. 建立统一赋码管理系统的原则

建立一个科学的企业代码管理系统,必须遵循"合适的开发工具+标准的框架结构+合理的逻辑关系"原则。

(1)合适的开发工具。要求信息系统的开发者充分考虑采取与所在业务相适应的数据库软件、系统开发架构、系统开发工具,需要专业软件公司帮助开发代码注册系统,包括相应的软件和工具,如可以应用 Oracle 软件系统和工具。

(2)标准的框架结构。要求信息系统的开发者充分考虑能够按照相关标准要求建立数据库结构,如字段类型、字段长度等,便于后期的信息交换。比如,可以选择工商注册号为标准,采用14位数字本体码和1位数字校验码的框架结构。当然,也可以在工商注册码的基础上设计新的代码体系。

(3)合理的逻辑关系。要求信息系统的开发者充分考虑建立一整套合理、有效的录入规则,将错误或无效的信息阻挡在信息系统外,这也是对信息采集者工作质量的一种检验(武开,陈尔东,2006)。在系统中,要建立一个录入和修改交互界面,并设计信息阻挡标准,保证信息的准确性、一致性和唯一性。

在上述三个方面中,开发工具是软件系统,框架结构是企业代码本身的位数和含义,逻辑关系是后期数据输入与管理的标准和体系。

2. 建立统一赋码制度的操作环节

在上海自贸试验区探索建立企业单一赋码管理制度,需要重新调整企业代码管理职能,可以以工商注册登记号作为统一代码,推行企业单一代码全程电子化。单一赋码制度的建立涉及具体的软件和系统编制工作,可以运用互联网、大数据和云计算技术,实现对企业管理的智能化和精细化,提高管理效率。主要操作环节包括以下几个步骤。

(1)成立统一代码管理部门。

第一,建立代码管理机构。可以成立独立的代码管理机构,其基本职责是对企业代码进行统一管理,收集、加工、分析和传播有关经济和社会的信息。

第二,成立企业登记中心,为企业成立、变动和停业等提交报告的"一站式"中心。要求申报的主要事项是企业的设立和关闭,以及有关经济活动、在册员工、公司标识与商号地方机构或企业组织机构的变化。

(2)完善代码管理功能和流程。

第一,确定企业代码的赋予标准。按照国际通行的规则,设计科学方便的企业代码,做大代码信息的唯一性、完整性和实时性。按照科学有效的编码体系对组织机构进行标识管理。

第二,建立企业计算机注册系统。根据国外的操作经验,需要设计一个完善的自动化程度高的企业注册系统,由专门的软件人员设计注册系统的整体架构和模块以及后台管理等。

第三，代码数据申报、采集及录入。为了保证代码信息的质量，应规范和完善代码数据采集及录入。对以前的数据，必须结合年检和换证工作进行完善。在数据规范方面应注意各数据项的真实性、完整性以及数据的必录项。针对失效信息或滞后信息要及时更新与处理，保证数据管理的有效性和稳定性。

第四，建立统一的代码数据信息库。规范代码数据库是组织机构代码工作的核心，代码数据库质量如何将直接影响代码应用工作的开展。

(3)建立代码应用平台。

构建企业代码综合信息平台，对数据集中处理，强化增值服务，为社会经济发展提供支撑服务。特别是在大数据、大平台时代，要加强对企业信息的整合和利用(祝慧，2011)。主要构建三大平台。

第一，外部发布平台。对外发布关于企业基本情况的信息，提供数据查询、辅助决策、咨询交互、各类数据公告等功能。

第二，数据交换平台。与应用部门进行数据交换，使用户部门能够得到企业的相关数据，为用户提供有价值的信息。

第三，辅助决策平台。运用数据处理工具对代码进行分析，挖掘出数据背后的规律和特点，为决策提供辅助服务。

企业代码管理系统架构和流程如图 3－10 所示。

(四)统一赋码的监管制度

统一赋码制度的实施，还需要建立相应的监管制度，为统一赋码制度的落实提供有力的保证。企业统一赋码制度的监督体系包括以下四个方面的工作。

第一，加强立法监督。根据国际惯例，通过法律强制推行单一代码在政府行政管理和社会服务中的应用。严厉打击组织机构代码制度实行中的腐败现象，使之无所遁形。只有这样才能使统一赋码制度成为为企业服务的实用制度。

第二，网络化管理。利用代码信息网络管理，加强对基层代码工作机构的信息采集和颁证质量的监控，以有效防止错码、重码现象的发生，从而使代码数据的质量从技术上得到保证。

第三，建立沉淀数据库。通过信息更新，可以保证代码信息准确、实时、完

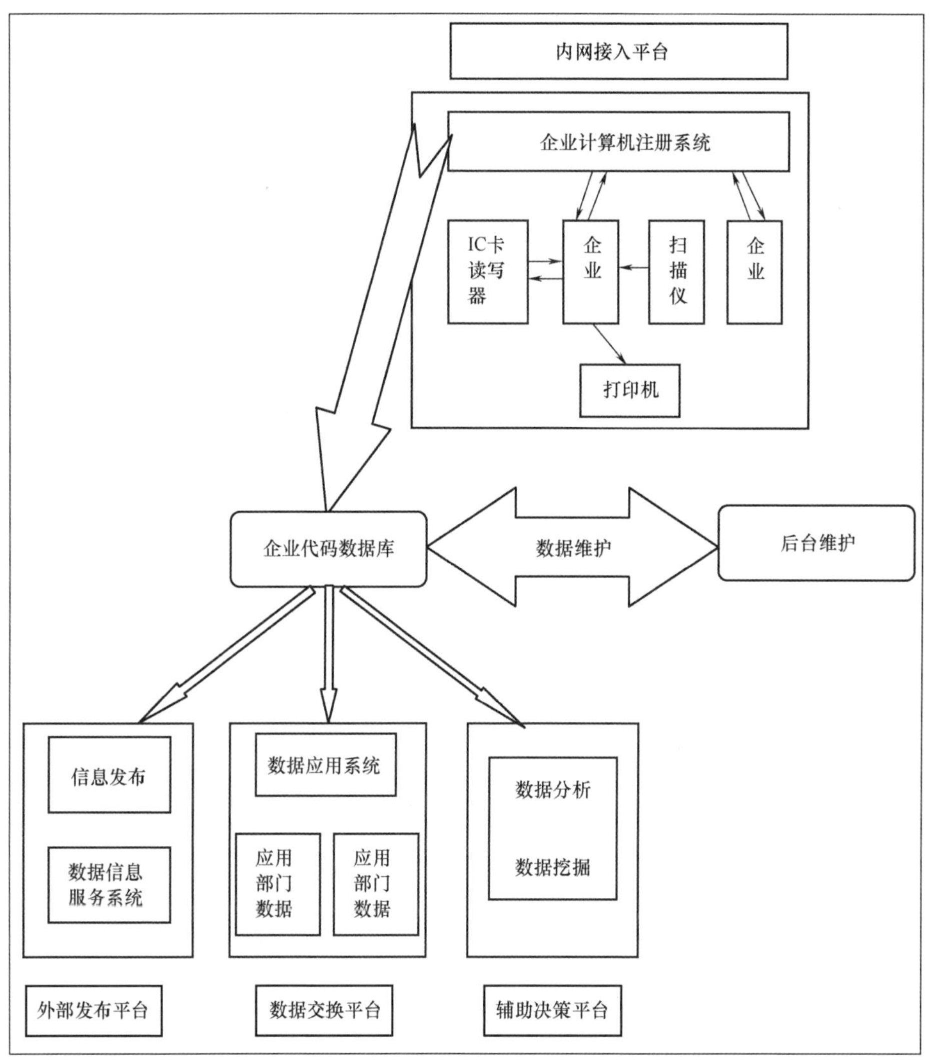

图 3－10 企业代码管理系统架构和流程

整。在保证日常受理代码业务数据质量的同时，定期对数据库中的代码数据进行清理并做好标记。

第四，加强社会与大众的监督机制。加强媒体、社会与大众的监督，特别是对办证、年检等收费的统一标准进行监督。年检的费用与其他收费应公开区分,便于协调机构内部各部门的条理性。

四、实施统一赋码制度的保障措施

企业代码凭借其使用的广泛性和便捷性已经在社会各领域得到了认可,尤其是在工商、税务、质检和银行等方面的重要性更为突出。通过协调各方面的优势资源,优化企业代码管理制度,制定统一的单一代码体系,符合未来的发展趋势。为了更好地推行企业统一赋码制度,还需要实施以下保障措施。

第一,要有一个健全的制度。通过建立健全各项制度,促进企业代码工作的制度化和规范化。可以制定首次申请审核制度、操作规程和人员的岗位责任制等,同时还可制定代码数据安全规范等内部管理办法,以保证工作有章可循。

第二,提高代码数据质量。企业代码信息包含企业基本的信息,要保证采集数据的完整性、准确性和时效性,构建高质量的数据库。借助注销和吊销企业信息,净化代码数据库,提高企业代码信息的准确性。

第三,利用信息网络技术。借助信息网络技术实现企业代码信息管理现代化和科学化,提高企业代码信息质量。计算机网络可以使原来独立的企业代码工作联结成一个有机的整体,促使管理模式由分散管理向集中管理转变,从而发挥组织机构代码系统的整体效用。

第四,建立"政务一体化环境"。政府机构绩效低下的根本原因在于各个政府机构之间缺乏一个资源共享的业务处理环境和手段,因此,建立一个各部门互联互通、简单、安全的政务网络环境就成为企业代码统一管理的一个基本要求。

第五,构造一个新的工作平台。按照事先设计的软件系统的要求实现业务自动化、智能化处理。组织机构登记注册的最终结果将被看作是通过电子形式填写的标准的申报表格。

(张祥建　赵晓雷)

中国(上海)自贸试验区对上海城市生活的影响*

上海自贸试验区的主要任务和措施就是围绕全面深化改革的核心问题而展开,通过扩大和深化开放,按照国际化、法治化的要求,探索建立与国际高标准投资和贸易规则体系相适应的行政管理体系。在自贸试验区建设的牵引下,上海有效复制推广了一系列制度创新,率先实现城市治理体系和治理能力现代化,成为全面深化改革的制度创新高地。制度的先进性不仅能极大地提升上海的国际竞争力,也必然会有效促进上海经济社会生活的现代化发展,使上海市民分享到制度创新的改革红利。

……………………………………………………………………………………

中国(上海)自由贸易试验区于2013年8月由国务院批准设立,2013年9月29日正式挂牌运行。自贸试验区肩负着我国在新时期加快政府职能转变、积极探索管理模式创新、促进贸易和投资便利化,为全面深化改革和扩大开放探索新途径、积累新经验的重要使命。自贸试验区是国家战略,但首个自贸试验区落户在上海,由上海负责建设,所以必然对上海城市生活产生广泛而深远的影响。

一、自贸试验区建设推动上海城市治理体系和治理能力现代化

(一)治理体系和治理能力现代化是中国经济现代化的现实需求

治理体系和治理能力现代化是中国经济社会现代化的现实需求,经济管理层面和社会管理层面都面临着向现代化转型的任务。低水平、低效率、行为失范的行政管理体制和方式已严重制约了中国经济社会的有序、健康发展。大到环境保护、市场监管、食品药品安全、经济安全、国土治理,小到公共卫生维护、

---

* 本文根据赵晓雷教授在第二届申江论坛上的演讲整理而成。

公共场合控烟、违章搭建和违章设摊治理、公共秩序维护、产品质量监管等,经济生活和社会生活中大量存在着治理低效甚至失效的案例,严重影响了经济运行效率和社会生活质量,引致社会总福利受损。以市场准入为例,长期实行的是准入审批核准制度,管理部门奉行管制的观念,卡住准入端,致使大量的市场需求和创业机会被扼制;市场不深化,资源配置链很短,产业垂直分工和水平分工的价值链延伸受阻,最终影响的是国民收入的增长。而一旦审批后则缺失事中、事后的过程监管制度和机制,管理部门工作人员的素质和敬业精神也难以符合过程监管的要求,市场主体的行为失范和市场环境恶化就难以避免。

国外有机构长期研究中国市场,提出了跨国公司在中国的"质量减退"现象。由于监管不力,跨国公司会从刚进入中国市场的高质量产品,逐渐减退到伪劣产品。"质量减退"现象存在于制造业,也存在于服务业。经济学中有"劣币驱逐良币"的市场"逆选择"理论:在信息不对称及缺失有效监管的市场环境中,失范行为和无序现象会产生示范效应,引致更多、更大的失范和无序。在经济生活中,市场逆选择导致劣币驱逐良币,劣质品驱逐优质品,坑蒙拐骗驱逐诚实守信,不文明驱逐文明,使经济运行低效率,社会福利受损。

(二)上海自贸试验区以开放促改革,深化行政管理体制改革

上海自贸试验区根据国务院《中国(上海)自由贸易试验区总体方案》的要求,以开放促改革,深化行政管理体制改革。扩大开放与改革体制相结合、以开放促改革的机制是:与全球高标准贸易投资规则对接,牵动制度层面深化改革,推进治理体系和治理能力现代化,国际经贸投资新规则切入治理体系和治理能力之中。上海自贸试验区的重要任务之一就是主动适应、主动对接国际贸易投资新规则,形成一套促进国际国内要素有序自由流动的经济体制、管理体制和监管模式。通过扩大开放、适应对接,推动传统治理体系的改革创新,推动治理能力提升。

第一,推进政府管理由注重事先审批转为注重事中、事后监管。建立"一口受理"、综合审批和高效运作的服务模式,完善信息网络平台,实现不同部门的协同管理机制。

第二,建立集中统一的市场监管综合执法体系,在质量技术监督、食品药品

监管、知识产权、工商、税务等管理领域,实现高效监管,积极鼓励社会力量参与市场监管。

第三,探索建立负面清单管理模式,对负面清单之外的领域,外商投资项目由核准制改为备案制,外商投资企业合同章程审批改为备案管理。同时,改革境外投资管理方式,对境外投资开办企业实行以备案制为主的管理方式,对境外投资一般项目实行备案制,提高境外投资便利化程度。

行政备案是行政机关以事后监管的形式实行行政监控的职权行为。行政备案制实现了行政职能的转换,即由事前审查转变为事中、事后的过程监督,在本质功能上更多地趋向于服务公民社会,实现国家和社会公共利益。行政备案制是一种程序性行为,关键程序是备案资料、告知承诺、信息公开、监督备查。为操作这一制度,上海自贸试验区建立了一系列配套制度,具体包括全社会信用体系、企业年度报告公示和异常名录制度、监管信息共享制度、综合执法制度、社会力量参与市场监督(包括第三方采信)制度,形成行政监管、行业自律、社会监督、公众参与的综合监管体系。在提高贸易便利化方面,海关、进出口检验检疫局等试验了一系列监管制度创新政策和措施,较典型的是建立国际贸易单一窗口,形成区内跨部门的贸易、运输、加工、仓储等业务的综合管理服务平台。

(三)上海自贸试验区制度创新成果的复制推广

自贸试验区推进治理体系和治理能力现代化制度红利的边际效应是递增的,可以通过"制度一体化"复制推广路径嵌入国家治理体系,为我国扩大开放和深化改革探索新思路和新途径,更好地为全国服务。上海自贸试验区的一些制度创新措施,如工商登记制度改革、企业信息公示制度以及新型海关监管服务机制体制和管理模式等已在全国复制推广。负面清单管理模式确立了公开透明、法制规范、有限管理的治理理念,按照国际化、法治化的要求实施政务公开,管理规则和流程等信息公开透明,提高管理质量和效率,符合治理体系和治理能力现代化的要求。

经济学理论表明,制度是经济增长和社会进步的重要变量。符合经济增长和社会进步要求的制度要素的有效供给,是全面深化改革的重要任务,是加快转变经济发展方式，加快建设创新型国家，推动经济更有效率、更加公平、更可持续发展的重要条件。好的制度设计可以有效激励创新，极大地提高劳动生产率，使国民生活更幸福。上海自贸试验区的主要任务和措施就是围绕全面深化改革的核心问题而展开，通过扩大和深化开放，按照国际化、法治化的要求，探索建立与国际高标准投资和贸易规则体系相适应的行政管理体系。在自贸试验区建设的牵引下，上海有效复制推广一系列制度创新，率先实现城市治理体系和治理能力现代化，成为全面深化改革的制度创新高地。制度的先进性不仅能极大地提升上海的国际竞争力，也必然会有效促进上海经济社会生活的现代化发展，使上海市民分享到制度创新的改革红利。

二、自贸试验区建设与上海“四个中心”建设联动

国务院颁布的《中国（上海）自由贸易试验区总体方案》明确要求试验区建设要形成与上海国际经济、金融、贸易、航运中心建设的联动机制。上海市政府成立了自贸试验区金融工作协调推进小组，积极协调推动自贸试验区金融开放创新以及与上海国际金融中心建设的联动。“四个中心”建设和自贸试验区建设都是国家战略。“四个中心”建设的目标是上海成为全球城市，并带动长三角城市群成为中国参与国际竞争与合作的重要平台；自贸试验区建设的总体目标是为我国扩大开放和深化改革探索新思路和新途径，更好地为全国服务。这两大国家战略在扩大开放、制度创新、功能培育等方面联动衔接，将极大地提升上海的城市能级和辐射带动效应。

（一）自贸试验区深化金融领域开放创新的基本框架

自贸试验区深化金融领域的开放创新主要有两大板块内容：一是加快金融制度创新；二是增强金融服务功能。2013 年 12 月，中国人民银行发布《关于金融支持中国（上海）自由贸易试验区建设的意见》，共 7 部分 30 条细则（简称“金融 30 条”）。“金融 30 条”从推动资本项目可兑换进程、金融市场利率市场化、扩大人民币跨境使用、探索面向国际的外汇管理体制改革等方向上制定了自贸试验区深化金融领域开放创新的路线图。随后，其他金融监管部门也发布了多份金融细则，有力推进了自贸试验区的金融改革。自贸试验区在有利于风

险管理的自由贸易账户体系、资本市场双向开放、扩大人民币跨境使用、推进利率市场化试点和深化外汇管理体制改革五个方面先行先试,构建了深化金融领域开放创新的基本框架。

上海国际金融中心建设和自贸试验区金融制度创新的最大难点是人民币资本项目可兑换,这也是国际金融的一个关键制度安排。自贸试验区试验的跨境双向人民币资金池、人民币跨境借款、跨境投融资汇兑便利政策、人民币跨境使用等制度创新都是围绕资本项目可兑换而展开的。在风险控制条件下,通过资本项目有限兑换和人民币国际化这两个通道,稳妥地推进人民币资本项目可兑换;同时,设置了有利于风险管理的自由贸易账户体系,实现分账核算管理,创新了金融国际化的监管制度和监管技术。自由贸易账户体系和小额外币存款利率市场化等改革措施已部分拓展到上海全市。

在增强金融服务方面,支持不同层级、不同功能、不同类型、不同所有制的金融机构进入自贸试验区,引导和鼓励民间资本投资区内金融业。上海期货交易所已在自贸试验区设立国际能源交易中心,证监会已原则同意上海证券交易所在自贸试验区设立国际金融资产交易中心。此外,中国金融期货交易所、上海清算所等金融要素市场也都计划在自贸试验区建立国际化金融交易和服务平台。上海黄金交易所自贸试验区黄金国际板交易已启动,除了黄金交易产品,还具备白银、铂金、钯金等贵金属交易产品的条件。上海黄金交易所2013年黄金出库量已占全球黄金产量的60%,占全球消费量的近50%。上海黄金交易所黄金交易国际板将以人民币计价并命名为"上海金"。

(二)自贸试验区推进贸易发展方式转变的基本框架

上海自贸试验区承担着推进贸易发展方式转变的建设任务。这一框架性任务主要由两大板块组成:一是推动贸易转型升级,积极培育贸易新型业态和功能,形成以技术、品牌、质量、服务为核心的外贸竞争新优势,加快提升我国在全球贸易价值链中的地位。二是提升国际航运服务能级,探索形成具有国际竞争力的航运发展制度和运作模式。建设任务的推进还需要创新监管服务模式。

贸易发展方式转变是中国经济转型升级的需要,更是上海国际贸易、航运中心建设的需要。中国作为全世界最大的贸易国,附加值高的服务贸易占全球的比重只有4%左右,中国服务贸易逆差较大,且持续增加。2013年,我国服务贸易逆差由2012年的897亿美元扩大至1 185亿美元,同比增长32.1%。实施贸易方式转变既可以促进我国服务业的发展,又可以增强我国服务贸易的国际竞争力。特别是,自贸试验区试验的推动贸易转型升级、提升国际航运服务能级以及创新监管服务模式的许多具体制度、措施和业务,都是旨在解决和突破长期制约国际贸易、航运中心建设的难点问题和障碍,如推动贸易转型升级方面的支持,促进国际贸易、仓储物流、加工制造等基础业务转型升级和服务贸易发展,鼓励离岸贸易、国际大宗商品交易、融资租赁、期货保税交割和跨境电子商务等新型贸易发展。提升国际航运服务能级方面的支持包括国际中转、集拼、分拨业务以及集装箱转运业务和航空货邮国际中转业务发展,实行以"中国洋山港"为船籍港的国际船舶登记制度等。监管服务模式方面的创新包括建立货物状态分类监管制度,建立国际贸易单一窗口制度等。

自贸试验区建设与上海"四个中心"建设联动,将有效推进上海"四个中心"建设,使上海成为具有创新力和竞争力的全球城市。

三、自贸试验区建设与上海市民生活品质提升

自贸试验区建设对上海市民生活产生了直接影响,使市民生活更便利、更丰富,生活品质更高。

(一)服务业开放对市民生活产生的直接影响

1. 服务项目的引进和落地

上海自贸试验区首批试验金融服务、航运服务、商贸服务、专业服务、文化服务和社会服务6个领域18个行业23项业务扩大开放,23项业务中均有项目落地。2014年,国务院又批准了新一轮31项扩大开放措施,其中大部分涉及服务业。在项目引进方面,外资金融机构设立外资银行、外资游戏游艺设备生产销售、外资工程设计、融资租赁兼营商业保理等领域已有一批项目在试验区落地。教育培训、医疗服务、投资管理、增值电信和旅行社等开放领域也已形成一批项目储备。

2014年5月,微软公司在上海自贸试验区设立了独资子公司——微软游戏

游艺设备(上海)有限公司,主要从事 XboxOne 的加工生产和销售。同期,上海东方明珠文化发展有限公司与索尼集团在华全资子公司索尼(中国)有限公司签订合资合同,在上海自贸试验区设立合资公司,负责生产、营销集团旗下索尼电脑娱乐公司的所有 PlayStation 硬件、软件及相关服务的在华业务。自贸试验区游戏机业务的开放、其衍生产品和服务业的发展将牵引出很长的产业链,带动相关产业和大批企业发展成长,同时也大大丰富了上海市民的文化生活。

2014 年 8 月 20 日,上海自贸试验区管委会、上海市信息投资股份有限公司与美国电商巨头亚马逊公司签署了关于开展跨境电子商务合作备忘录。亚马逊公司将在上海自贸试验区设立运营主体,并将其打造成亚马逊的国际贸易总部,发展跨境电子商务、跨境贸易和跨境金融业务,该总部将成为亚马逊全球业务的枢纽。据亚马逊公司方面表示,通过在上海自贸试验区设立的国际贸易总部,亚马逊公司就可以把全球的商品进口到中国,也可以将中国商家的商品卖到全球。中国消费者不仅可以在亚马逊中国买东西,也可以在亚马逊其他网站上购物消费。随着服务业的开放,上海市民的生活会越来越便利,越来越丰富多彩,生活品质也会大幅提高。

2. 创造更多的创业和就业机会

服务业开放也为创业和就业提供了更多机会。以在自贸试验区蓬勃发展的融资租赁业务为例,融资租赁在中国是一个新兴行业,主要是设备融资模式、设备销售模式和投资方式的创新。与境内区外的融资租赁公司仅能开展国内业务相比,在自贸试验区内设立的公司业务范围更广,可开展全流向租赁业务,包括两头在内的境内租赁、两头在外的离岸租赁,以及一头在内、一头在外的进口货物出口租赁业务,同时可兼容与主营业务相关的商业保理业务。仅仅是这样一个服务业业态,就可以创造很大的创业空间,有力促进上海服务经济及服务贸易的发展。

(二)自贸试验区的溢出和扩散效应影响

自贸试验区的溢出和扩散效应也在很大程度上对市民生活产生直接影响。海关在自贸试验区的国际文化贸易基地,拓展了文化产品保税仓储功能,探索文化产品担保出区保税展示监管模式,提供专人专窗、预约通关等特色监管服务。2014年6月末,国家文化贸易基地已聚集包括上海文化产权交易所、艺术品交易中心、星空卫视等文化行业企业250家,文化贸易总额同比增长15%。文化是城市生活的重要组成部分。自贸试验区文化贸易的快速增长所产生的溢出和扩散效应将有利于上海城市生活品质的提升。依托自贸试验区和大虹桥等重点区域,上海推进建设国家进口贸易促进创新示范区、国际贸易常年展示交易中心等一批进口平台,拓展进口商品保税展示交易功能,推动国别商品中心建设并出台认定标准和方法。加快建设生物医药、国际机床和高端汽车等主题产业园区,增强钟表、酒类、医疗器械和高端消费品等专业化进口平台服务功能。推动自贸试验区内"平行进口汽车"政策试点,建设平行进口汽车展示、体验、销售等综合展示交易平台和平行进口汽车综合维修中心。"平行进口"是指除总经销商以外,由其他进口商从产品原产地直接进口,其进口渠道与国内授权经销渠道"平行"。据测算,平行进口使进口车价格体系及整条价值链都会受益,进口车市场售价将降低15%以上。

外高桥进口商品直销中心将扩展到全市。据规划近期将有6家分店在全市多点布局。2015年,进口商品直销中心还计划扩展到长三角区域。浦东机场综合保税区开出首家免税店,由日上免税行运营,主要经营进口香水和化妆品等。浦东祝桥奥特莱斯已基本完成招商工作,届时有80%的世界一线品牌入驻。上海迪斯尼乐园的上海购物村是又一处世界一线品牌折扣购物中心,计划于2015年下半年开业。上海购物村的开发商唯泰集团(Value Retail)是欧洲九大购物村的开发商和运营商,其特色是将旅游与购物的体验相结合。在功能上,购物村是集购物、餐饮、休闲、娱乐、旅游为一体的欧式花园购物广场。随着自贸试验区建设的推进,将会产生更大的溢出和扩散效应,为上海市民生活带来更多时尚、实惠和便利的体验。

(赵晓雷)

第四篇

自贸区第三方评估及复制推广

建立中国(上海)自由贸易试验区,就是要形成全国开放新格局中的先行试点,在接轨国际的制度规则、法律规范、政府服务、运作模式等方面率先实践,为我国深化改革开放提供可供借鉴的"制度试验池"和适合推广的新模式。上海自贸区自成立以来,上海市和有关部门以简政放权、放管结合的制度创新为核心,加快政府职能转变,探索体制机制创新,在建立以负面清单管理为核心的外商投资管理制度、以贸易便利化为重点的贸易监管制度、以资本项目可兑换和金融服务业开放为目标的金融创新制度、以政府职能转变为核心的事中事后监管制度等方面,形成了一批可复制、可推广的改革创新成果,并获得了第三方评估机构的认可。

在制度创新的复制推广过程中,制度适用性是基本前提,而非将所有经验生搬硬套。必须根据承接地的制度环境和现实约束,主动进行适应性调整和制度再创新,真正能够改善制度承接地的经济发展环境。通过制度创新的复制推广来创造制度红利效应,以支撑中国经济的全面深化改革。

衡量制度创新效果：基于第三方评估的中国（上海）自贸试验区绩效指标体系设计

自上海自贸试验区运行以来，在制度创新方面推出了许多积极举措。这些改革措施产生的效果如何，是否符合当初制度设计的预期，就需要对试验区各项政策的落实情况进行科学的评估。要对试验区的改革措施做到独立、客观、准确的评估，首先是要找准对标体系，体现评估的价值指向。为此，可以国务院总体方案明列的总体目标和主要任务措施作为评估标准，从政府职能转变、投资领域开放、贸易方式转变、金融开放创新、法律制度保障五个方面来衡量自贸区制度创新的绩效，从而对试验区各项政策落实情况做到动态监控与及时反馈，保障试验区建设按照总体方案既定规划方向顺利推进。

一、引入第三方评估测度上海自贸试验区制度创新效果

近年来，以美欧为代表的西方发达经济体试图通过跨太平洋伙伴关系协议（TPP）、跨大西洋贸易与投资伙伴关系协定（TTIP）和国际服务贸易协定（TISA）等谈判，形成新一代高标准、高规格的全球贸易和服务以及投资规则。2013 年 9 月 29 日，中国（上海）自由贸易试验区（以下简称上海自贸试验区）正式挂牌成立。作为深化改革开放的新“试验田”，上海自贸试验区实际上聚焦了主动适应、主动对接国际贸易投资新规则、新标准，通过对区内法律规范、管理制度和政府监管模式等传统经济管理体制进行改革，为我国深化改革开放提供可复制、可推广的新制度。要在政府管理机制、投资自由化、贸易便利化和金融国际化方面有所突破，上海自贸试验区必须要以制度创新为核心。

自上海自贸试验区运行以来,在制度创新方面推出了许多积极举措,这些改革措施产生的效应如何,是否符合当初制度设计的预期?这需要对试验区各项政策的落实情况进行科学的评估,做到及时反馈与纠错,以保障试验区建设按照总体方案既定规划方向顺利推进。为此,本文从上海自贸试验区制度创新的目标入手,从政府职能转变、投资领域开放、贸易方式转变、金融开放创新、法律制度保障五个方面,设计了一个用于衡量上海自贸试验区制度创新效果的指标体系,这对于度量和推进上海自贸试验区制度创新有重要意义。

对上海自贸试验区制度创新效果的评估必须要从制度层面去衡量,把工作着力点放在优化培育市场主体的环境上,对影响企业活动整个过程的社会要素、经济要素、政治要素和法律要素进行诊断和优化。这其中既要借鉴国际先进经验,又不能脱离我国现有的海关特殊监管区整合发展实际,其评估标准应是以上海自贸试验区承载的历史重托为原则,从制度层面构建与国际接轨的营商环境体系,为政府理解和改善自贸区的商业监管环境提供客观依据。除了做好规范定性评估外,我们参照国际通用的综合指数法,将建设中国(上海)自由贸易试验区的总体目标和主要任务,具体化为一套科学、动态、可操作的指标体系,对自贸试验区制度创新效果进行评估。对自贸区绩效的有效评估可强化改革效能监察工作,使制度设计更为有效和透明,同时简化法规的实施,使得各类企业可以更容易地在机会平等的市场环境中参与竞争、创新和发展。

二、国际有代表性的营商环境评估第三方机构及其指标设计

(一)营商环境评估第三方机构

国际化、法治化的营商环境既是一个国家或地区实现平稳健康和繁荣发展的基础条件,也是衡量一个国家或地区可持续竞争力和发展潜能的重要标志。为了加强对营商环境的监管,通常的做法是使用各种指标来衡量和评估各国企业的发展环境。例如世界银行(World Bank)于2002年启动实施了“企业营商环境指数”,这已成为其评估各国从事企业经营活动条件是否宽松的主要评价

指标(World Bank,2013)。世界经济论坛(World Economic Forum)于2008年开始发布“全球贸易便利指数”,用以衡量促进货物跨境自由流动并运达目的地的各项制度、政策和服务(World Economic Forum,2012)。美国传统基金会和华尔街日报联合发布“全球经济自由度指数”,从法治、监管、有限政府和开放市场四个方面来衡量经济体的自由程度(The Heritage Foundation, 2013)。此外,竞争力的概念对于理解各国营商环境也有着重要的参考价值。

当今世界关于国际竞争力评价主要有两个权威机构,一个是世界经济论坛(World Economic Forum, WEF),另一个是瑞士洛桑国际管理发展学院(International Institution for Management Development, IMD),二者各自发展出一套当下较为权威的国际竞争力评估体系。世界经济论坛(WEF)对国家竞争力的研究强调的是一国中长期实现国民经济持续高速增长的能力(World Economic Forum,2013),而洛桑国际管理发展学院(IMD)更重视企业发展外部环境的良好程度(International Institute for Management Development,2012)。

(二)国外营商环境评估评价指标体系

国外营商环境评估评价指标体系如表4-1所示。

表4-1 国外营商环境评估主要评价指标体系

指数名称	简介	指标架构
企业营商环境指数(Doing Business Index)	• 由世界银行(World Bank)于2002年启动实施,用来衡量和评估各国私营部门的发展环境 •《2014年营商环境报告》比较311个领域的监管程序的复杂性和成本,以及法律制度的执行力度。通过对各经济体在不同时期的商业监管环境进行比较,鼓励各国在提高监管效率方面进行竞争;为改革提供可衡量的基准指标	开办企业、办理施工许可、获得电力供应、登记财产、缴纳税款、跨境贸易、获得信贷、保护投资者、执行合同、办理破产、雇用工人

续表

指数名称	简介	指标架构
全球贸易便利指数(Enabling Trade Index)	• 由世界经济论坛(World Economic Forum)于2008年开始公布 •《2012年全球贸易促进报告》覆盖全球132个经济体,衡量了每个经济体促进贸易的能力,且指出迫切需要改进的领域 •"贸易促进指数"衡量了促进货物跨境自由流动并运达目的地的各项制度、政策和服务	(1)市场准入:国内市场准入、国际市场准入 (2)边境管理:海关管理效率、进出口清关效率、边境管理透明度 (3)交通运输设施:交通设施、运输服务、信息和通信技术的可获得性和质量 (4)经商环境:商业环境管理、经营安全度
全球竞争力指数(Global Competitiveness Index)	• 由世界经济论坛(World Economic Forum)自1979年开始公布,旨在衡量一国在中长期取得经济持续增长的能力 • 全球竞争力指数为识别处于不同发展阶段的世界各国竞争力状态提供了全面图景	(1)基础条件:制度、基础设施、宏观经济、健康与初级教育 (2)效率驱动:更高级教育与培训、商品市场效率、劳动市场效率、金融市场效率、技术成熟度、市场规模 (3)创新和高级化因素:包括商业高级化、创新
世界竞争力指数(World Competitiveness Index)	• 瑞士洛桑国际管理发展学院(IMD)从1989年开始发布《世界竞争力年鉴》,对全球主要国家和地区的竞争力进行客观、全面的分析及预测 •《世界竞争力年鉴》用以衡量世界各国和地区管理经济和人力、促进增长繁荣的能力	(1)经济表现:国内经济、国际贸易、国际投资、就业、物价水平 (2)政府效率:公共财政、财政政策、制度框架、商业立法、社会框架 (3)商务效率:生产率和效率、劳动力市场、金融、管理实务、态度和价值观 (4)基础设施:基本设施、技术设施、科学设施、健康与环境、教育

续表

指数名称	简介	指标架构
全球经济自由度指数（Index of Economic Freedom）	• 由美国传统基金会和华尔街日报每年联合发布，从法治、监管、有限政府和开放市场四个方面来衡量经济体的自由程度 • 该评估机构认为具有较多经济自由度的国家和地区与那些较少经济度的国家和地区相比，会拥有较高的长期经济增长速度和更繁荣	贸易政策、政府财政开支、政府对经济的干预、货币政策、资本流动和外国投资、银行业和金融业、工资和物价、产权、规制、非正规市场活动

数据来源：由作者根据相关资料整理。

三、基于第三方评估的上海自贸试验区绩效指标体系设计

（一）评价维度与标准

国际上对于营商环境的评估，着重于其是否通过改善政府的政策、规制和法律实施等方面的制度和政策质量，营造更好的企业营商软环境，扩大国际贸易、吸引外国资本，从而促进经济发展。但上海自贸试验区并不是简单的特殊经济区域范畴，试验区设立的目的并不是为了简单的招商引资，而是为新一轮的改革开放形成可复制、可推广的体制机制的试验田。国际上传统的营商环境评估体系已不能反映上海自贸试验区的真正价值与意义，因此需要构造新的评估体系。上海自由贸易试验区体现的是国家战略，是高层次、高水平的改革创新。作为一项国家战略，上海自贸试验区的国家战略意图应该有三方面指向（赵晓雷，2014）：一是主动适应全球化经济治理新趋势、新格局，主动参与引领规则制定；二是提升中国在国际分工体系和全球产业价值链中的地位；三是以开放型经济体系促进全面深化改革。在明确的国家战略要求下，上海自贸试验区需要在开放与改革两个层面都有重大突破。因此，科学评估上海自贸试验区

建设进程，需要从上海自贸试验区承担的历史使命出发，从体制改革及制度创新的视角，构建一套能够同时反映试验区在改革和开放两个方面制度创新举措效果的评估体系。

在《中国（上海）自由贸易试验区总体方案》中，党中央、国务院对上海自贸试验区发展提出了总体目标和主要任务。因此，衡量上海自贸试验区制度创新效果，评估上海自贸试验区的综合改革成效，应以总体方案的要求为依据，衡量上海自贸试验区预定目标的实现程度。一是试验区发展的总体目标："经过两至三年的改革试验，加快转变政府职能，积极推进服务业扩大开放和外商投资管理体制改革，大力发展总部经济和新型贸易业态，加快探索资本项目可兑换和金融服务业全面开放，探索建立货物状态分类监管模式，努力形成促进投资和创新的政策支持体系，着力培育国际化和法治化的营商环境，力争建设成为具有国际水准的投资贸易便利、货币兑换自由、监管高效便捷、法治环境规范的自由贸易试验区，为我国扩大开放和深化改革探索新思路和新途径，更好地为全国服务。"二是试验区肩负的五大领域改革任务：一是加快政府职能转变；二是扩大投资领域的开放；三是推进贸易发展方式转变；四是深化金融领域的开放创新；五是完善法治保障。

（二）评价指标体系构建

评价自贸试验区制度创新必须要有一套明确的指标，指标体系的建立是自贸区制度创新绩效评估的核心部分，是关系评价结果可信度的关键因素。遵循培育国际化、法治化营商环境的基本内涵，根据中国（上海）自贸试验区的总体目标、主要任务及措施，我们从政府职能转变、投资领域开放、贸易方式转变、金融开放创新、法律制度保障五个方面来衡量上海自贸试验区的制度创新效果，以期对试验区各项政策落实情况做到动态监控，及时反馈与纠错。

绩效评估指标体系由 5 大主要领域、16 个一级指标、46 个二级指标组成（见表 4 - 2）。在选取评价指标时，虽然理论上所有指标参数都可以通过专家打分或问卷调查等方法进行量化，但本质上这种方式仍然为定性分析，主观性强且评估成本高。因此，我们从指标量化角度出发，将表征绩效特征性质的隐性指标显性化，极大地降低了绩效指标的评估难度。

表4-2 上海自贸试验区制度创新绩效评估指标体系

类别	一级指标	二级指标	度量标准	单位	数据类型
政府职能转变	事中事后监管	商事登记制度绩效	企业注册到获得营业资格时间周期	天	定量
			企业相关信息向社会公示时间	天	定量
			企业注册所需步骤数量	个	定量
			企业注册所需费用	元	定量
		项目备案制度绩效	对外投资企业数(项目数)	个	定量
			对外投资额年增长率	%	定量
	协同管理机制	信息公开程度	政府发布信息条数	条	定量
			文件公示时间周期	天	定量
		网上业务互动指数	网站发布信息条数	条	定量
			网站浏览量	次	定量
		“一口受理”工作机制	“一口受理”的事项项目	个	定量
	行业信息化建设	信息化监管水平	信息化监管数据平台(有:1;无:0)	—	定性
		企业年度报告公示制度绩效	企业年报公示周期	天	定量
			企业年报报告公示数	份	定量
		企业信用信息公示绩效	企业信用信息公示数	条	定量
			企业信用信息公示周期	天	定量
		行业信息综合性评估报告	行业信息综合性评估报告(有:1;无:0);	—	定性
	综合执法体系	监管信息共享指数	参与监管信息共享平台建设的部门数量占全部监管部门数量的比例	%	定量
	行政透明度	电子政务指数	电子政务公开量	条	定量
		政策发布透明度(预示度)	政府新闻发布会举行次数	次	定量
	投资者权益	投资者权益保护指数	股东诉讼平均所需时间	天	定量
			股东诉讼平均所需程序数	个	定量
			股东诉讼平均所需费用	元	定量

续表

类别	一级指标	二级指标	度量标准	单位	数据类型
政府职能转变	投资者权益	利润境外转移指数	指数区间为1—5(很好、好、一般、差、很差),由第三方评估	—	定性
		政府采购指数	指数区间为1—5(很好、好、一般、差、很差),由第三方评估	—	定性
		竞争中立绩效指数	国有企业与非国有企业所享受的税务减免比例	%	定量
			国有企业与非国有企业的信贷成本比	%	定量
			国有企业提供的商业回报率	%	定量
	知识产权	知识产权保护绩效指数	知识产权法(有:1;无:0)	—	定性
			盗版软件打击力度(盗版软件使用率)	%	定量
			专利侵权行为打击力度(受理专利纠纷案件数量)	个	定量
		商事仲裁制度绩效指数	通过仲裁机构解决的知识产权纠纷占所有知识产权纠纷案件的比例	%	定量
投资领域开放	服务业开放	金融服务领域开放	银行服务、专业健康医疗保险、融资租赁行业投资增速	%	定量
		航运服务领域开放	远洋货物运输、国际船舶管理行业投资增速	%	定量
		商贸服务领域开放	增值电信、游戏机、游艺机销售及服务行业投资增速	%	定量
		专业服务领域开放	律师服务、资信调查、旅行社、人才中介服务、投资管理、工程设计、建筑服务行业投资增速	%	定量
		文化服务领域开放	演出经纪、歌舞厅娱乐活动行业投资增速	%	定量
		社会服务领域开放	教育培训、职业技能培训、医疗服务行业投资增速	%	定量

续表

类别	一级指标	二级指标	度量标准	单位	数据类型
投资领域开放	负面清单管理	外商直接投资指数	新设企业中外资企业占比	%	定量
			新增投资中外资所占比例	%	定量
		外商投资备案管理	负面清单内容缩减比例	%	定量
	对外投资	对外投资备案制绩效指数	对外投资额年增长率	%	定量
			对外投资企业数(项目数)	个	定量
贸易方式转变	贸易转型升级	新型贸易业态指数	新型贸易业态货值	亿元	定量
			新型贸易业态货值增速	%	定量
		跨国公司营运总部指数	跨国公司地区总部数	个	定量
			跨国公司营运中心数	个	定量
			跨国公司国际贸易结算中心数	个	定量
		跨境贸易电子商务指数	跨境贸易电子商务货值	亿元	定量
			跨境贸易电子商务货值增速	%	定量
		进出境便利程度	货物入区通关时间	天	定量
			平均每个集装箱的物流成本	元	定量
			进出口报关所需时间	天	定量
			进出口报关程序数	个	定量
	国际航运服务能力	中转集拼业务	中转货运量增长率	%	定量
			中转货运量占总货运量比例	%	定量
金融开放创新	金融制度创新	人民币资本项目可兑换	完全可兑换、基本可兑换和部分可兑换的资本项占全部交易项目的比例	%	定量
		金融市场利率市场化	存款利率放开程度(由第三方评估)	—	定性
		人民币跨境使用指数	跨境贸易人民币结算金额	亿元	定量
			跨境贸易人民币结算金额增速	%	定量
		对外融资便利度	区内机构从境外融入本外币资金数额	亿元	定量

续表

<table>
<tr><th>类别</th><th>一级指标</th><th>二级指标</th><th>度量标准</th><th>单位</th><th>数据类型</th></tr>
<tr><td rowspan="9">金融开放创新</td><td rowspan="9">金融产品服务</td><td rowspan="2">外资金融机构指数</td><td>外资银行和中外合资银行分行数</td><td>个</td><td>定量</td></tr>
<tr><td>外资金融机构存贷款额</td><td>亿元</td><td>定量</td></tr>
<tr><td rowspan="2">国际金融资产交易指数</td><td>境外企业参与商品期货交易成交额</td><td>亿元</td><td>定量</td></tr>
<tr><td>境外企业参与商品期货交易成交额增速</td><td>%</td><td>定量</td></tr>
<tr><td>融资租赁业务指数</td><td>融资租赁业务货值</td><td>亿元</td><td>定量</td></tr>
<tr><td>离岸金融业务指数</td><td>离岸贸易货值</td><td>亿元</td><td>定量</td></tr>
<tr><td rowspan="2">跨境人民币再保险指数</td><td>跨境人民币再保险结算金额</td><td>亿元</td><td>定量</td></tr>
<tr><td>跨境人民币再保险结算金额增速</td><td>%</td><td>定量</td></tr>
<tr><td rowspan="10">法律制度保障</td><td rowspan="8">试验区投资贸易规则绩效指数</td><td rowspan="2">国际投资争端解决规则和机制绩效指数</td><td>政府与外国私人投资者争端解决所需时间</td><td>天</td><td>定量</td></tr>
<tr><td>政府与外国私人投资者争端解决效率(投诉量和结案率的比例)</td><td>%</td><td>定量</td></tr>
<tr><td rowspan="3">自贸试验区仲裁规则绩效指数</td><td>商事仲裁所需时间</td><td>天</td><td>定量</td></tr>
<tr><td>商事仲裁所需程序数</td><td>个</td><td>定量</td></tr>
<tr><td>通过仲裁机构解决的商事纠纷占所有商事纠纷案件的比例</td><td>%</td><td>定量</td></tr>
<tr><td rowspan="3">司法诉讼正当程序及效率</td><td>诉讼程序数</td><td>个</td><td>定量</td></tr>
<tr><td>平均诉讼时间</td><td>天</td><td>定量</td></tr>
<tr><td>案均耗资</td><td>元</td><td>定量</td></tr>
<tr><td rowspan="2">试验区管理制度绩效指数</td><td>自贸试验区条例(地方立法)绩效</td><td>自贸试验区条例(有:1,无:0)</td><td>—</td><td>定性</td></tr>
<tr><td>自贸试验区管理办法(政策法规)绩效</td><td>自贸试验区管理办法(政策法规)(有:1,无:0)</td><td>—</td><td>定性</td></tr>
</table>

(邓涛涛　赵晓雷　王婧)

中国(上海)自贸试验区政策和制度创新绩效评估的系统动力学仿真研究

上海自贸区的发展将得益于政策与制度创新的两种主要政策效应,即优势产业的二次聚集以及政府与市场良性互动的制度红利。制度红利的实现,除了政策体制创新能力、市场资源要素配置能力和社会协同治理能力等基础条件外,很大程度上有赖于政府管理过程中行政能效的提升,即乘数效应与功能创新的释放,并在新的政策环境下逐步形成"政府—产业—环境"的良性互动模式。基于系统动力学构建一个政策绩效评估的模拟仿真概念模型,可以对自贸区政策和制度创新产生的效应和影响进行定量描述,有助于揭示自贸区发展所需的、深层次的动力机制以及子系统之间的耦合互动关系,从而为第三方评估的顺利实施提供理论依据和方法手段。

一、引言

中国(上海)自由贸易试验区(简称自贸区)的政策与制度创新,将给上海、长三角乃至全国带来一系列深刻的经济和社会变化。自贸区通过改革行政审批制度和监管方式,降低了要素配置中的行政干预和准入门槛;通过提升行政能效和公共服务水平,持续释放制度红利,促进了产业的二次聚集与溢出效应。这种放松政府管制、强化市场机制的改革做法,将对长三角乃至全国产生辐射效应和示范作用,为实现全局化的包容性增长提供可行路径。

科学的绩效评估可为自贸区可持续发展提供必要的信息、及时的反馈和系统的评价。通过恰当的评估手段和合理的指标体系,持续地观察、分析和评估自贸区所产生的直接和间接效应、短期和长期变化,有利于及时总结经验教训,形成自身的发展模式。同时,利用成熟的政策分析技术,对自贸区政策和制度创新产生的影响进行模拟和仿真,有助于揭示自贸区发展所需的、深层次的动力机制,发掘政策手段与政策效应之间的因果关系,提炼政策目标实现过程中的关键要素,有助于克服政策移植和推广中存在的简单化、片面化等问题,使自贸区制度创新和改革的宝贵经验,逐渐适应于不同的政策生态环境,并最终形成可复制、可推广的自贸区发展模式,使上海经验有益于全国其他地区。

上海自贸试验区的发展为政策与体制创新提供了一次难得的实践机会,为公共政策绩效评估提供了一个极佳的研究对象。我们在阐明上海自贸区政策与制度创新的两种直接政策效应的基础上,将政策与制度创新的行政能效定位于乘数效应与功能创新,并在"政府—产业—环境"互动模式的框架之下,尝试构建一个基于系统动力学的政策绩效评估仿真概念模型,以期为第三方评估的顺利实施提供理论依据和方法手段。

知识链接 系统动力学(System Dynamics)

系统动力学在20世纪50年代中期由美国麻省理工学院福雷斯特教授(J. W. Forrester)首创,在20世纪70年代推动了可持续发展理论在世界范围内的兴起。它从系统内部的微观结构入手,是一种面向实际的结构型建模方法。它能方便地处理非线性和时变现象,并进行长期、动态、战略性的仿真分析与研究。当前,系统动力学应用范围日益扩大,尤其是用来研究复杂的宏观社会经济问题,比如研究城市兴衰,国家的政治、经济、军事以及对外关系,全球性发展战略等系统问题。

系统动力学把一切系统的运动想象成流体的运动,使用因果关系图和系统流图来表示系统的结构。简单来说,系统结构是指系统要素是如何关联的,这些要素可以是系统变量,也可以是反馈回路或子系统。因果关系图用来表达系统要素之间非线性的因果关系,系统流图则表示系统中的反馈关系,各个变量之间流入或流出的物质、能量和信息等用微分方程来表示。一个系统动力学模型就是一系列非线性微分方程组。

二、上海自贸区政策与制度创新的直接政策效应

(一)上海自贸区产生的直接政策效应

1.优势产业的二次聚集

上海自贸区产生的第一种直接政策效应是优势产业的二次聚集。有赖于持续的制度创新以及有利的政策软环境,上海自贸区主要产生两种溢出效应:第一种是要素聚集方面的溢出效应,反映在生产要素的自由流动,高效的平台有利于国内外要素的转移;第二种是优势产业辐射方面的溢出效应,这归功于便利化、自由化的措施以及国际化建设。这两类溢出效应最终将导致产业的再次升级、集聚以及经济层面的辐射、扩散。

2.政府与市场的良性互动

上海自贸区产生的第二种直接政策效应是形成政府与市场良性互动的制度红利。自贸区政策与制度创新的核心是政府职能方面的转变,目的是营造国际化、法治化的商务环境,降低产业集聚与发展过程中的体制障碍和行政成本。这种由政策和制度创新带来的全方位"红利",通过自贸区经验的传播、复制和推广,产生对其他地区的示范效应,将有利于打破长期以来行政管理体制对经济社会发展的制约,逐步形成政府与市场、制度与产业良性互动的新格局。

(二)上海自贸区政策效应的作用机制

自贸区的这两种直接政策效应不是独立发生作用,而是相互影响,并刺激经济的发展。上海自贸区的制度红利表现为一揽子政策和制度创新措施,包括市场准入的放松、监管方式的转变、行政职能的提升等。从制度红利产生的路径和机制上看,如图4-1所示,这些政策和制度创新措施使自贸区在金融、贸易、航运、服务、会展等优势行业产生更大的吸引力,借助自贸区优越的地理区位、保税区先行先试的管理经验以及浦东开发开放等基础环境,生产的直接要素(如资本、人才、土地、科技等)和间接要素(社会保障、基础设施、配套政策等)加速在自贸区重新聚集。在投资、贸易、金融等重点开放领域,通过特定的

行业政策，主动适应、对接国际新规则，持续提升贸易自由度、投资便利化和金融创新性，配合行政审批和税收制度的改革，使得行政壁垒降低，要素配置高效，实现产业的加速聚集和包容性增长，最终提升上海的城市能级和辐射带动效应。

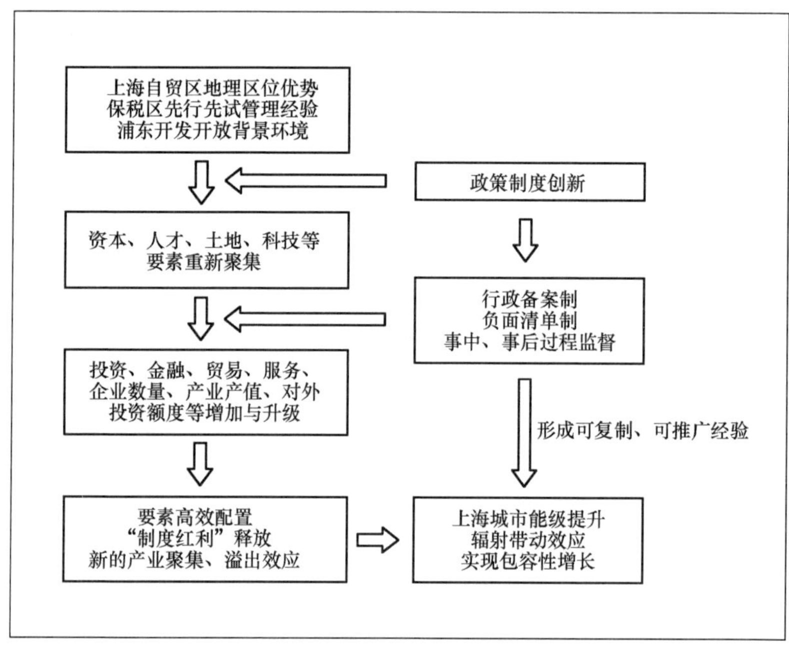

图 4－1　上海自贸区实现制度红利的路径和机制示意图

三、上海自贸区政策与制度创新的行政能效：乘数效应与功能创新

（一）自贸区行政效能的乘数效应

上海自贸区的发展，对政府管理模式创新提出了市场化、有限高效、多元参与、弹性化和法治化五项基本要求。① 对照这五项基本要求以及自贸区政策制度创新的战略目标，自贸区政府管理绩效的实现归根到底离不开政府、市场和

① 唐健飞. 中国（上海）自贸区政府管理模式的创新及法治对策[J]. 国际贸易，2014（4）：27－32.

社会的协同治理过程。概括而言，改革的效果不但与政策体制创新能力、市场资源要素配置能力和社会协同治理能力有关，还与政府的行政管理与公共服务能力有关。首先，从政府管理的角度来看，前三种能力分别代表着政府、市场和社会的能力，它们的充分发挥，与政府引导和驾驭市场（掌舵而不是划桨）、按照政策目标实现制度供给（包括制度供给对公共需求的回应）以及管理调动社会力量的经验和水平密切相关。其次，改革效果的产生，还需要政府通过行政管理和公共服务把上述三种能力有效衔接起来。在这个过程中，行政管理与公共服务能力起到一种黏合、媒介、催化和加速的作用，因此具有一种乘数效应，反映了政府行政管理过程的效率和执行力，可以引入行政能效指数来衡量。如果通过提高行政管理与公共服务能力，前三种能力被有机结合起来，发挥出协同治理的效果，此时行政能效指数大于1，政策和制度改革的目标容易实现。相反，如果体制、市场和社会等要素齐备，但行政管理与公共服务能力在低位运行，行政能效指数小于1，那么最终的改革绩效不可能达到预期目标和理想状态。

如果用一个公式来表达这四种能力之间的关系，自贸区政府管理绩效可以表述为：

自贸区政府管理绩效 =（政策体制创新能力 × 市场资源要素配置能力 × 社会协同治理能力）$^{\text{行政管理与公共服务能力（行政能效指数）}}$

知识链接

乘数效应

乘数效应来源于宏观经济学，是指经济活动中某一变量的增减（比如支出的变化）所引起的经济总量发生的连锁反应程度，导致经济总需求与其不成比例的变化。在区域经济发展中，乘数效应是指通过产业关联和区域关联对周围地区发生示范、组织、带动作用，通过循环和因果积累这种作用不断强化放大、不断扩大影响。

（二）自贸区行政效能的功能创新

上海自贸区行政审批和监管模式的改革，本质上是行政管理与公共服务的功能创新,将为提升自贸区政府管理绩效注入新的活力。

1. 自贸区政策与功能创新的行政手段

围绕自贸区的发展目标,推动政策与制度功能创新的行政手段可以分为基础性、功能性和交叉性三大类,主要包括市场准入、协同管理、信息化监管、综合执法四个方面。

(1) 基础性手段:这类行政手段强调基础性和综合性,主要为政策制度体系发挥整体能效提供支撑作用。比如,行业信息化建设、综合执法体系、依法行政体系等,它们是对现有政策制度"基础设施"的强化和升级。

(2)功能性手段:这类行政手段以提升某项具体的行政管理和服务能力为目的,具有明确的政策目标、管理措施和实施绩效。比如,从准入制到登记制、事中事后监管、负面清单等,它们的顺利实施意味着行政手段的创新和服务能力的提高。

(3)交叉性手段:这类行政手段兼有基础性和功能性的特征,往往需要跨部门的合作与协同,比如"一口受理"、综合审批、部门协同等。

2. 自贸区行政管理与公共服务绩效

通过基础性、功能性、交叉性行政手段的转换、升级、运用和实施,自贸区行政管理与公共服务的绩效最终体现为"功能创新"与"基础加强"两个方面。首先,"功能创新"意味着行政职能的转换:由准入制到登记制,降低准入门槛;采用负面清单,减少不必要的行政干预;"一口受理"、综合审批,节约企业申报的成本和时间,缩短审批流程;监管工作的重心由事前转移至事中事后监管等。其次,"基础加强"意味着行政职能支撑系统的升级,比如打造综合执法体系、依法行政体系,推动行业信息化、政府信息公开、有效监督,这些行政基础设施的提升可以更好地为行政职能转变服务。因此,对自贸区政策和制度创新绩效的评价,实质上是对自贸区行政管理与公共服务功能创新的评价,可以通过对行政能效指数进行持续的量测和评估来予以实施。

四、上海自贸区制度创新与"政府—产业—环境"良性互动模式

从影响机制上看,政策与制度创新是通过"政府—产业—环境"三者的互动关系来发生作用的,政府通过提供政策与制度创新的优质公共品,降低要素集

聚和流动过程中的行政阻碍,持续改善投资软环境,形成政府与产业、产业与环境的良性互动模式。

从实施路径上看,要实现政策制度创新的目标,首先,政策制定者需要勾勒发展愿景,合理设计制度创新手段,有效促进政府与产业的良性互动。其次,是依托区位优势和经济基础,以制度创新手段推动产业与环境的良性互动。

(一)政府与产业的良性互动

政策与制度创新作为一种公共产品,供给主体为与上海自贸区相关的中央、地方(上海)和自贸区管委会等各级政府部门。各级政府需要在新的形势下统一思想,打破过去行政管理条块分割的约束,在合理的行政层级和组织架构下,形成部门之间"沟通、合作、共赢"的良性机制。着眼未来,合理定位自贸区的发展愿景,形成科学的价值观念,引导自贸区的可持续、包容性发展。一方面,以发展愿景和价值观念为依据,制定自贸区发展的近期、中期和远期发展的战略和政策目标,并形成政策与制度创新的评价层次和指标体系;另一方面,以《中国(上海)自由贸易试验区总体方案》等纲领性文件,部署具体的政策和制度创新手段,包括市场准入、协同管理、信息化监管、综合执法等。在政策和制度创新手段的引导下,逐步形成新形势下政府与产业良好的互动关系:政府提供了产业升级和发展的制度保障和竞争条件,产业的增长和跃迁则检验了政策制度创新的有效性,良好的政府与产业互动关系有利于形成可复制、可推广的经验。

(二)产业与环境的良性互动

上海自贸区优越的地理区位、保税区先行先试的管理经验、浦东开发开放、上海经济社会文化等大背景,为自贸区发展提供了可靠、优质、持续的基础环境。在此环境下,政策与制度创新在企业、产业等微观层次以及社会经济系统等宏观层次发生效力,具体表现为自贸区内部和外部企业的策略和行为响应、业务的拓展和业绩的提升,继而与自贸区相关的经济社会等宏观统计数据发生相应的变化。产业依托区位优势和经济基础,在便利化、自由化、国际化等政策与制度创新手段的激励下，生产要素加速流动和转移，产业集聚和辐射效应加强，政策与制度创新的示范作用扩散，形成可持续发展的经济优势和政策软环境。

五、上海自贸区“政府—产业—环境”模拟仿真系统的构建

上海自贸区的建设，通过放松政府管制、强化市场机制改革的做法，追求以“要素自由流动、自由贸易”为主导的高层级的开放，放弃过去单靠产业振兴计划等政策红利来扶持经济的做法，以监管理念转型（货物管理向企业管理转型）、贸易开放度扩大（与国际接轨的多元贸易模式）和政策开放度提升（外汇和税收政策）等一系列政策创新措施，提供摆脱经济低迷所需的制度红利，在使港口、机场、仓储、地产以及金融服务等行业直接获益的同时，推动上海整个产业结构的调整、升级，推动上海平台经济发展，最终促进上海整体经济的振兴。本质上看，上海自贸区是在新的经济形势下，政府、产业与环境三者之间在制度改革与政策创新框架下进行的一次深刻的互动过程，从而带动整个长三角地区的产业转型升级，尤其是促进服务业的国际化，使中国未来在国际高端分工上占据一定的优势地位。因此，模拟仿真系统的构建，将重点着眼于在新的政策制度背景下，建立政府、产业与环境三者之间的新型互动关系以及量测相应的政策效应和实际产出，从而对政策与制度创新进行绩效评估。

（一）自贸区模拟仿真系统子系统的构成

为了更好地描述自贸区的政府、产业与环境在制度改革与政策创新框架下的互动关系，可以将模拟仿真系统划分为产业发展子系统、政策与制度创新子系统和区域经济环境子系统三个部分。这三个子系统及相互影响的特征如下。

1. 三个子系统在一定程度上相互独立

政府、产业与环境三个子系统一定程度上相互独立，有着各自的边界、变化轨迹和运行规律，如图 4 -2 所示。

2. 三个子系统的相互影响和作用

在制度改革与政策创新的综合作用推动下，政府、产业与环境三个子系统

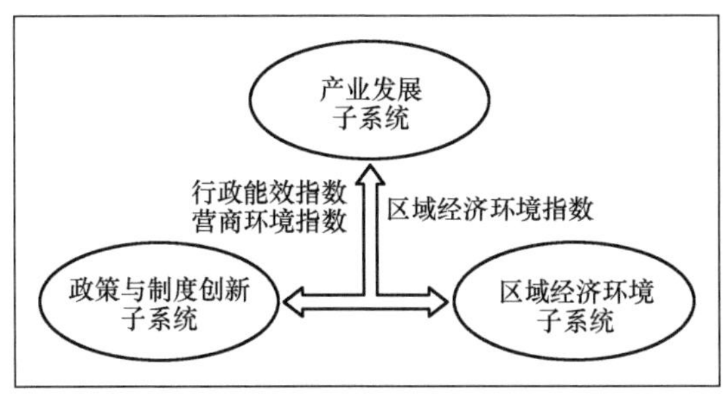

图 4－2 自贸区模拟仿真系统关系结构图

发生一定程度的相互影响和交互作用，如图 4－3 所示。具体表现为以下三个方面。

首先，政府改革为产业发展提供了必要的政策软环境。政府子系统为产业发展提供功能创新的行政管理和公共服务（行政能效指数）以及良好的内部营商环境（营商环境指数）。

其次，区域经济为产业发展提供了必要的经济基础和支撑条件。区域经济环境子系统为产业升级提供资本、人才和产业结构等经济基础和外部环境（区域经济环境指数）。

最后，产业发展验证政府改革的有效性，并提升区域经济的基础能级。产业作为政策与制度创新的承载者，自身的升级和发展实现了政策与制度创新的预期目标，验证了行政改革手段的有效性，并形成政府职能转换的新模式和自贸区发展的新机制。通过新模式和新机制的推广和复制，进一步巩固了政府、产业与环境之间的互适性和互动模式，构筑出上海经济社会持续发展的新平台，并将区域经济环境提升至更高的水平，支撑下一步的产业发展。

（二）模拟仿真系统下政府、产业与环境的互动关系

自贸区政策制度创新目标的实现，主要来自于投资、贸易、金融等多个领域改革的“一揽子”方案，通过多元政策手段的耦合、联动和协同作用来产生预期的政策效果，涉及的产业较为广泛，影响机制也较为复杂。因此，首先，系统动

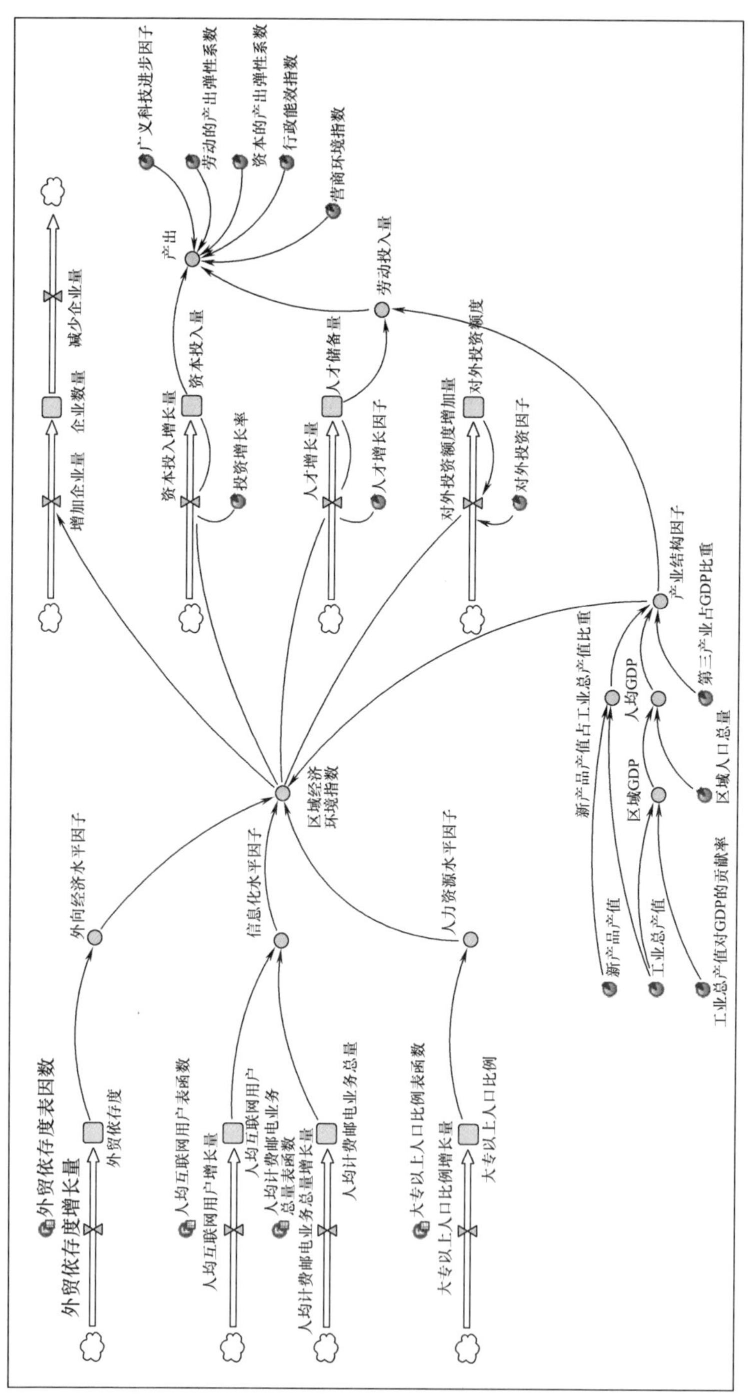

图4-3 政府、产业与环境的互动关系示意图

力学仿真既要考虑产业和政府作为独立的子系统，描述各自的变化特点和发展路径，也要考虑两者互相联结、耦合、嵌套的影响关系。也就是说，在一定背景环境下，政策作用导致相关产业发生连续变化的同时，也必须考虑政府作为相对独立的子系统，自身可能产生的改革绩效；并且，需要考虑政策制度创新作为一种新的子系统输出，以及在这种输出下产业和政府的双向互动过程。其次，通过自贸区政策制度创新，以期形成可复制、可推广的经验。系统动力学仿真的关键，在于考察制度政策框架下，政府、产业与环境三者之间的互适性，以及可能形成的、相对稳定的互动模式。可复制、可推广的经验，恰好是指三者之间所形成的“良好的互适性”以及“稳定的互动模式”。

总之，上海自贸区的发展将得益于政策与制度创新的两种主要政策效应，即优势产业的二次聚集以及政府与市场良性互动的制度红利。制度红利的实现，除了政策体制创新能力、市场资源要素配置能力和社会协同治理能力等基础条件外，很大程度上有赖于政府管理过程中行政能效的提升，即乘数效应与功能创新的释放，并在新的政策环境下逐步形成“政府—产业—环境”的良性互动模式。我们基于系统动力学构建的政策绩效评估的模拟仿真概念模型，可以对自贸区政策和制度创新产生的效应和影响进行定量描述，有助于揭示自贸区发展所需的、深层次的动力机制以及子系统之间的耦合互动关系，从而为第三方评估的顺利实施提供理论依据和方法手段。

（冯苏苇）

中国(上海)自贸试验区制度创新和评估:基于全球比较的视角

上海自贸试验区现阶段的制度创新集中体现在简政放权、简化监管程序等浅层次领域,而深层次领域的改革,则受到我国现有行政管理体制的制约。作为政府主导下的制度创新,上海自贸试验区可以在深入对接国际贸易新规则、打造贸易便利化的制度高地和转变政府职能两方面,加快推进制度创新,为全国深化改革和扩大开放探索新途径、积累新经验。

……………………………………………………………………………………

2015 年 1 月 29 日,国务院发布通知在全国推广上海自贸区 27 项改革经验。上海自贸试验区设立一年多来,为我国新一轮高标准改革开放、探索实现中国经济均衡增长和可持续发展积累了经验。借鉴制度创新相关理论,对标国际自由贸易园区高标准制度,在系统评估后认为,上海自贸区围绕制度创新,以开放促改革,在市场准入、贸易便利化、法律法规完善方面取得了重要阶段性成果,形成了与国际投资、贸易通行规则相适应的基本制度框架;但在财税制度和金融外汇管理方面,推进比较谨慎,有所突破,但改革幅度较小,仍有进一步优化的空间。这表明,上海自贸试验区现阶段制度创新集中体现在简政放权、简化监管程序等浅层次领域,而深层次领域的改革,则受到我国现有行政管理体制的制约。作为政府主导下的制度创新,上海自贸试验区可以在深入对接国际贸易新规则、打造贸易便利化的制度高地和转变政府职能两方面,加快推进制度创新。当前,上海自贸试验区深层改革的各项探索仍在路上,制度创新要以国家战略的大方向作为引领,聚焦重点,在不发生系统性风险的前提下有序推进,由一个点、一个领域的改革突破,带动一系列制度创新,为全国深化改革和扩大开放探索新途径、积累新经验。

一、引言

党的十八届三中全会提出构建开放型经济新体制,从顶层设计角度,创新我国对外开放的模式,形成应对全球竞争、参与国际合作新的战略,进一步促进国内体制改革。这不仅关系到我国的社会主义市场经济能否有效运行,成为实现经济现代化的制度基础,而且关系到我国是否能够在新的开放条件下,融入全球经济,并获得参与国际分工、国际合作和国际竞争的现实利益。在经济全球化大环境中,一国经济的发展在很大程度上已经不单纯取决于自身的实力,而是取决于它能否在制度的导引下吸收更多的资本和技术。因此,各国都纷纷建立自由港、经济特区或自贸园区,集聚各种优质资源,形成制度优势,加快经济发展。30 多年来,我国改革开放由浅入深、逐步深化,这是一种摸索、试验和积累合理制度的过程,是一个过渡性制度依次替代最终实现正式制度的渐进性创新过程,并取得了辉煌的成就(孙代尧,2007;林毅夫等,1993)。但随着我国改革开放进入了深水区和攻坚期,受到利益固化的束缚,使得改革呈现出一种低效率的路径依赖状态,急需引入强有力的外部变量,促进体制改革的顺利推进。在此背景下,2013 年 9 月,国家颁布《中国(上海)自由贸易试验区总体方案》,从改革的战略层面,对接国际通行法则,对接市场普遍规则。通过在上海自贸试验区“大胆闯、大胆试、主动改”的实践,主动应对一系列外部挑战,加快形成经济增长的新动力和新的比较优势,建成推动中国新一轮高标准改革开放的示范区。

二、上海自贸试验区制度创新的紧迫性

制度创新是人们为了获取在现存制度结构内无法实现的潜在收益,对现存制度的变革。它在经济成长中的确扮演关键角色,决定了社会演进的方式(Furubotn,2005)。市场经济形态不是一种“自然秩序”,而是一种在科学技术发展基础上的制度环境,其本质是一种相对稳定的交易程序和规则,人们的经济行为乃至整个社会的经济运行,必然要以这种程序和规则来规范(王涛生,2010)。因此,在我国的经济转型过程中,不仅要研究生产要素资源的约束问题,更需要解决制度资源的约束问题,进而在把握历史机遇的同时有效应对严峻挑战。

(一)市场博弈全球化带来的现实挑战

1. 全球贸易体系变革的新挑战

国际贸易正在经历区域格局与经济力量平衡方面的重大转变。伴随中国成为世界第二大经济体和第一大出口国,国际贸易摩擦不断升温,特别是国际金融危机发生以来,各国围绕制度、规则、资源、市场、技术的竞争日趋激烈,贸易保护主义不断升级。世界各国都在寻求自我保护并促进自身利益,包括我国在内的新兴经济体面临的国际贸易保护主义,已经从出口补贴、关税等初级、明显的形式,逐步演变为贸易监管和管制等隐蔽形式,部分国家以知识产权、劳工标准、环境保护、气候变化等为借口,设置市场准入门槛和产品贸易壁垒。

2. 区域自由贸易谈判中处于被动地位

多哈回合谈判屡屡无果而终,不能满足国际经济一体化的深层需要,促使经济体采用多边体制。截至 2012 年,国际上约有 300 项大规模贸易协定生效,平均每个协定有 13 个世贸组织成员参与,使得各国经济间的联系更加紧密。跨太平洋伙伴关系协定(TPP)、跨大西洋贸易与投资伙伴关系协定(TTIP)等超大自由贸易区正在孕育,美国希望通过建立 TPP 和 TTIP 分享全球特别是亚洲等新兴经济体高速增长的红利,拆散东亚现有合作架构,重构国际贸易和投资新规则,扭转美国在国际竞争中的颓势,遏制中国等新兴经济体的崛起(任保平和郭晗,2013;张其佐,2013)。如果 TPP 和 TTIP 最终达成协议,那么除中国和金砖国家之外的主要经济体都进入两大贸易区之内,会给中国在国际上的贸易和投资带来很多限制。

3. 对外直接投资受制于新的制约因素

经过 30 多年的发展,中国已成为全球第三大对外投资国。中国对外直接投资由 2003 年的 28.5 亿美元提高到 2012 年的 842.2 亿美元。但相对于发达国家,中国企业仍处于起步阶段。根据联合国贸易和发展会议(UNCTAD)数据库数据,2012 年中国对外直接投资占全球直接投资总量的 6.1%,是全球第 3 位,但存量占比却只有 2.2%,位列全球第 13 位,比重偏低。中国开展国际投资是参与全球价值链重塑、实现产业升级的重要途径。但是,中国的对外直接投资仍受制于发达国家投资保护主义和新的安全审查政策(朱邦宁,马相东,2013)。地缘政治的不稳定给我国对外投资带来了新的不确定因素。

(二)构建开放型经济新体制的内在要求

建设上海自贸试验区,就是要突破经济发展新阶段面临的约束条件,以制度创新加快经济结构调整升级,推动发展方式的根本转变。一方面,上海经济社会发展到一定水平,发展过程中率先遇到瓶颈,迫切需要"先行"思考,寻求新突破;另一面,"先行先试"是国家重大战略举措,是新一轮开放的起点,在上海自贸试验区"先试",建立高标准自贸园区,同时,为我国新一轮高标准改革开放积累经验,探索实现中国经济均衡增长和可持续发展。

1.探索创新驱动的新路径

中国改革制度变迁始于30多年前的农村改革。在20世纪70年代中期,小岗村包产到户,动摇人民公社体制;1984年,受农村改革成功的鼓舞,国有企业改革拉开序幕;20世纪80年代初,在中央设计的目标下开始了经济特区建设,开始外向型市场经济的探索。在社会现行制度前提下,我国通过渐进性增量改革,建立了新的制度体系。然而,初始制度选择会强化现存制度,导致初始改革为后续改革划定范围的倾向(Arthur,1992),形成很强的历史惯性,以一种路径依赖的方式缓慢演化,只对制度进行边缘性的调整,积淀了牵制制度创新的传统行政文化(管斌,2010)。国外著名的制度经济学家诺思分析指出,从家庭(联产)责任制开始,中国发展出一种信念结构,这种信念结构无须借助任何西方的标准处方就实现了经济的快速发展。然而,如果中国想继续保持经济的快速发展,那么它必须在政治或经济结构中构建力度空前的激励体系,这可能需要建立那些更具西方适应性效率特征的制度(North,1999)。当前,我国改革进入深水区,与以往摸着石头过河不同,通过在上海"先试",跳出原来的路径依赖;通过对标国际高标准规则,形成倒逼机制,探索出新的发展路径。

2.探索经济转型发展的新模式

2008年国际金融危机爆发,全球经济陷入深度衰退,国际市场需求大幅下降。世界经济的大调整使我国发展的外部环境出现诸多新变化,机遇与挑战的内涵不同以往。在目前的发展阶段,我国面临经济结构失衡、资源环境约束、消费需求疲软、出口放缓等突出矛盾，要素成本低的优势逐步减弱，劳动力成本、土地等自然资源价格显著上升，从长远看，已很难依靠加大要素投入量维持经济持续增长。上海经过连续 16 年的 GDP 两位数高速增长，进入 GDP 7% 左右增长的“7”时代，资源和环境的压力都到了极限，社会生产的规模已经逼近生产的可能性边缘，实际生产的增长率已经接近最大的潜在增长率。上海要赢得新优势，靠的是转变竞争力发展模式，通过自贸试验区建设，构建面向未来的持续竞争力，同时，为中国应对 TPP、TTIP 国家战略探索经验。

3. 探索解决“先试”中难点问题的新经验

“先行先试”试什么？从国家战略层面，要求“坚持以制度创新为核心，尽快形成一批可复制、可推广的新制度”（姜锦铭，2014）。由于各地的经济发展的禀赋条件不同，因此，上海自贸试验区要具有更广的视野，既要提炼可复制的制度成果，又要提供可推广的实施方法。从现阶段看，一些重要领域仍面临诸多亟待突破的难点，如市场在资源配置中起决定作用与加快服务型政府建设、转变政府职能的边界；如何均衡金融创新、金融开放与有效控制风险之间的关系；对于作为金融创新重要目标的人民币资本项目可兑换、利率市场化、人民币跨境使用等，如何既着眼服务企业，又要在试验的基础上取得经验，形成宏观审慎的管理体系；文化服务、商贸服务、社会服务等领域扩大开放，可能产生各种风险，如何建立适应高风险开放市场的监管体系；与国际高标准制度规范之间，是分步骤对接还是整体推进，等等，都需要在上海自贸试验区这块试验田“播下良种，精心耕作、精心管护，期待好收成，并且把培育良种的经验推广开来”（胥会云，2014）。

三、上海自贸试验区制度现状及国际高标准制度的借鉴

从全球范围看，自贸园区的发展已有数百年的历史。由于经济发展历史纵深的差异，自贸园区呈现两类不同的发展战略。欧洲、北美洲等发达国家和地区的自贸园区建立时间较早，如伦敦、鹿特丹、汉堡等，本国经济的市场化程度较高，因此这些国家和地区的自贸园区主要服务国家微观层面的经济目标，例如提升就业、增加地区收入、恢复老旧工业区、维持和提升某一产业的竞争力等。20 世纪 70 年代以后，特别是空港经济的驱动，全球自贸园区进入快速发展期。亚洲、非洲和南美洲等许多新兴市场国家和地区建立的自贸园区，如新加

坡、釜山、迪拜等,不仅要实现一些微观经济目标,还承载了许多国家层面的宏观经济战略、政治目标,包括提高就业、提高外汇储备、吸引国外投资、学习技术管理经验、实现部分产业的工业化升级改造、实现出口导向型经济战略、结构升级改革等。在经济全球化的背景下,两者发展的方向趋于融合。国际自贸园区已积累了成熟的经验,大致可以归纳为:稳定的政策环境、透明高效的法律制度、注重运用市场力量、政府的支持、便捷的行政手续、货币自由兑换、聚焦现代服务业和信息技术发展。上海自贸试验区不同于发达国家传统的自贸园区,也不完全类似于新兴市场的自贸园区,属于不发达国家中发达城市的自贸园区。我们的重点是试验,关注经济全球化如何与国际接轨,探索在全球一体化背景下,开放型经济新的制度体系、新的管理机制(赵晓雷,2014)。因此,国际自贸园区制度创新的价值取向、法理依据、成熟经验都值得上海自贸试验区借鉴。

(一)市场准入方面

市场准入制度的核心是形成公平、公正、有序的市场竞争秩序,以保护市场交易安全与秩序。投资自由是市场准入的基础,因此,开放宽松的外资准入制度是自贸园区实现"投资自由"的重要前提,也是其开放度和自由度的重要体现。2013 年,比照国际贸易协议中的制度安排,上海自贸园区公布了我国首份负面清单,秉持"法不禁止即可为"的市场管理理念,率先实施外商投资备案管理制度,大幅提高了外商投资的便捷性。全年合同外资比 2012 年增长 5.2 倍,占全市比重达到 37.3%。2014 年 7 月 1 日,2014 版"负面清单"在沪发布。与 2013 版相比,清单里的特别管理措施由原来的 190 条调整为 139 条,"瘦身"幅度高达 26.8%。2015 年 4 月 20 日,2015 版"负面清单"发布。与 2014 版相比,新版"负面清单"的特别管理措施调整为 122 条,又减少 17 条,并全面适用于上海、广东、天津、福建四个自贸试验区。推出进一步扩大开放的"新 31 条"措施,政府管理透明度进一步增加,负面清单管理模式基本达到了预期目标。同时,上海自贸试验区积极探索外资安全审查筛选制度,建立健全反垄断审查机制,并取得了阶段性成果。简化流程,促进诚信体系建设,改年检制为年报公示制,变企业向政府负责为向社会负责(如表 4-3 所示)。

表 4-3 上海自贸试验区借鉴国际高标准市场准入制度现状

制度类别	上海自贸试验区相关制度	借鉴的国际自由贸易园区高标准制度
负面清单	• 2014 年 7 月,《中国(上海)自由贸易试验区外商投资准入特别管理措施(负面清单)(2014 年修订)》发布,三大产业开放程度全面深化	•《美国双边投资协定 2012 年范本》中明确列示了"负面清单",涵盖所有国民经济产业门类和广泛的投资范畴,以"准入前 + 准入后"国民待遇为主(美国)
准入方式	• 外商投资项目核准和企业合同章程审批改为备案制,5 个工作日完成备案手续 • 实施注册资本认缴制、"先照后证"的企业登记制度改革	• 外资企业需在年度股东大会召开后一个月内提交周年申报表,并提供已经审计的财务报表(新加坡) • 外资企业必须定期向澳洲证券投资委员会报备相关文件,及时更新公司的经营记录(澳大利亚)
投资审批制度	• 对农业、采矿业、金融服务、电信服务、航空服务、基础设施等涉及资源、民生和国家安全的领域和中药、茶叶、黄酒、手工艺品等我国传统产业领域,均列入负面清单,实施审批 • 建立"一表申报、一口受理、并联办事"的服务模式,实现向"一个部门、单一窗口集中受理"模式的转变	• 外商投资受到《1975 年外资并购法》和《1989 年外资并购条例》的约束,部分外商投资项目需要进行事前审批,必须向外商投资审查委员会报告,并获得澳大利亚财政部长的批准(澳大利亚) • 禁止在巴西国内筹措资金和用国内原有水平的技术做投资,凡是巴西国内能够提供技术和设备的企业,一律不再引进外资(巴西) • 2009 年契约,美国对外贸易区委员会采纳"可选址框架(ASF)",企业入区或申请设立分区的审批权下放到园区,从递交申请到获得批准甚至缩短到 30 天

资料来源:作者根据网络公开资料和实地调研整理而成。

尽管如此,与国际自贸园区高标准市场准入制度相比,上海自贸试验区仍然存在不足:一是以负面清单为核心的市场准入制度开放程度有待提高。例如,2012 年生效的美国与卢旺达签订的双边投资协定中,负面清单仅包含 22 条管理措施。二是在国家安全审查、反垄断方面,还没有推出实质性、可操作的制度,行业开放力度不足。

(二)财税制度方面

具有国际竞争力的财税制度,是自贸园区的基本特征和通行惯例,也是其吸引国外投资、促进跨国贸易的主要优势。从国际自贸园区看,激励性财税制度是园区发展的核心制度,一般遵循“境内关外、平等对待、低税负担、属地管理”四项原则,涉及免税、缓税、退税政策,提升了园区企业在国际贸易中的竞争力。上海自贸试验区综合了原有外高桥、洋山港、浦东机场等园区的税收制度,还吸纳了国内其他经济特区的税收政策,在所得税减免和关税减免方面实现了制度性的突破。成立初期,推出了涵盖7项明确实行的税收政策和2项探索实行的税收政策的“7+2”税收政策体系,涉及非货币性资产对外投资、股权激励、融资租赁出口退税试点、进口环节增值税等方面(如表4-4所示)。但与国际主要自贸园区相比,上海自贸试验区税收制度激励幅度较低。区内企业所得税、流转税税负与园区外同类型企业相比并无明显优势;在诸如服务贸易、融资活动等特殊领域,尚缺乏明确的税收制度安排;特别是对金融创新活动的基础性支持不足,仍有较大提升空间。

表4-4 上海自贸试验区借鉴国际高标准财税制度现状

制度类别	上海自贸试验区相关制度	借鉴的国际自由贸易园区高标准制度
所得税优惠	• 自贸试验区内的企业或个人股东,因非货币性资产对外投资等资产重组行为产生的资产评估增值部分,可在不超过5年期限内,分期缴纳所得税 • 对自贸试验区内企业以股份或出资比例等股权形式给予企业高端人才和紧缺人才的奖励,股权激励个人所得税可分期缴纳	• 自贸园区中的公司享受12.5%的公司税,在自贸区内注册的公司进口物品无增值税(爱尔兰) • 对于商品在自贸区内经存储、销售、再包装、组装、分拨、分类分级、清理、混合、展示、加工或制造的过程中形成的增值部分,可免征其所有联邦政府和地方政府的增值税(美国) • 园区内企业所得税采用累进制,税率为2.5%—8.5%(园区外同类企业的所得税为30%—40%),且两年内免征利润所得税(巴拿马)

续表

制度类别	上海自贸试验区相关制度	借鉴的国际自由贸易园区高标准制度
关税减免	• 自贸试验区内的融资租赁企业在园区内设立的项目子公司,可纳入融资租赁出口退税试点范围	• 从非欧盟国家进口的用于存储、处理和加工的物品,以及出口到非欧盟国家的物品,免征关税(爱尔兰) • 商品只有在进入美国海关和边境保护领域内时才缴纳关税,企业可在进口部件和区内制造的最终产品之间选择适用的较低税率。对于制成品关税低于零件关税的货物,可以在区内组装,然后按较低的关税完税(美国) • 境外货物进入自贸园区或从园区内出境,免征关税(巴拿马)

资料来源:作者根据网络公开资料和实地调研整理而成。

(三)金融外汇管理方面

国际成熟的自贸园区实行宽松、自由、开放的外汇管理制度和金融安排,其核心为“离岸金融+自由兑换”。主要体现在宽松的外汇管制,采取资金自由进出、外汇自由兑换、外汇结算便利的外汇管理方式,在资本项目开放、外汇账户设立、收付汇便利、离岸支付结算等方面提供外汇便利。这些制度提升了企业运营的便利性,最大限度地降低汇兑风险给外商投资带来的成本。自上海自贸试验区挂牌以来,中国人民银行等国家监管机构先后出台了51条支持试验区建设的政策措施(如表4-5所示)。其后,央行又相继出台了5个实施细则。2014年3月25日,上海自贸试验区围绕“存、贷、汇、投”等服务领域发布了九大创新案例,已在存款利率市场化、企业融资、支付结算、资金管理创新、对外直接投资、金融机构集聚六个方面实现创新。2014年6月18日经央行上海总部验收,浦发银行、中国银行等10家银行实现了开立自由贸易账户功能,开立9 741

个自由贸易账户。累计116家持牌金融机构和一批金融服务企业入驻,新增跨境人民币结算额3 226亿元、人民币境外借款额197.3亿元、人民币双向资金池业务额783亿元。

表4-5 上海自贸试验区借鉴国际高标准金融外汇制度现状

制度类别	上海自贸试验区相关制度	借鉴的国际自由贸易园区高标准制度
外汇管理	• 2014年3月1日起,试验区内居民300万美元以下的小额外币存款可自主定价 • 中国银行、中国工商银行、中国建设银行上海市分行、浦发银行上海分行、上海银行5家银行,于2014年6月18日实现了开立自由贸易账户的功能,符合条件的区内主体和境外机构可在上海市已通过系统接入验收的金融机构开设并使用自由贸易账户	• 实行宽松、自由、开放的货币兑换和外汇管理制度,并全面取消外汇管制(新加坡) • 外国投资者可选择任何一种货币作为支付方式,外国投资者设立其他外汇账户不受外汇管理限制(荷兰) • 实行货币自由兑换制度,不存在任何形式的外汇管制,企业和个人可以自由持有和买卖货币(德国) • 允许外国投资商在本国银行直接使用外汇进行结算,包括:通过投资获得的净利润或股息红利,支付国外贷款利息、技术转让费用,汇兑收益等(加纳)
资金进出自由		• 资金进出没有限制,股利、专利权费用、利息等得到的利润和其他收入,可以自由转移到国外(中国香港地区) • 外企融资及利润、资本、贷款利息和其他合法收入的汇出不受限制(荷兰)

资料来源:作者根据网络公开资料和实地调研整理而成。

自贸区分账核算体系正式落地,利率、汇率实现初步市场化尝试,小额外币存款利率放开已于2014年6月27日起推广到整个上海。但另一方面,除了存款利率市场化、支付结算有了具体制度安排,其余四个方面尚停留在制度探索阶段,对外资企业经营性外汇管制依然没有放松。特别是在促进总部经济发展方面,支持政策匮乏。对外籍员工工资薪金的支付制度、总部运营的税收优惠制度、外资股权投资的财税优惠制度,均无政策安排,相比国际其他自贸园区无明显竞争优势,严重制约了国际企业综合型总部落户试验区。

(四)贸易便利方面

国际贸易是一国自贸园区发展的基础。简化和协调贸易程序,加速要素跨境的流动,为自贸园区内的贸易活动创造一个便利、协调、透明的环境,是国际通行的做法。上海自贸试验区推出了一批贸易便利化措施,其核心思想是提高贸易活动自由度,构建高效便捷的货物进出管理机制,货物清关效率大幅提升。建立贸易、运输、加工、仓储等业务的跨部门综合管理服务平台,推动监管部门信息互换、监管互认、执法互助,实现多部门在同一平台提供高效服务。据测算,新模式下企业货物入区通关时间可缩短 2 至 3 天,物流成本平均减少 10% 。同时,上海自贸试验区积极创新货物管理制度,推出多种新型贸易业态。上海海关、出入境检验检疫局出台了 40 余项措施,积极探索以"货物状态、分类监管"为导向的货物贸易监管方式,率先试行商品检验原产地证书转签服务,构建科学化、系统化、便捷化的货物贸易监管体系。2014 年 7 月 1 日,上海海关又进一步推出四项涉及企业管理方面的改革措施:企业注册登记改革、海关"经认证的经营者"互认、企业协调员试点和企业信用信息公开。2014 年 7 月 7 日,国税总局推出了针对上海自贸试验区的"办税一网通",涵盖 10 项创新税收服务措施,以信息技术为依托,为市场主体搭建便捷、优质、高效的现代化税收服务"通道"。同时,集融资、保险、咨询等功能于一体的自贸区境外投资服务平台,也于 7 月上线试运营。总体上,上海自贸试验区贸易便利化的创新措施比较到位,基本对接国际自贸园区高标准制度,如表 4 - 6 所示。

表4-6 上海自贸试验区借鉴国际高标准贸易便利制度现状

制度类别	上海自贸试验区相关制度	借鉴的国际自贸园区高标准制度
货物管理	• 推动海关跨境贸易电子商务监管模式落地,国内首个跨境贸易电子商务服务平台"跨境通"开通运营 • 成功建立保税仓储和保税展示的专业产品跨境电子商务平台,引入"分批出区、集中报关"的功能 • 上海海关推出19项举措,试点区内企业凭舱单"先入区、后报关",实施了"即时进出、集中申报"和自动审放、自主报税、联网监管、优化查验等便利化措施 • 上海出入境检验检疫局出台了23项监管制度创新,实施"即查即放""快检快放"等查验模式,推出了入境再利用产业支持措施 • 上海口岸"单一窗口"已在6月底前完成"出入口岸船舶申报和联合签注"项目以及"海关与检验检疫一次录入、分别申报"项目试点	• 海关保税仓库的货物可免费存放48小时,货物可以在保税仓库保留12个月(新加坡) • 对特殊进口货物,可暂不缴纳关税,3个月内必须再出口,否则照常纳税(新加坡) • 海关对区内货物的监管方式从传统的逐票逐单核查转变为审计核查。在该制度下,海关不再保存库存记录,海关人员也不再定期到区内仓库检查(美国) • 自贸园区使用者对于运往区外需要报关的货物可以申请一周集中申报一次(美国) • 海关对自贸园区内货物以抽查方式进行监督(迪拜)
货物进出便利化	• 企业可在14日内向海关部门办理进境备案手续,实施电子化申报,对无须检疫货物直接放行 • 企业凭舱单信息24小时电子申报检疫,货物分批核销出区 • 海关和检验检疫间实施统管无纸化联网核查,系统初步实现即时监管指令和卡口智能控制,车辆过卡口时间从6分钟缩短至30秒 • 上海海关推出"分送集报、自行运输"等模式,企业通过4条指定线路,实现园区内部货物自由流动	• 凡进出或转运货物在自由港装卸、转船和存储,不受海关任何限制,货物进出不要求每批立即申报与查验,甚至45天内转口货物无须记录(德国) • 货物存储的时间不受限制:货物只有从自由港输入欧盟市场时才须向海关结关,缴纳关税(德国) • 海关提供24小时通关服务,先储存后报关,以及以公司账册管理即存货数据取代海关查验(荷兰) • 自贸园区直通程序允许区内进口货物的企业以自己的名义向所在地口岸海关关长提出申请,获准直通程序的货物不论在哪个口岸抵达都可以直接按保税方式运入自贸园区(美国)

资料来源:作者根据网络公开资料和实地调研整理而成。

(五)法律法规方面

从国际自贸园区的经验来看,注重立法先行,强调"境内关外、流动自由"的立法理念,将所实行的经济政策以法律形式固定下来,是自贸园区有序、平稳发展的重要保障。在国家层面,暂停了三部法律在上海自贸试验区的实施,随后又终止了32条行政审批措施,各部委相继出台支持性政策。在地方层面,2013年9月以来,上海出台并实施《中国(上海)自由贸易试验区管理办法》和相应的政策措施,调整了一批地方性法规。2014年4月29日,上海市第一中级人民法院发布了《涉中国(上海)自由贸易试验区案件审判指引》。5月1日起国内首部自贸园区仲裁规则——《中国(上海)自由贸易试验区仲裁规则》开始实施,这部自贸试验区仲裁规则与国际商事规则相接轨,是构建法治化商事环境的重要举措。《上海自由贸易试验区条例》2014年7月25日已获得上海人大常委会审议通过,为试验区制度创新提供了法律保障。但从国际通行做法看,还需要在国家层面制定一部类似美国《对外贸易区法案》且具有较高法律效力的法规,并筹建国家层面的主管机构,从国家层面进行自贸试验区的顶层设计。上海自贸试验区借鉴国际高标准法律法规制度现状如表4-7所列。

表4-7　上海自贸试验区借鉴国际高标准法律法规制度现状

制度类别	国家与上海在自贸试验区试行的部分法规	借鉴的国际自贸园区高标准制度
国家层面	• 调整实施《外资企业法》《中外合资经营企业法》《中外合作经营企业法》3部法律、15部行政法规和3部国务院文件的部分规定 • 国家工信部等12个部委出台了22个支持自贸试验区建设的规范性文件 • 中国人民银行与自贸试验区管委会签署了《反洗钱合作备忘录》,为自贸试验区及时发现潜在洗钱风险提供了法律保障 • 2013年12月,中国人民银行颁布了金融支持自贸试验区建设的30条措施 • 中国银监会、保监会和证监会相继出台8项、8项和5项支持措施	•《对外贸易区法案》,颁布时间:1934年,后经1950年、1991年、1999年和2009年多次修订(美国) •《世贸中心保税区授权法案》,颁布时间:2007年(乌拉圭) •《自由贸易区法》和《自由贸易区内部运作条例》,颁布时间:1975年(智利) •《自由贸易园区法案》,颁布时间:1969年(新加坡) •《经济特区法案》,颁布时间:2005年(印度) •《自由贸易园区法案》,颁布时间:1990年(马来西亚)

续表

制度类别	国家与上海在自贸试验区试行的部分法规	借鉴的国际自贸园区高标准制度
地方层面	• 上海市政府出台并实施《中国(上海)自由贸易试验区管理办法》 • 上海市政府相继发布了《中国(上海)自由贸易试验区商业保理业务管理暂行办法》《试验区外商独资医疗机构管理暂行办法》《试验区中外合作经营性培训机构管理暂行办法》等政策措施 • 上海市人大常委会做出关于在中国(上海)自贸试验区暂时调整实施上海市地方性法规有关规定的决定 • 上海市人大常委会审议通过《中国(上海)自由贸易试验区条例》	•《济州国际自由城市特别法》,颁布时间:2003 年(韩国,釜山) •《关于培育国际物流基地相关的关税自由区指定即运营法律》,颁布时间:2008 年(韩国,新万金) •《冲绳振兴开发特别措施法案》,颁布时间:1999 年(日本,冲绳)

资料来源:作者根据网络公开资料和实地调研整理而成。

综上分析可以认为,上海自贸试验区设立近两年来,围绕加快政府职能转变、探索管理模式创新、促进贸易和投资便利化的国家战略,实施了一批改革措施,落实了一批开放举措。具体包括:以负面清单管理为核心的投资管理制度基本建立;启动实施一批监管新措施,实施了国际贸易"单一窗口"管理制度,以贸易便利化为重点的贸易监管制度有效运行;推出自由贸易账户、人民币境外借款等金融创新举措,设立一批面向国际的要素市场,完善金融风险防范机制,以资本项目可兑换和金融服务业开放为目标的金融改革有序推进,从而形成了与国际投资、贸易通行规则相适应的基本制度框架的雏形。但在财税制度和金融外汇管理方面,推进比较谨慎,有所突破,改革幅度较小,尚未形成具有普遍意义的成果。对标国际高标准规则,上海自贸试验区制度安排依然存在较大的探索空间,需要挖掘我们的优势,在风险可控的情况下进行深层次制度创新。

四、上海自贸试验区制度创新的主要路径

(一)自贸试验区制度创新的原则

从宏观的体制视角转为微观化的制度创新,需遵循反映自贸试验区制度基本规律的原则。

1.集成优化原则

制度之间的互补性是中国改革成功的因素之一(Lewis,Litai,2003)。一种制度安排的功能会强化另外一些相关制度的功能,从而产生一种功能放大的协同效应。上海自贸试验区建设没有“政策洼地”,而是通过制度之间的互补性,优势的耦合产生新的质变。依靠区位优势、高端服务优势和先进制造产业集群优势,形成新的替代优势。

2.激励相容原则

市场经济是不同利益主体间的多方博弈经济。评估自贸试验区制度创新的一个重要方面就是看它是否激励相容,形成不同利益主体间的良性博弈,用制度化的方式激励创新与竞争,容纳冲突,平衡各类矛盾。

3.有限目标原则

资源的有限性是制定有限目标的基础。在自贸试验区建设中同样存在资源有限性问题,从而也有一个有限资源择优利用的问题。为此,在制度创新上必须有所取舍,将有限的资源投入到决定性的机会上,形成局部优势,而不追求建立“全面优势”。

(二)自贸试验区制度创新的主要路径

国际上成功的自贸园区都得益于两大互补因素,制度创新与政府支持,发挥政府的主导作用,是制度创新的关键。上海从1843年开埠以来,对外贸易已经历了170多年,长期位于我国的外贸中心,具有深厚的历史积淀。党的十四大提出“开发开放浦东”“要把上海建成国际经济、金融、贸易中心之一”,上海又有了改革开放新的实践。上海的特点是发展历史长、国际化程度高、对相应资源的配置能力较强。除此,上海开放型经济规模大,拥有先进的海港、空港,

商业环境、法治环境处于全国领先地位。因此,上海可以在对接国际贸易新规则和政府职能转变两个重要领域,实现更高起点上的创新。

1. 在深入对接国际贸易新规则中实现制度创新

《中国(上海)自由贸易试验区总体方案》中明确,上海自贸试验区要"率先建立符合国际化和法治化要求的跨境投资和贸易规则体系"。国际现代自贸园区制度基础可概括为"三自由,一保障":货物进出自由、投资自由、金融自由,法律法规保障,这些已成为发达国家经济运行的基本制度。从现状看,我国不仅与国际贸易自由化成熟的基础制度有差距,如金融自由、货物进出自由等,而且在涵盖农业、劳工标准、竞争中立、政府采购、绿色发展、知识产权、服务贸易等"21 世纪新领域",与新规则的差距更大。从国际多边关系协定谈判的趋势看,国际贸易新规则是一个庞大的制度体系,包括货物贸易、服务贸易、知识产权三大领域。每一个领域又包含繁杂的协议、规则。当前,各领域都酝酿着新的突破,主要是:增进服务贸易市场准入;加强以规则为基础的投资;消除所有的贸易关税;解决非贸易关税问题,包括阻碍农产品流动的贸易壁垒;通过加强兼容性、透明度与合作,大量减少监管与标准方面的差异,同时维持卫生、安全、环保方面的高标准等。我们不仅要看到原有制度和政策上的突破的程度,更重要的是以国际新规则的视野,反观我们在国际贸易自由化制度安排上的位势差异。

因此,上海自贸试验区要主动迎接国际贸易自由化诸方面挑战,积极与全球经济自由化接轨,向跨太平洋伙伴关系协议(TPP)靠近,充分借鉴国际自贸园区的先进制度体系,为日后全面参与建立高标准国际贸易规则积累经验。具体而言,上海自贸试验区制度创新的主要路径,要在四个领域八个方面对接国际新规则。四个领域包括:投资领域、金融领域、贸易方式转变、相关配套改革(税收、外汇、海关、工商政策)。八个方面包括:一是"境内关外"的海关监管制度;二是接轨国际的服务贸易管理制度;三是基于负面清单管理的外资准入制度;四是高效规范的投资管理制度;五是风险可控的外汇管理制度;六是与市场全球化金融业务相适应的金融制度;七是符合国际惯例的税收管理制度;八是与国际规则相适应的法律制度。最终,形成一套完整的、可复制可推广的自贸试验区制度框架。

2. 在转变政府职能中实现制度创新

制度创新与组织转型是紧密相关的。任何制度创新过程，都要求组织的制度安排做出相应调整。上海自贸试验区建设过程，是加快政府职能转变的过程，也是一场政府的“自我革命”，不仅需要勇气，更需要从外界引进新思想和观念。具体而言，政府职能的转变发生于政府职能实现方式的转变和政府监管体系的构建两个维度。

（1）政府职能实现方式的转变。

整体而言，我国政府直接配置资源的范围仍然过大，对微观经济主体的干预仍然较多，公共服务供给仍然不足。因此，就需要通过制度创新来约束政府权力和规范行政行为。

第一，处理好政府与市场的关系。按照市场经济的要求，厘清政府与市场的边界；进一步简政放权，按价值规律、供求规律和竞争规律制定完备的市场规则；由企业创新行为去拓展市场，而不是依靠行政指令去营造激励企业的环境。在成熟的市场经济中，主要是市场的“无形之手”配置资源，对中国这样的转型经济，还需要政府这只“有形之手”发挥作用。以市场失灵作为政府行为的边界，注重发挥政府的投入与引导作用，为企业、社会提供经济性公共服务。

第二，创新政府行政管理方式。不断完善“负面清单”管理模式，简化不必要的行政审批，构建标准明确、程序严密、制约有效、权责分明的政府行政管理体系。提高行政透明度，完善体现投资者参与、符合国际规则的信息公开机制，改变带有部门利益和行政垄断的观念，消除带有传统体制烙印的行政干预，减少政府干预对市场机制的损伤，最终形成政府管理与市场调节的均衡机制。同时，努力提高信息资源管理效率，实现管理数据标准化、智能化、自动化，对政府事务的处理流程进行优化再造。

（2）政府监管体系的构建。

20 世纪 90 年代，经合组织认为，监管政策与货币或财政政策一样，是政府政策体系中不可或缺的组成部分（OECD，2009；袁训国和陈伟，2005）。上海自贸试验区是政府监管的特殊范畴，既要符合政府监管的一般特点，又要结合自贸园区“境内关外”的特殊要求，构建监管体系框架。

第一，转变管理理念，建立协同监管与服务体系，加强事中、事后监管。上海正在经济转型的过渡期,计划经济的管理模式对目前的监管方式依然存在重大的影响,其表现就是注重事前审批及事前监管,轻于事中事后监管,这已经很难适应经济全球化发展的要求。西方发达国家,政府干预的对象是市场功能充分发挥的成熟市场经济,而在我国市场经济尚未得到充分发展,许多领域还受到过去计划经济体制的影响。因此,政府需要参照国际条约、公约、协议以及通行惯例与技术标准,形成市场自为自治基础上的集监管与服务于一体的、基于多方面因素的综合协作监管制度。

第二,构建完备的监管法律政策工具体系。通过国家法律、部委政策和上海的配套措施,建立统一的法律法规框架,为监管体系提供明晰的法律政策支持。因此,需要界定政府与市场的边界,形成统一的维护市场竞争的理念,根据不同的监管目标决定对市场的干预程度,确定使用相应的监管法律政策工具。采用国际自贸园区公认的监管标准,营造各种所有制经济依法平等使用生产要素、公平参与市场竞争、同等受到法律保护的体制环境,由我国现行的行政性监管向国际通行的法治化监管转变,实现质的创新。

第三,建立监管影响评估。我国现有的行政法规不少,监管也不能说不严,为何监管效率不高?关键缺少监管影响评估分析这个程序,较难分析监管对经济、社会和环境的影响。监管需要支付成本,更要产生收益,增加公共福利,应避免监管过度或者监管不足(Gouldson & Murphy,2013)。监管影响评估不仅是一种政策评估与分析工具,也是一种政策协调工具(王蕾,2012)。通过分析监管政策对经济、社会和环境的影响,实现监管机构与相关利益群体间的交流与沟通,形成信息“反馈”机制,合理评价政府监管绩效,为完善监管体制提供事实依据。监管影响评估过程,也是监管机构与相关利益群体间不断妥协、达成共识的过程,从机制上阻止在既得利益集团压力下形成的非理性决策,营造公开、公平、公正的社会环境。因此,上海自贸试验区需要率先建立政府监管的成本—收益分析程序,对监管绩效做出合理评价,将政府监管措施建立在科学量化的基础上,为不断完善监管体制提供事实依据。

五、结论

上海自贸试验区设立近两年来,聚焦国家战略,围绕创新与国际通行规则相衔接的基本制度体系和政府监管体系两个关键领域,已经在形成更加开放透明的投资环境、提高贸易便利化水平、推进金融制度创新、深化政府管理改革等方面取得了积极成效,在自贸试验区初步形成的近 40 项“可复制、可推广”的创新事项中,有三分之一已经辐射全国,溢出效应逐步显现,获得了市场主体广泛的认同。2015 年 1 月 29 日,国务院发布通知在全国推广上海自贸区 27 项改革经验。

上海自贸试验区制度创新,是一个面对国际国内两种制度体系的“过渡带”,或者说是一个制度变迁的“跳跃带”。在这一过程中,政府与市场、经济与社会、国际规则与我国制度强烈的对比、交汇与融合,是经济制度变革与创新最敏感、最活跃的领域。设立上海自贸试验区,不仅是引进几项国际规则,它蕴涵着政治、经济、社会、文化多个层面的制度变革,其复杂程度、艰巨程度比我国改革开放初期面临的环境更为严峻。当前,自贸试验区深层改革的各项探索仍在路上,制度创新要以国家战略的大方向作为引领,聚焦重点,在不发生系统性风险的前提下有序推进,由一个点、一个领域的改革突破,带动一系列制度创新。在扩大开放中推进体制改革,在培育功能中促进政策创新,推广具有可示范、可操作的案例。可以说,经济体制没有固定模式,制度创新没有标准道路,上海自贸试验区各项制度创新都是基于实践的创造。这就要求我们借鉴国际成熟经验,结合上海的综合优势和特点,探索出实现经济发展方式的根本转变的模式,探索“中国特色”的经验,在“可复制、可推广”的制度创新中,挖掘带有某种普适意义的新的理论,深化对市场经济规律的认识。

(江若尘　陆煊)

中国(上海)自贸试验区可复制、可推广重点制度类型及路径

制度的复制推广要具备两个基本前提,即可复制性和适用性。自贸试验区的试验要解决制度的可复制性;而推广适用性则取决于多种因素,包括复制的范围、复制地区的发展性质和区域功能定位、复制地区的制度缺口及其他约束条件等。这就需要对可复制可推广的制度进行分类,并设计相应的制度变革路径。

一、上海自贸试验区可复制、可推广重点制度创新维度

(一)以开放促改革,推进治理体系和治理能力现代化制度创新维度

上海自贸试验区的重要任务之一就是通过扩大开放、适应对接,推动传统治理体系的改革创新,提升治理能力。这一维度的重点制度有以下三类。

第一类是转变政府职能,推进政府管理由注重事前审批转为事中、事后备案制监管。为操作这一制度,上海自贸试验区建立了一系列配套制度,具体包括全社会信用体系、企业年度报告公示和异常名录制度、监管信息共享制度、综合执法制度、社会力量参与市场监督(包括第三方采信)制度,形成行政监管、行业自律、社会监督、公众参与的综合监管体系。

第二类是与高标准国际投资治理体系相衔接的“负面清单”管理模式。2013 年 9 月,上海自贸试验区实施了 2013 版“负面清单”,并于 2014 年 7 月推出 2014 版“负面清单”。从治理体系层面考察,负面清单管理模式确立了公开透明、法治规范、有限管理的治理理念,其实质功能是提高管理质量和效率,降低经济运行成本,保证有效竞争和社会公正。

第三类是工商行政管理及商事登记制度改革。实行注册资本认缴登记制，取消最低注册资本规定以及注册资本比例、期限等规定，对非前置许可事项实行“先照后证”，企业工商年检改为报告公示。建立“一口受理”、综合审核、高效运作的现代商事登记制度。

（二）培育功能与政策创新相结合，以企业为重要主体，建设投资、贸易便利化及金融深化开放的制度创新维度

按照自贸试验区总体目标要求，上海自贸试验区通过服务业扩大开放、大力发展总部经济和新型贸易业态、探索资本项目可兑换和金融服务业全面开放等功能培育措施，以企业需求为基点，在风险可控前提下努力建设投资、贸易便利化和金融深化开放的监管体制和管理模式，适应开放型经济和现代市场体制发展需要。这一维度的重点制度包括以下三类。

第一类是投资领域开放监管制度。自贸试验区在金融服务、航运服务、商贸服务、专业服务、文化服务、社会服务和制造业等领域扩大开放，暂停、取消或者放宽投资者资质要求、外资股比限制、经营范围限制等准入特别管理措施。配合实行外商投资准入前国民待遇加负面清单管理模式。

第二类是贸易便利化监管制度。自贸试验区按照“一线放开、二线安全高效管住、区内流转自由”的原则，建立与国际贸易等业务发展需求相适应的监管模式。

第三类是金融深化开放监管制度。自贸试验区在风险可控前提下，稳步进行人民币资本项目可兑换、金融市场利率市场化、人民币跨境使用和外汇管理改革等方面的先行先试。这些制度的实施细则都附有严格的风险防范监管措施，将为金融全面开放提供有效的监管制度模本。

（三）以法制为保障，构建国际化、市场化、法治化营商环境制度创新维度

自贸试验区要率先建立符合国际化和法治化要求的跨境投资和贸易规则体系，构建国际化、市场化、法治化的公平、统一、高效的营商环境，使试验区成为我国进一步融入经济全球化的重要载体。这一维度的重点制度有以下两类。

第一类是地方立法，建立与试点要求相适应的试验区法律制度。为自贸试验区提供公开透明、公平正义的法治环境。

第二类是与国际接轨,建立国际投资贸易争端解决机制。公平且有约束力的争端解决机制是全球高标准投资—贸易治理体系的重要构件,在国际双边、多边投资协定谈判领域和国际营商环境建设方向具有重要的复制推广价值。

二、上海自贸试验区可复制、可推广重点制度类型识别及路径设计

制度的复制推广要具备两个基本前提,即可复制性和适用性。自贸试验区的试验要解决制度的可复制性;而推广适用性则取决于多种因素,包括复制的范围、复制地区的发展性质和区域功能定位、复制地区的制度缺口及其他约束条件等。这就需要对可复制可推广的制度进行分类,并设计相应的制度变革路径。

(一)具有广泛治理意义的"制度红利"类型

推进治理体系和治理能力现代化、转变政府职能、创新行政管理方式等方面的制度创新,包括工商行政管理及商事登记制度、行政备案制、事中事后监管体系以及法治建设等构成的制度模块。此类制度红利的边际效应是递增的,可以在更大范围内嵌入国家治理体系,通过诱致性制度变迁推进国家治理体系和治理能力现代化。其路径应是"制度一体化",最大限度释放制度红利。操作节点是增强行政管理透明度、法治化和服务性,减少政府对市场和经济活动的过度干预,加强公共管理职能。

知识链接

制度红利

在经济发展过程中,制度的不健全可能导致产权保护和合约执行的交易成本在总交易成本中占了很大的比重,那么如果通过制度变迁能有效降低交易成本从而促进经济发展,我们就说存在"制度红利"。

30 余年来的中国奇迹,得益于一系列市场化的制度变革。20 世纪 80 年代初农村家庭承包制的实施,替代了人民公社制度,直接或间接催生了中国经济后来的一系列巨大变化,比如乡镇企业的崛起。20 世纪 90 年代确立了市场经济体制,抓大放小,国有企业普遍实现了民营化,为中国经济增长扫除了障碍。2001 年以加入 WTO 为标志的贸易自由化改革和积极融入全球化浪潮,集中激发了中国经济的活力。这些制度变革,带来了效率、创新和生产率的极大提升,人们形象地称

之为“制度红利”。

任何制度体系要走向成熟需要长时间的过程。制度体系成熟不仅表现为制度的结构完整，而且体现为制度质量的优化。从结构来看，中国特色的社会主义制度体系已经初具规模；但是，就制度质量而言，仍未达到全方面阐释社会主义本身价值的要求，尤其是一些具体制度仍存在数量稀缺、质量短缺和结构残缺的状态。另外，根本制度、基本制度因机制的不健全而导致所蕴含的能量未得到全面释放。因此，加强社会主义制度质量建设，防止冗余、不良的制度耗散中国特色社会主义制度的优越性，是实现党的十八大报告中“始终把制度建设摆在突出位置”承诺的进一步发展，对于全方位催生制度红利具有重要战略意义。

加强制度质量建设、催生制度红利的重要措施：一是审视制度背后的理念是否符合社会发展趋势，确保制度质量的优质性。二是改善制度可实施性，提高制度实效。制度之所以能产生红利，其原因在于制度的可实施性。制度实施不仅是完成上级任务，而是制度本质的现实化、落地化。三是凝聚改革共识，引领制度变迁力量作用方向的一致性。在根本或基本制度不变的情况下，一些具体制度中运行机制或者细则总会调整，制度变迁是制度质量优化的常态轨迹。制度建设过程本身就是一个红利多方共享的过程。

(二)具有创造新的收入流效应的“制度红利”类型

具有创造新的收入效应的“制度红利”类型包括促进投资开放和贸易便利化监管、金融深化开放监管措施等构成的制度模块。此类制度红利主要是适应开放型经济和现代市场体系发展的需要，培育市场功能并促进经济转型升级，提高企业经营效率和竞争力。一方面，由于国内外高端生产要素和企业的集聚有相应的区位条件、技术条件和制度条件要求，所以这类制度模块复制推广的路径是“区域一体化”，即在经济社会发展、基本公共服务、城市规划、环境保护、产业布局、国际化发展等要素一体化的区域范围内实现复制推广。另一方面，服务经济价值活动所形成的价值链网络也是区域一体化的基础要素。

(三)具有资产专用性效应的“制度红利”类型

“制度红利”资产专用性指某些制度只能适用于一些特定领域或用途，在一定时期中不具有普适性，主要包括“准入前国民待遇加负面清单”管理模式和一部分不适宜即时推广的金融深化开放监管制度等。此类制度红利的释放与我国自由贸易园（港）区布局、国际贸易投资协定谈判进程以及金融改革进程相联系。负面清单可以在新设的自贸园（港）区复制推广，一些特殊的国际贸易监管制度可以在各地综合保税区及海关特殊监管区复制推广。

三、上海自贸试验区重点制度有效复制推广的措施建议

上海自贸试验区重点制度的有效复制推广，首先要充分发挥复制推广制度的公共产品效应。制度基本属于公共产品，具有非竞争性和非排他性，一项成功的制度创新安排可以被广泛地复制推广。要真正领会上海自贸试验区的制度创新导向特征，鼓励各个地区根据适用性原则主动复制实施相关制度模块，推进治理体系和治理能力现代化。其次，要避免制度复制、推广“碎片化”。自贸试验区的制度创新一般要经过试点以控制风险。经运营测试并通过评估后，试验阶段的点状分布到了复制推广环节就要组成制度模块，而不能就事论事地碎片化复制。如负面清单的复制推广就不单是外商准入这一片断，而应是整套管理模式的复制推广。再次，制度的复制推广应是制度的适用性再创新。制度复制推广不是简单的异地移植与套用，而是其他区域在自贸试验区制度创新溢出效应和诱致性变革效应影响下，根据当地的制度缺口和现实约束，主动进行适应性调整的再创新过程。以制度创新的复制推广牵动全面深化改革，是自贸试验区实现国家战略意图的重要途径。

（赵晓雷）

中国(上海)自贸试验区首批可复制、可推广重点制度类型研究

上海自贸试验区的制度创新要具备可复制、可推广的基本要求,但制度复制推广不是简单的异地移植与套用,而是其他区域在自贸试验区制度创新溢出效应和诱致性变革效应影响下,根据当地的制度缺口和现实约束,主动进行适应性调整的再创新过程。要真正领会上海自贸试验区的制度创新导向特征,以制度创新的可复制、可推广牵动中国经济的全面深化改革。

……………………………………………………………………………………

上海自贸试验区的运行按照国务院《中国(上海)自由贸易试验区总体方案》及中央领导一系列重要指示,坚持把制度创新作为核心任务,在加快政府职能转变、扩大投资领域开放、推进贸易发展方式转变、深化金融领域开放创新、完善法治领域制度保障等方面进行了一系列管理体制、运行机制和监管模式创新,并取得较好成效。根据国家战略需求,试验区要形成可复制、可推广的经验,更好地为全国服务。

一、首批可复制、可推广重点制度分类标准

(一)推进治理体系和治理能力现代化

在经济体制领域,治理体系和治理能力现代化的根本要求是既充分发挥市场在资源配置中的决定性作用,又更好地发挥政府的作用。国际贸易投资新规则要切入到治理体系和治理能力,我国现在的一些做法,如审批、许可、干预、政府对资源的直接配置、政府行为非竞争中立、监管制度不透明、权益保护效率低以及宏观调控的行政色彩等与现代化要求相悖,必须进行改革。上海自贸试验区的重要任务之一就是主动适应、主动对接国际贸易投资新规则,努力创造更

加国际化、市场化、法治化的公平、统一、高效的营商环境。

(二)转变政府职能,深化行政体制改革,创新行政管理方式

经济体制改革是全面深化改革的重点,经济体制改革的核心问题是处理好政府和市场的关系。上海自贸试验区的主要任务和措施就是围绕经济体制改革的核心问题而展开,推进政府管理由注重事先审批转为注重事中、事后监管,全力构建事中、事后监管基本制度。

(三)把企业作为重要主体,构建投资、贸易便利化监管模式

以开放促改革,既包括经济管理体制和治理体系层面,又包括产业和企业层面。只有当企业具有了竞争力,国家才能具有竞争力。上海自贸试验区以企业需求为基点,在风险可控条件下试点投资、贸易便利化和金融深化开放的监管体制和管理模式,适应开放型经济和现代市场体系的发展需要。

(四)完善法治领域制度保障,建设依法行政和法治化制度及市场环境

自贸试验区完善法治领域制度保障的路径:一是对有关国家法律和国务院文件的部分规定,按法定程序做出调整;二是通过地方立法,建立与自贸试验区建设相适应的法律制度及商事仲裁制度。

二、首批可复制、可推广重点制度类型识别和绩效评估

(一)与高标准国际投资治理体系相衔接的"负面清单"管理模式

现在正在构建的全球投资治理体系,是以美国 2012 年的双边投资协定范本为基础,旨在建立高标准、高规格的国际化自由投资治理框架。国际高标准投资规则有不少要素是符合市场体系完善和经济升级要求的,与中国的改革方向相兼容。中国已同意以美国双边投资协定(BIT)范本为基础,与包括美国在内的诸多国家开展双边投资协定谈判,这也对传统治理体系提出了改革创新要求。2013 年 9 月,上海自贸试验区实施了 2013 版"负面清单",并于 2014 年 7 月推出 2014 版"负面清单"。负面清单的直接功能是外商投资准入特别管理措

施,即“非列入即开放”,负面清单之外的领域,外资享受准入前国民待遇。从治理体系层面考察,负面清单管理模式确立了公开透明、法治规范、有限管理的治理理念,其实质功能是提高管理质量和效率,降低经济运行成本,保证有效竞争和社会公正。上海自贸试验区负面清单管理模式除了“负面清单”文本之外,与之配套的是外商投资项目核准(备案)制度,外商投资企业合同章程审批改为备案管理,以及企业设立(变更)“一表申请、一口受理”工作机制。同时,实施政务公开,管理规则和流程等信息公开透明,按照国际化、法治化要求初步建立了透明开放、高效便捷的市场准入管理,促进了投资便利化。据调研显示,各国驻沪总领事馆及驻沪跨国公司总部关注自贸试验区的前两位热点:一是自贸试验区是否代表中国全面深化改革的方向;二是负面清单管理模式。统计数据表明,随着负面清单管理模式的实施,自贸试验区新设企业中外资企业的比例从2013年11月的2.6%扩大到2014年3月的8.5%,再扩大到2014年6月的12%,反映了外商对负面清单管理模式的信心。

(二)以行政备案制为引领的事中、事后监管基本制度

上海自贸试验区从2013年10月1日起实施了外商投资项目备案管理办法、外商投资企业备案管理办法、境外投资项目备案管理办法及境外投资开办企业备案管理办法。行政备案是行政机关以事后监管的形式实现行政监控的职权行为。行政备案制实现了行政职能的转换,即由事前审查转变为事中、事后的过程监督,在本质功能上更多地趋向于服务公民社会,实现国家和社会公共利益。行政备案制是一种程序性行为,关键程序是备案资料、告知承诺、信息公开、监督备查。为操作这一制度,上海自贸试验区初步建立了信息归集、综合、评估制度及多部门共享的信息监测机制。具体包括企业年度报告公示制度、信用信息制度、监管信息共享制度、综合评估制度。

行政备案制度的有效运作取决于行政观念转变、行政作风改善和治理能力提升,所以该项制度的复制推广有助于切实转变政府职能,深化行政体制改革,创新行政管理方式。

(三)以企业需求为导向的促进投资自由、贸易便利、金融开放创新的监管制度系列

1. 工商行政管理及商事登记制度改革

工商行政管理及商事登记制度改革的要点包括:实行注册资本认缴登记制,取消最低注册资本规定以及注册资本比例、期限等规定,对非前置许可事项实行“先照后证”,企业年度报告公示制及经营异常名录制。进一步的改革是:工商行政管理与商事登记制度全口径衔接,建立“一口受理”、综合审核、高效运作的现代商事登记制度;企业在4个工作日内就可办结注册登记手续。

2. 贸易便利化监管制度创新

应对贸易企业“今天集装箱进港,明天客户提货”的要求,自贸试验区试验了上海口岸“单一窗口”监管创新,已完成“出入口岸船舶申报和联合签证”项目和“海关与商检一次录入、分别申报”项目试点。“单一窗口”要求海关、检验检疫、边检、海事等管理部门实现全口径指令对碰,并各自优化作业流程。至2014年6月,上海海关已推出19项监管服务创新;上海检验检疫局推出了23项监管服务创新,仅一项进口货物“预检验”制度就缩短流程时间50%。在海关“先入区、后报关”“货物状态分类监管”制度基础上,自贸试验区开展“国际中转集拼监管”试点,启动国际中转集拼业务并积极准备国际船舶登记业务试点,向国际航运中心建设迈出了关键一步。

3. 风险可控条件下的金融开放创新

金融开放创新是为了支持投资贸易便利化,同时建立与上海国际金融中心建设的联动机制,主要包括5项制度创新:建立分账核算的自由贸易账户体系;推进投融资汇兑便利;扩大人民币跨境使用;利率市场化试点;外汇管理改革。这些制度的实施细则都附有严格的风险防范监管措施,将为金融全面开放提供有效的监管制度模本。

4. 以企业需求为导向的一系列监管制度创新

以企业需求为导向的一系列监管制度创新所释放的“制度红利”吸引了国内外高端要素,产生了可观的经济流量。截至2014年6月,上海自贸试验区累计新设企业10 445户,办结境外投资项目备案49个,对外投资12.69亿美元。

商品销售额、航运物流服务收入、工商税收等经济指标均有两位数增长。

(四)以符合制度创新需要为指向的法制创新

2014年7月25日,上海市十四届人大常委会全票通过了《中国(上海)自由贸易试验区条例》,从管理体制、投资开放、贸易便利、金融服务、税收管理、综合监管、法治环境等方面对自贸试验区建设进行全面规范,聚集制度创新的重点领域和关键环节,为体制机制改革提供法律支持和法制保障,为自贸试验区提供公开透明、公平正义的法治环境。

2014年4月,《中国(上海)自由贸易试验区仲裁规则》颁布,于2014年5月1日起施行。这是中国首部自贸区仲裁规则,也是中国第一部与国际完全接轨的仲裁规则。公平且有约束力的争端解决机制是全球高标准投资—贸易治理体系的重要构件,在国际双边、多边投资协定谈判领域和国际营商环境建设方向具有重要的复制推广价值。

三、政策建议:根据"制度红利"类型设计可复制、可推广路径

(一)避免制度复制、推广"碎片化"

自贸试验区的制度创新一般要经过试点以控制风险,经运营测试并通过评估后,创新制度的专用性框架就要逐渐放松,以符合可复制可推广要求。试验阶段的点状分布到了复制推广环节就要组成制度模块,而不能就事论事地碎片化复制,需要根据"制度红利"类型构建复制推广的制度模块并设计相应的路径。

(二)具有广泛溢出效应的"制度红利"类型

推进治理体系和治理能力现代化、转变政府职能创新行政管理方式等方面的制度创新,包括负面清单管理模式、商事登记制度、行政备案制、事中事后监管体系以及法制建设等构成的制度模块。此类制度红利的边际效应是递增的,可以在更大范围内嵌入国家治理体系,通过诱致性制度变迁推进国家治理体系和治理能力现代化。其路径应是"制度一体化",最大限度地释放制度红利。事

实上,国家发改委借鉴自贸试验区经验,已出台了《外商投资项目核准和备案管理办法》及《境外投资项目核准和备案管理办法》,下放或取消了大量审批权。

(三)具有创造新的收入流效应的"制度红利"类型

"制度红利"类型包括促进投资自由和贸易便利化监管、金融开放创新及监管措施等构成的制度模块。此类"制度红利"主要是节约企业负担的监管成本,提高企业的经营效率和竞争力。由于国内外高端生产要素和企业的集聚有相应的区位条件、技术条件和制度条件,所以这类制度模块复制推广的路径是"区域一体化",即在经济社会发展、基本公共服务、城市规划、环境保护、产业布局、国际化发展等要素一体化的区域范围内实现复制推广。

(四)制度复制推广是制度的适用性再创新

上海自贸试验区的制度创新要具备可复制、可推广的基本要求,但制度复制推广不是简单的异地移植与套用,而是其他区域在自贸试验区制度创新溢出效应和诱致性变革效应影响下,根据当地的制度缺口和现实约束,主动进行适应性调整的再创新过程。要真正领会上海自贸试验区的制度创新导向特征,以制度创新的可复制、可推广牵动中国经济的全面深化改革。

(赵晓雷　胡彬)

中国(上海)自贸试验区同城复制推广可行性案例研究

上海自贸试验区作为我国新阶段改革开放的探路者和试验田,所试验的不仅是在自贸试验区范围内的一整套自由贸易与投资新规则及政府监管的制度创新、打造贸易便利化环境、进一步释放市场和企业的活力和能量,更为重要的是这些制度创新须可复制、可推广,能够在全国范围内复制推广,推动中国新一轮的开放、高标准改革、高质量发展。

中国(上海)自由贸易试验区的设立,标志着中国新一轮全面深化改革、进一步扩大开放的开始。建立中国(上海)自由贸易试验区是国家战略,中共十八届三中全会通过的《中共中央关于全面深化改革若干重大问题的决定》指出,要切实建设好、管理好上海自贸试验区。

上海自贸试验区建设的目的,旨在形成全国可复制、可推广的新制度,旨在形成一整套以负面清单管理模式为核心的与国际通行惯例相衔接的高标准投资贸易规则,通过负面清单管理模式的实行推动政府职能转变、管理模式创新,进而实现简政放权的政府改革,实现政府对经济的管理着重由事前审批转向事中、事后监管环节①。习近平总书记、李克强总理对建设中国上海自由贸易试验区都做出过重要指示②。上海市委书记韩正提出:上海按中央的要求力争在2014年试出一批基本的制度创新成果,提供全国可复制、可推广的管用制度。

因此,上海自贸试验区作为我国新阶段改革开放的探路者和试验田,所试验的不仅是在自贸试验区范围内的一整套自由贸易与投资新规则及政府监管

---

① 上海自贸区首批 可复制可推广模式[OL]. http://www. jfdaily. com/caijing/new/201405/t20140528_387435. html.

② 习近平参加上海代表团审议[OL]. http://news. china. com/zh_cn/2014lh/tslh/11151560/20140306/18377383. html;习近平在上海考察[OL]. http://sh. people. com. cn/n/2014/0525/c134768-21278739. html;2014年两会政府工作报告全文[OL]. http://news. qq. com/a/20140314/021386. htm.

的制度创新、打造贸易便利化环境、进一步释放市场和企业的活力和能量，更为重要的是这些制度创新须可复制可推广，能够在全国范围内复制推广，推动中国新一轮的开放、高标准改革、高质量发展①。制度创新和可复制可推广是检验上海自贸试验区建设成功与否的重要标志。这些创新制度首先要在上海同城复制与推广，这对提高上海对全球资源的配置能力、对国际市场的驾驭能力和对全球经济的综合服务能力，无疑具有重要意义。

一、中国（上海）自贸试验区建设的制度创新经验

（一）上海自贸试验区的运行制度成果

自贸试验区在上海确定设立和国务院批准《中国（上海）自由贸易试验区总体方案》②（以下简称《总体方案》）之后，上海自贸试验区就按《总体方案》的内容细化列表逐项明确了2013年的98项试点改革措施，并进行落实。为全力支持上海自贸试验区建设的顺利运行，上海市政府调整和颁布了一系列法律法规，这些法律法规既是自贸试验区建设顺利进行的制度保障，也构成改革措施的一个组成部分。

在上海自贸试验区挂牌运行一周年之际，上海市政府于2014年9月26日在上海城市规划馆举行新闻发布会，上海市副市长艾宝俊就自贸试验区一周年来取得的制度创新成果进行总结。制度成果总结内容见表4－8。

表4－8　上海自贸试验区建设一周年制度创新成果一览表

四个方面的制度创新	制度创新的具体内容
深入探索负面清单管理模式，形成更加开放透明的投资管理制度	• 制定和完善负面清单 • 实施外商投资备案管理和境外投资备案管理制度 • 深化商事登记制度改革 • 落实服务业扩大开放措施

① 自贸试验区的使命——专访国家发展改革委学术委员会秘书长张燕生[OL]. http://www.lwgcw.com.cn/NewsShow.aspx?newsId=35495.

② 国务院关于印发中国（上海）自由贸易试验区总体方案的通知[OL]. http://www.gov.cn/zwgk/2013-09/27/content_2496147.htm.

续表

<table>
<tr><th>四个方面的制度创新</th><th>制度创新的具体内容</th></tr>
<tr><td>深化贸易监管制度创新，提高贸易便利化水平</td><td>• 创新“一线放开、二线安全高效管住、区内自由”监管制度
• 启动实施国际贸易“单一窗口”管理制度
• 探索建立货物状态分类监管制度</td></tr>
<tr><td>深化金融制度创新，提升对实体经济发展的服务水平</td><td>• 金融创新措施不断推出
• 金融服务功能不断增强
• 建立完善金融监管和防范风险的机制</td></tr>
<tr><td>加强事中、事后监管，创新政府管理方式</td><td>• 建立安全审查制度
• 建立反垄断审查制度
• 健全社会信用体系
• 建立企业年度报告公示和经营异常名录制度
• 健全信息共享和综合执法制度
• 建立社会力量参与市场监督制度</td></tr>
<tr><td colspan="2">此外，在政策保障与法治环境建设方面，针对《总体方案》明确的 23 项服务业扩大开放措施，国家主管部门和上海市已出台 14 个操作管理配套文件。自贸试验区注重加强法治环境建设，在国家层面，已暂时调整实施了 3 部法律、17 部行政法规、3 部国务院文件、3 部国务院批准的部门规章的有关内容。上海市人大制定实施了《中国(上海)自由贸易试验区条例》，对自贸试验区建设涉及的制度创新内容和具体改革举措，以地方性法规的形式进行了全面规范。</td></tr>
</table>

注:本表资料来源于中国(上海)自由贸易试验区运行一周年新闻发布会，http://www.shio.gov.cn/shxwb/xwfb/userobject1ai10233.html.

需要进一步说明的是，上述自贸试验区运行一周年成果总结中的具体制度创新事项，已经有部分在全国或区域范围内逐步复制推广。据有关网络资料，到 2014 年 10 月为止，至少有 26 项可复制推广的制度创新成果，其中投资管理方面的 6 项、海关贸易监管方面的 14 项，以及金融创新方面的 6 项，如表 4－9 所示。另外，小额外币存款利率上限放开已经在上海推广，检验检疫包括预检验制度、第三方检验结果采信制度在内的 8 项成果即将推广。

表 4 – 9　上海自贸试验区创新制度在全国和区域范围的复制推广

	复制推广的创新制度具体内容
投资管理方面	注册资本认缴制;统一营业执照样式;境外投资项目备案管理制度;境外投资开办企业备案管理制度;外商投资项目备案管理制度;企业年报公示和经营异常名录制度
贸易监管方面	一线进境货物“先进区、后报关”;区内企业货物流转自行运输;融资租赁;统一备案清单;批次进出、集中申报;对符合条件的仓储企业实行联网监管;保税展示交易;加工贸易工单式核销;简化无纸通关随附单证;集中汇总纳税;智能化卡口验放;境内外维修;期货保税交割;内销选择性征税
金融创新方面	允许符合条件的金融租赁公司在境内外设立子公司;部分银行分行级以下机构和高管准入事项由事前审批改为事后报告;跨国公司外汇资金运营管理;取消对外担保行政审批;取消境外融资租赁债权审批;人民币跨境使用部分政策(跨境双向人民币资金池、跨境人民币借款、跨境人民币资金集中运用、个人跨境贸易人民币结算、支付机构跨境电子商务人民币结算业务)

注:本表资料根据网络资料整理而成。

(二)上海自贸试验区运行情况的第三方独立评估

早在上海自贸试验区挂牌运行之初,就自贸试验区建设开展效果如何,上海市政府已在制度设计上安排有适时引入第三方评估机制,对自贸试验区的制度创新措施进行评估,以不断完善各项措施。

知识链接　上海自贸区评估情况介绍

自贸区推进领导小组办公室和自贸区管委会共同委托国务院发展研究中心、普华永道管理咨询公司、上海财经大学、上海对外经贸大学、上海投资咨询公司作为第三方机构,对上海自贸区一年运行情况进行了评估。

2014 年 11 月 14 日上海自贸试验区第三方机构评估报告发布,评估结果表明,自贸区挂牌一年来各项试点任务滚动实施、法制建设的引领作用显现,社会各界积极参与,创新业态功能涌现,区域经济运行整体良好。参与评估的第三方机构中有两家称,自贸区的综合满意度超过80%。评估报告称,总体来看,上海自贸区围绕制度创新,形成了由投资管理制度、贸易监管制度、金融创新制度、事中事后监管制度四大领域构成的任务推进框架。国家和上海层面通过法制保障支持自贸区的制度创新,区内制度创新严格遵循法治先行,确保在法治轨道上推进改革。自贸区各类市场主体投资热情高涨,区内投资企业快速增加,自贸区发展呈稳定增长趋势。

评估认为,自贸区负面清单管理模式是监管模式的重大突破性创新,是符合国际通则的具体体现;海关、检验检疫、海事部门在促进贸易便利化方面进行了积极探索,为企业提供了较好的通关便利条件,也为自贸区新型贸易业态发展、促进贸易功能拓展提供了条件;自贸区金融创新则体现了渐进、审慎控制风险的国际通行思路,为推进金融服务实体经济提供了一条市场化路径。而自贸区事中、事后监管制度的实践,是政府行政管理理念的重大突破,也是从管制型政府向服务型政府的重大思维方式的转变,进一步明确了政府与市场的关系,符合国际通行规则,释放了市场活力。

同时,评估报告也指出了上海自贸试验区存在制度创新力度不足、区域范围小、协调不够三方面的问题。报告提出要加快构建各部门协同推进机制;加大部分改革创新和扩大开放的力度,调整负面清单的结构和内容,在试验区范围内进行压力测试;适时调整功能和布局;完善对标国际规则的法律体系等建议。

资料来源:上海自贸试验区第三方机构评估报告发布,http://www.chinairn.com/news/20141114/172330994.shtml.

上海财经大学作为上海自贸试验区第三方评估机构之一,对自贸试验区运行一周年进行了第三方独立评估。《文汇报》《解放日报》等媒体,对上海财经大学完成的自贸区第三方独立评估报告进行了专题报道①。上海财经大学第三方独立评估的评估结论表明:评估期内(2013 年 9 月—2014 年 9 月)在加快政府职能转变、扩大投资领域开放、推进贸易发展方式转变、深化金融开放创新、完善法律制度保障 5 个方面的制度创新及政策措施的综合满意度基本在 80%

① 多家媒体报道我校(上海财经大学)自贸区第三方评估报告[OL]. http://sj.shufe.edu.cn/structure/xwzz/cdkx_con_165304_1.htm.

以上。该评估报告的特点是:对标自贸试验区总体方案,按照政府职能转变、投资管理制度、贸易监管制度、金融改革创新、法治环境建设五大关键任务,对自贸试验区一年来的“制度创新”做出客观而公正的评价。

上海财经大学的评估报告认为:自贸试验区的试验要解决制度的可复制性;而推广适用性则取决于多种因素,包括复制的范围、复制地区的发展性质和区域功能定位、复制地区的制度缺口及其他约束条件等。对创新制度的复制推广可按“制度一体化”和“区域一体化”进行分类设计①。

二、自贸试验区创新制度同城复制推广可行性案例

(一)“负面清单”管理模式的复制推广

上海自贸试验区的外商投资“负面清单”是自贸试验区的一大亮点,尽管首批全国复制推广的自贸试验区创新制度中没有“负面清单”管理模式一项,“负面清单”本身的制定和实施需要在国家的法律框架下进行,在全国及各区域的复制推广还有待相关法律的调整和授权,但“负面清单”管理模式所体现出的对市场主体“法无禁止皆可为”的先进理念,是可以复制推广的,在上海也可以同城复制与推广。

1.“负面清单”管理模式是历次行政体制改革经验积累的新突破

“负面清单”管理模式是政府职能转变的一大“突破口”,“负面清单”管理模式启动实施的标志性事件是中美双方在华盛顿于2013年7月10—11日举行的第五轮中美战略经济对话取得突破性进展,中方同意以准入前国民待遇和负面清单为基础与美方进行投资协定实质性谈判。随后设立的中国(上海)自由贸易试验区进行外商投资管理的“负面清单”试点。

实际上,政府职能转变、行政管理体制和机构改革,贯穿我国改革开放和社会主义现代化建设的全过程。改革开放以来,为了适应经济社会发展的需要,提高政府行政能力和水平,我国先后进行了七次大规模的行政机构改革,纵观

① 制度创新“良种”可分类复制推广[OL]. http://wenhui.news365.com.cn/html/2014-11/14/content_1.htm.

整个过程,经历了由单纯强调精简机构和人员,到提出转变政府职能,并加强行政法制建设;政府职能转变经历了由不注重,到逐步重视,再到成为行政管理体制改革的核心和关键这样一个过程①。

在7次行政管理体制与机构改革中,从1988年的改革开始,提出了改革以转变政府职能为核心。1988年至2008年改革以转变政府职能为主线,形成适应市场经济体制的行政管理体制。尽管我国已经建立了市场经济体制框架,政府宏观调控、社会管理和提供公共服务等职能也逐步有效发挥作用,但2008年以前的几次改革依旧没有找到政府职能转变的突破口,政府职能转变的改革还没有到位,依旧没有把处理好政府与市场、社会的关系落脚到行政审批制度改革的核心问题上来。2013年的改革明确了政府职能转变的路径和突破口在于行政审批制度改革,而结合"负面清单"管理模式的行政审批制度改革,意味着政府管理经济理念的重大变革。

2. 国家综合配套改革试点进一步孕育了"负面清单"管理模式新经验②

2005年6月国务院正式批准上海浦东新区成为国家综合配套改革试验区,开始了我国深化改革的一个新进程。迄今国务院已经先后批准了12个国家综合配套改革的试验区③。这12个国家综合配套改革试验区试点的任务与内容有不同的侧重点。作为我国首个批准的上海浦东新区国家综合试验区,浦东新区综合配套改革试验的侧重点是:立足于现代化城市管理面临的新形势和新情况,从符合市场经济体制和现代城市要求的政府职能、社会功能出发,突出行政管理体制、社会领域等改革,使政府与市场主体、市场、社会组织的关系和边界进一步明晰。所给予的改革任务着重探讨的是政府职能的转变,希望把经济体制改革与其他方面的改革结合起来,探索并完善社会主义市场经济体制。到2014年,上海浦东新区国家综合配套改革试验区已经完成三轮的综合配套改革"三年行动计划"。

---

① 青锋,张水海.我国政府职能转变的历史演进及法制特点[J].行政法学研究,2013(4).

② 参阅:崔会敏.国家综合配套改革试验区行政体制研究[M].北京:中国社会科学出版社,2013;国家综合配套改革试验区[OL].http://baike.haosou.com/doc/558868.html.

③ 我国已批准12个国家综合配套改革试验区[OL].http://news.xinhuanet.com/politics/2014-06/10/c_1111068893.htm.

从国家改革开放以来的历次政府机构和行政体制改革过程看，转变政府职能一直是改革的主线和核心内容，国家综合配套改革试验区的试点是整个改革过程的延续和深化，直到2013年中国（上海）自贸试验区的成立，外商投资实行"负面清单"管理模式的做法，带来了政府职能转变和行政管理体制改革取得新突破的制度创新经验。

3. 中国（上海）自贸试验区的"负面清单"管理模式试点探索与推广

在2013年7月第五轮中美战略经济对话中，我国同意以准入前国民待遇和"负面清单"为基础与美方进行投资协定谈判，2013年8月国务院正式批准设立中国（上海）自由贸易试验区，2013年9月国务院批准《中国（上海）自由贸易试验区总体方案》，该总体方案提出要探索建立外商投资的"负面清单"管理模式。

2013年9月29日在自贸试验区挂牌成立当日，上海市政府公布2013版"负面清单"。清单公布后针对清单的开放性和透明度等产生了较大的争议讨论，国家有关部委、上海市政府、上海自贸试验区管委会在不同的场合对此进行了解释。2014版的负面清单于2014年7月1日公布，和2013版"负面清单"相比，特别管理措施由190项调整到139项，减少了51项，"瘦身"26.8%。2015年4月20日，2015版"负面清单"公布，特别管理措施较之2014版又减少17项，适用范围扩大到上海、广东、福建、天津四个自贸试验区。体现出开放度与透明度进一步提高、与国际规则更加衔接的特点。

从2013版"负面清单"公布算起，"负面清单"是自贸区最早完成的制度之一。"负面清单"管理模式除了具有改革外商投资管理模式的直接作用之外，还有一个很重要的作用与意义就是与转变政府职能及与行政体制改革紧密相连，从根本上和制度上通过简政放权更好地厘清政府和市场的边界。负面清单是政府宏观管理的改革与创新，具有向全国推广的重大意义①。通过外商投资的"负面清单"管理模式所取得的制度创新经验，复制推广到全国的投资管理体制采取"负面清单"的管理模式，复制推广到政府管理经济和管理社会的公权力运用，实行权力清单制度，其意义非凡。

---

① 改革，需要更多"可复制、可推广"[OL]. http://finance.ifeng.com/a/20140429/12226958_0.shtml.

"负面清单"的管理模式,倡导的"放权"思维,结合正在进行的简政放权和行政审批制度改革,正在重新塑造政府与社会、政府与企业之间的关系边界。代表着一种"法不禁止即自由"的全新思维模式,这是进一步转变政府职能和激发市场活力的催化剂,同时对推进我国治理体系和治理能力的现代化具有指导意义。上海市在各领域涉及政府权力运用方面,都应该推广实行"负面清单"的管理模式,建立政府权力清单制度,使得权力在规范和透明的制度下运行。"负面清单"管理模式对政府治理体系与治理能力建设提出了更高的要求。

(二)事中、事后监管制度的复制与推广

事中、事后监管制度是与"负面清单"管理模式紧密相连的内容,是政府职能由事前审批、管制经济向事中事后监管、提供服务的重大转型改革事项的具体体现。上海自贸试验区所形成的事中、事后监管制度尽管没有列入首批的在全国复制推广制度,但事中、事后监管框架中的社会信用体系建设和信息共享等内容,自改革开放以来我国尤其是上海就一直在推进建设,从而为其实施奠定了很好的基础。

《中国(上海)自由贸易试验区总体方案》中主要任务的第一项就是加快转变政府职能。明确要推进政府管理由注重事先审批转为注重事中、事后监管,自贸试验区形成6项制度为主体的事中、事后监管制度框架。事中、事后监管制度框架中如社会信用体系、信息共享制度等有关内容的建设,可以追溯到改革开放的初始阶段。而自贸试验区建设,正好将以前曾经探索过、现在有利于开展事中事后监管、可构成相应制度的相关内容,进行梳理并在自贸试验区这一国家战略的"试验田"中系统组装和试验,最终形成可复制可推广的制度创新成果。

事中、事后监管制度的有效实施,一项基础性的工作是基于计算机、互联网和信息技术的信息数据库的建设,以及数据信息经由不同等级的授权在政府各相关部门和社会市场主体之间的互联互通。近年来的计算机、互联网和信息技术以及大数据挖掘技术的快速发展,为自贸试验区事中、事后监管制度的试验成型提供了技术支撑,也为事中、事后监管制度的复制推广提供了技术支撑。

1.社会信用体系的建设与发展

社会信用体系建设是事中、事后监管体系中的核心组成部分。社会信用体系建设并非在自贸试验区开始运行时才出现，自贸试验区将社会信用体系建设纳入到事中、事后监管体系框架中，说明社会信用体系建设的作用和重要性。在我国实行改革开放、确立建设有中国特色的社会主义市场经济体制之后，便开始了关于社会信用体系建设相关内容的实践探索。

我国社会信用体系建设的实践探索，是从金融信用拓展到经济信用，再拓展到包括政务诚信、社会诚信、司法诚信在内的社会诚信体系建设。人民银行以金融信用为基础建立的个人和企业信用体系，构成了以往至今的社会信用体系的骨干框架，并实质性地逐步深化服务于我国经济与社会的发展。中共中央十六届三中全会和十八届三中全会所提出的关于社会信用体系建设的顶层设计和要求，极大地推动了社会信用体系建设的实践进程。2014 年 6 月国务院颁布的《社会信用体系建设规划纲要(2014—2020)》，标志着我国社会信用体系建设步入一个新阶段。

就上海而言，早在 1999 年银行信贷登记咨询系统即在上海试点，上海开始系统性设计和建设城市社会信用体系。个人信用联合征信服务系统于 2000 年 7 月建成开通，面向社会提供个人信用报告;2002 年 3 月，上海市企业联合征信服务系统开通。上海企业和个人联合征信数据库互为补充，并与各行业管理信息系统进行互联互通和信息共享，初步形成了公共信用信息归集和更新维护机制。2014 年 4 月 30 日上海市公共信用信息服务平台正式开通。公共信用信息服务平台的建成将分散在行政机关、法院以及电力、轨道交通、通信等公用事业单位的法人、自然人信用相关的公共信息，组合串联起来，打破“信息孤岛”，全面展示法人和个人的信用信息，并向法人、自然人、政府等提供信用信息服务①。

上海自贸试验区的社会信用体系建设，是在我国和上海社会信用体系建设大背景下展开的。依托于上海市公共信用信息服务平台这一平台积极推动自贸试验区子平台建设，完善与信用信息、信用产品使用有关的一系列制度。自

① 上海市公共信用信息服务平台试开通[OL]. http://www.shanghai.gov.cn/shanghai/node2314/node2315/node4411/u21ai829356.html.

贸试验区子平台已完成归集查询、异议处理、数据目录管理等功能开发工作,同时探索开展事前诚信承诺、事中评估分类、事后联动奖惩的信用管理模式。上海自贸试验区依托于这一平台所探索的信用管理模式,应该作为进一步完善服务平台的内容,并以此平台服务于全上海。

2. 电子政务与信息共享建设与发展

政府部门间的信息共享是政府电子政务中一个重要内容。回顾我国电子政务的发展历程,大致可以分为三个阶段:第一个阶段从改革开放开始至1998年,可称之为单机应用阶段的“办公自动化”;第二个阶段从1999年起至2005年,可称之为“政府上网”及能力建设全面推进阶段;第三个阶段是从2006年至今,可称之为“应用主导”大发展的阶段。

从我国电子政务的发展历程可以看出,改革开放以来,我国各级政府对信息化建设与电子政务建设非常重视,而且取得了突出的成就。《国家电子政务“十二五”规划》总结我国“十一五”时期的成就时指出:“十一五”期间,国家电子政务快速发展,电子政务在改善公共服务、加强社会管理、强化综合监管、完善宏观调控等方面发挥了重要作用,促进了政府职能转变,已成为提升党的执政能力和建设服务型政府不可或缺的有效手段。同时也指出,电子政务的发展存在着一系列的严峻挑战,其中提到了电子政务的政出多门、分散建设以及信息共享与业务协同难以推进等问题。早在1993年启动政府信息系统工程建设之时,政府就着手启动多部门信息资源整合的工作。在随后的电子政务推进发展过程中,政府依托信息化建设和电子政务的发展,对经济与社会各项事务的事中事后监管、提供公共服务的能力和水平得到很大的提升,但政府部门间的信息共享还有许多需要进一步完善的工作要做。

就上海市电子政务建设①而言,上海市的政府信息化和电子政务工作取得了很大成就,一直走在全国的前列。目前,上海已经形成覆盖全市的电子政务基础网络平台,电子政务的应用已经在各业务领域全面展开。但也存在着电子

---

① 推进以公众服务为中心的上海电子政务建设[OL]. http://wenku. baidu. com/view/e6f1dd4469eae009591bec04. html;我国电子政务发展的历史阶段[OL]. http://www. docin. com/p-155358276. html;政府信息资源共享及其在上海推进的策略研究[OL]. http://www. docin. com/p-380709608. html.

政务系统以部门业务为中心、部门间信息共享以及提供全市域的公共服务滞后、信息采集与应用的标准化低等有关问题。上海自贸试验区建设中的事中、事后监管制度创新设计与建设,尽管是针对自贸试验区范围内的制度创新试点,对于上海乃至全国而言,都是在已有电子政务建设工作基础上的有力推进,对该项制度的复制与推广具有很大的意义和价值。

(三)商事登记制度的复制与推广

上海自贸试验区的商事登记制度改革措施,形成了首批的可复制可推广制度创新成果,被吸收到国务院2014年2月7日批准并颁布的《注册资本登记制度改革方案》之中。2014年3月1日起,注册资本认缴登记制在全国推广。在全国和上海复制推广的还包括投资管理制度中的外商投资项目备案管理、外商投资企业备案管理、外商投资项目备案管理、境外投资开办企业备案管理等制度,以及企业准入单一窗口制度、先照后证制度等。对照商事登记制度改革的试点方案与推广方案主要内容,可以明显看到试点方案中的注册资本认缴登记制、年度报告公示制、市场主体的监管方式和市场秩序的维护等内容,在推广方案中均得到了充分的体现。

商事登记制度改革是以规范完善的市场机制充分发挥作用、激发市场主体最大活力、营造优良营商环境、维护市场公平竞争秩序为目标取向,采取的是"宽进严管"的做法,大幅降低了市场准入的门槛,大幅提高了办事效率。上海市在自贸试验区试验商事登记制度改革之际,也早已着手在全市范围内推进商事登记制度和事中事后监管制度的系列工作①。

(四)金融创新制度的复制与推广

上海自贸试验区挂牌运行后的2013年,年内央行、银监会、证监会、保监会发布了支持自贸试验区建设的"金融51条"政策措施。2014年2月下旬五部金融细则密集落地。2014年5月自贸试验区的业务实施细则和审慎管理细则发

---

① 市工商局积极探索自贸试验区可复制、可推广的监管模式[OL]. http://www.shanghai.gov.cn/shanghai/node2314/node2315/node18454/u21ai853830.html.

布,自贸试验区分账核算系统以及自由贸易账户正式落地。在 2014 年的 3 月和 7 月分别发布 9 项金融创新案例。上述内容构成上海自贸试验区金融创新的试点内容。

已经在全国或区域推广的 27 项上海自贸试验区创新制度成果中,有 6 项属于金融制度创新成果,包括“取消境外融资租赁债权审批、取消对外担保行政审批、人民币跨境使用部分政策、部分银行分行级以下和高管准入事项事前审批改为事后报告、允许符合条件的金融租赁公司在境内外设立子公司”。还有一项“小额外币存款利率上限放开”制度已经在上海复制推广。根据上海财经大学第三方评估的报告,金融创新制度属于“区域一体化”内容的制度创新。“区域一体化”创新制度要在全国复制与推广,需要具备一定的要素和条件,有些创新制度无法复制,或可推广与辐射。但作为创建国际金融中心的上海而言,自贸试验区的金融创新制度的适应范围应该拓展到上海市区域。

延伸阅读　上海自贸试验区金融创新政策的复制与推广

上海自贸试验区建设推出了一系列的金融创新政策举措,这些举措的落实和作为经验成果的积累,是否全部可复制、可推广,上海市委常委、常务副市长屠光绍对此有深刻论述:“自贸试验区不断积累的金融创新经验如何在全国使用,存在三层关系。一是可复制。主要是针对金融制度改革方面的内容,如汇率、利率市场化,部分外汇管理制度,人民币跨境使用,资本项目可兑换等,这属于中国金融改革大的方向,在自贸区先行积累这个经验,将来可以复制到全国,代表中国金融体系整体能力的提升,这些制度改革内容是可复制的。二是不一定完全是可复制,但是可推广。金融服务创新方面的经验是可以推广的,如在自贸区内的金融机构和金融市场组织提供的某些金融服务产品、工具、管理方式,作为成功或有益的经验是可以推广的,将来可以供其他的金融机构在金融服务方面借鉴。三是可辐射。自贸区内的金融改革中有一部分金融创新内容是与自贸区,特别是上海国际金融中心的功能有关,如自贸试验区内建立的国际能源交易中心、国际黄金交易平台、国际金融资产交易平台等代表上海国际金融中心功能的金融创新内容,是不能复制也无法推广的,但是可以辐射。”

（五）上海自贸试验区其他创新制度的复制与推广

已经在全国或区域复制推广的27项创新制度中，有14项海关贸易监管创新制度已经由海关总署着手在长江经济带海关特殊监管区、全国海关特殊监管区以及全国海关范围内复制推广；检验、检疫贸易监管制度，以及海事的创新制度等，也有一批成熟的制度经过评估即将复制推广。上述这些制度属于贸易便利化的制度，其在全国的复制与推广需要在特定的区域实施。然而，在上海自贸试验区试点实施这些贸易便利化制度的过程中，针对为市场主体提供最好服务，提供高效、便捷办事程序等方面所体现的理念和积累的成果经验，是可以在上海和全国复制推广的。

三、对上海自贸试验区创新制度同城复制推广的政策建议

（一）“负面清单”管理模式复制推广需有科学的“权力清单”界定机制

“负面清单”管理模式理念已经得到政府和业界的认同，达成了共识，结合当前国家实施的简政放权、制定政府“权力清单”制度的要求，建议上海市政府组织力量全面梳理从市政府、到各委办局及各部门、再到各社区街道和乡镇等所存在的各类审批和管制权力，在尽量取消、削减和下放本级不必要的审批权的同时，尽快建立一个科学的权力清单界定机制。

对此，可由各级人大组织要求政府提供供给侧的政府“权力清单”，由市场主体提供需求侧的政府“权力清单”，由政府机构、企业等市场主体代表、专家学者等人员组成的委员会机构，对供给侧与需求侧的“权力清单”进行比对审议讨论，最后由人大确定政府机构和市场主体认可的“权力清单”，再由相应政府机构及部门对本机构部门的“权力清单”张榜公布，实行“权力清单”的公开透明。权力清单的动态调整需要随着政府与市场、政府与社会的关系和边界界定变化而调整，政府权力边界界定的变化和调整随着经济与社会形势变化而定，因此，建立一个科学的权力清单界定机制可应时发挥作用。

(二)进一步完善事中、事后监管体系的政策建议

1.建立企业和个人失信的梯度惩戒机制

社会信用体系建设是市场经济体系的一个基础性工程,也是事中、事后监管的一个重要组成部分。2014 年上海已经开通上海市公共信用信息服务平台,标志着上海的社会信用体系建设和事中、事后监管体系建设迈上一个新台阶。

建议上海打通"上海市公共信用信息服务平台"与央行的"个人、企业信用联合征信系统"的联结。针对个人和企业等市场主体的行为,在实行"一处失信,处处受制"的原则基础上,建立企业和个人失信的梯度惩戒机制。就个人而言,一旦产生信用不良记录,实行惩戒,处处受制是必要的,但应该进一步考虑,一次信用不良记录基础上的多次不良记录行为要有逐渐加重的惩戒。同时,也需要考虑劝人为善的功能作用,需要有信用修复机制,一旦市民有信用不良记录之后,鼓励其增加诚信的作为,当积累诚信记录到一定程度,可以逐步抵消其信用不良记录。还要特别注意,"不良信用记录"事涉一个人的未来甚至是一生,所以记载、推介"不良信用记录"行为必须受到法律的严格规范,应由人大通过相关法律来对众多问题与细节做出规定。

2.做好信息共享平台与社会信用信息体系的对接

上海市政府部门间信息共享是电子政务的一个重要组成部分。上海市的电子政务建设一直走在全国的前列,建议在现有电子政务平台建设的基础上,进一步打通政府部门间信息共享的障碍,消除部门利益阻碍,构建市域层面上的数据库中心,统一信息采集与使用的技术规范与标准,建立和健全信息共享的法律规范与约束,形成联通上海全部行政管理部门的网络,建设一个政府服务的中心数据库,搭建汇总信息、信息共享和综合服务的大平台。利用信息共享平台,市场主体到政府的服务中心办理事务,只需要提供身份证号或组织机构代码,办事窗口的工作人员就可以从信息共享平台中调取市场主体办理各类事务所需的必要信息。

社会力量参与市场监管制度的建设过程中,建议现有的信息共享平台和社会信用体系,建立一个信息待用识别库。该库建有与市场主体联通的端口,比如与手机联通的端口,市场主体随时根据身边所发生的相关事件,报送信息数

据到信息待用识别库,信息中心的专业技术人员,利用大数据工具对相关信息进行识别和整理。一旦信息有利于市场监管过程中发生事件的解决,发送该信息的市场主体的参与市场监管行为将被记录到信息共享平台和社会信息体系中,可作为市场主体今后提升自己信用信息品质的条件和依据。

企业年报公示和经营异常名录制度,在2014 年3 月1 日被纳入全国商事登记制度改革,已经在全国推广,企业失信联合惩戒制度正在形成,公示系统的社会服务功能不断提升。信息共享和社会信用体系平台建设将推进该项制度的有效运行。

利用信息共享开展综合执法制度。政府近年来建设有许多政府信息共享和服务平台,如上海自贸试验区的信息共享与服务平台就依托于上海网上行政审批平台而建。早在2005 年,上海市即建有城市网格化综合管理中心,在浦东综合配套改革中就已经实现将原先工商、质监、食药监3 个局整合成一个全新的市场监管局,构建起一个覆盖生产、流通、消费全过程的监管体系,形成综合执法制度体系和机制。今后的综合执法,可以借助于信息共享大平台和综合执法体系,实时追踪和监管市域范围内的社会与经济活动,开展执法活动。

(三)FT 账户制度市域范围内的复制推广建议

2014 年5 月推出的上海自贸试验区 FT 账户制度,有助于打通境内外市场、汇兑便利化的双向投融资制度,在自贸试验区内充分实现一线放开、与国际资金市场联通,二线管好、有效控制风险、建立有限渗透的隔离墙。这对于自贸试验区探索与国际接轨、按国际惯例通行的投资贸易规则运作有很好的作用。尽管 FT 账户制度已在上海自贸试验区运行一年,成为一项已经落地试点的制度创新举措,但其并没有被列入 27 项在全国复制推广的创新制度。在上海自贸试验区,国家已经批准自贸试验区范围可以拓展到浦东的陆家嘴、金桥和张江地区。在27.78 平方公里的自贸试验区范围内已经成功实施 FT 账户制度,并可以拓展到浦东,再拓展到全上海实施,只是 FT 账户的数量会有所变化,而二线风险管控的技术管理则同样可以实现。这在制度上将加快实现全上海市作为一个国际金融中心按照国际市场规则和惯例行事的经验积累,使其成为全球中心城市的重要节点。

(四)“制度一体化”创新成果的政策建议

“制度一体化”的创新成果,如商事登记制度、投资备案管理制度、企业准入“单一窗口”制度、税收“一网通”制度等,在全国复制推广的同时,应加快在上海的普及应用。加快“区域一体化”制度创新过程中的一些管理方式、提高效率的成果经验做法等应在上海同城进行普及性复制推广。

(曹建华)

推广中国(上海)自贸试验区可复制改革试点经验政策解读

经过一年多的改革实践,上海自贸试验区推进了四大制度创新:以负面清单管理为核心的投资管理制度已经建立;以贸易便利化为重点的贸易监管制度平稳运行;以资本项目可兑换和金融服务业开放为目标的金融创新制度基本建立;以政府职能转变为核心的事中、事后监管制度基本形成。在建立与国际投资贸易通行规则相衔接的基本制度框架上,取得了重要的阶段性成果。这些制度创新是在为我国全面深化改革和扩大开放探索新途径、积累新经验,在试验成熟的条件下要有效复制推广,从而为实现国家战略意图服务。

……………………………………………………………………………………

2014 年 12 月 21 日,国务院下发了《关于推广中国(上海)自由贸易试验区可复制改革试点经验的通知》(国发[2014]65 号)(以下简称《通知》),经党中央、国务院批准,上海自贸试验区的可复制改革试点经验将在全国范围内推广。因此,就如何切实有效地复制上海自贸试验区改革试点经验进行政策研究并提出建议,具有重要的理论价值和现实意义。

一、上海自贸试验区可复制推广的基本要求及主要内容

(一)可复制推广是自贸试验区国家战略的基本原则

上海自贸试验区按照国务院《中国(上海)自由贸易试验区总体方案》及中央领导一系列重要指示,坚持把制度创新作为核心任务,坚持可复制、可推广的基本原则,为我国扩大开放和深化改革探索新思路和新途径,从而更好地为全国服务。经过一年多的改革实践,上海自贸试验区推进了四大制度创新:以负面清单管理为核心的投资管理制度已经建立;以贸易便利化为重点的贸易监管

制度平稳运行；以资本项目可兑换和金融服务业开放为目标的金融创新制度基本建立；以政府职能转变为核心的事中、事后监管制度基本形成。在建立与国际投资贸易通行规则相衔接的基本制度框架上，取得了重要的阶段性成果。这些制度创新是在为我国全面深化改革和扩大开放探索新途径、积累新经验，在试验成熟的条件下要有效复制推广，从而为实现国家战略意图服务。

(二)上海自贸试验区可复制推广的主要内容概述

1. 以负面清单管理为核心的投资管理制度

以负面清单为核心的投资管理制度包括：外商投资准入的负面清单管理；以备案制为主的境外投资管理；企业准入由多个部门多头管理改为“一个部门、一个窗口集中受理”；服务业扩大开放监管服务等。

2. 以贸易便利化为重点的贸易监管制度

以贸易便利化为重点的贸易监管制度包括：探索建立国际贸易“单一窗口”，货物状态分类监管等具有国际先进水平的贸易监管制度；海关、检验检疫、海事等部门创新实施的“一线放开、二线安全高效管住、区内自由”的监管制度。

3. 以资本项目可兑换和金融服务业开放为目的的金融制度创新

以资本项目可兑换和金融服务业开放为目的的金融制度创新包括：自由贸易账户及分账核算体系、投融资汇兑便利、人民币跨境使用、利率市场化、外汇管理改革五个方面的金融制度创新框架和监管模式，以及金融服务业扩大开放。

4. 以政府职能转变为核心的事中、事后监管制度

以政府职能转变为核心的事中、事后监管制度包括安全审查、反垄断审查、社会信用体系、企业年度报告公示和经营异常名录、信息共享和综合执法、社会力量参与市场监管6项制度。

二、上海自贸试验区可复制推广的区域划分

(一)暂时不宜全面复制推广的上海自贸试验区改革试点经验

国务院《通知》明确指出，上海自贸试验区可复制改革试点经验，涉及法律

修订、上海国际金融中心建设的,不属于复制推广内容。涉及法律修订的是指全国人大常委会授权国务院在中国(上海)自由贸易试验区暂时调整有关法律规定的行政审批的决定,主要是外商投资"负面清单"管理制度。涉及上海国际金融中心建设的是指利率市场化、资本项目可兑换、人民币跨境使用、自由贸易账户及分账核算体系等内容。2014 年 12 月 28 日,十二届全国人大常委会第十二次会议表决通过了关于授权国务院在中国(广东)自由贸易试验区、中国(天津)自由贸易试验区、中国(福建)自由贸易试验区以及中国(上海)自由贸易试验区扩展区域内暂时调整有关法律法规的行政审批决定。原则上,上述区域应该可以复制推广"负面清单"管理为核心的投资管理制度以及部分金融创新制度。

(二)在全国范围内复制推广的上海自贸试验区改革事项

国务院《通知》明列在全国范围内复制推广的上海自贸试验区改革事项,包括投资管理领域、贸易便利化领域、金融领域、服务业开放领域、事中事后监管措施 5 个方面的改革事项。在投资管理领域,除了"负面清单"管理制度及境外投资备案制和部分服务业开放之外,其他包括工商登记、税务管理、质监部门的组织机构代码实时赋码等改革事项均可复制推广,以建立便捷、高效的市场监管制度。

1. 贸易便利化领域

在贸易便利化领域,除了海关监管方面,其他贸易便利化措施特别是检验、检疫及中转货物产地来源证管理等改革事项要在全国范围内复制推广。

2. 服务业开放领域

在服务业开放领域,金融服务、航运服务、商贸服务、社会服务、文化服务、专业服务 6 大领域中,航运服务、文化服务、社会服务等领域未列入全国复制推广,其余金融服务领域(主要是融资租赁)、商贸服务领域(游戏游艺设备生产和销售)、专业服务领域(外商投资资信调查公司、股份制外资投资性公司)的部分行业扩大开放措施在全国复制推广。在服务业开放领域,融资租赁复制推广的力度较大,上海自贸试验区关于融资租赁的开放措施基本上都在全国复制推广。这是因为融资租赁作为"准金融"业态,它是设备融资模式、设备销售模式、投资融资方式的创新,涉及制造业和服务业,且覆盖大、中、小、微型企业。直接融资租赁和售后回租等模式可以在很大程度上解决小微企业融资难问题。

3. 金融领域

在金融领域,资本项目可兑换、利率市场化、人民币双向资金池等项试点不在全国复制推广,其他涉及经常项目及直接投资方面的人民币业务和外汇管理制度在全国复制推广。

4. 事中、事后监管措施

事中、事后监管措施,除了国家安全审查和反垄断审查事项,其他 4 项制度以及各部门的专业监管制度在全国复制推广。这些制度构成行政监管、行业自律、社会监督、公众参与的综合监管体系,核心是由事前审批转变为事中、事后的过程监管,在本质功能上是转变政府职能,政府职能由控制和配置资源更多地转向服务公民社会。

(三)在全国其他海关特殊监管区域复制推广的改革事项

上海自贸试验区成立一年中,上海海关出台 23 项改革措施并形成制度。2014 年 8 月,国家海关总署制定《中国(上海)自由贸易试验区 14 项海关监管创新制度复制推广工作方案》,先后在长江经济带 9 省 2 市 12 个海关特殊监管区域及全国海关特殊监管区域全面复制推广。上海检验检疫局出台 23 项改革创新制度。在先期复制推广基础上,国务院《通知》部署了上海自贸试验区海关监管制度创新和检验检疫制度创新的部分重要改革事项在全国其他海关特殊监管区域复制推广。这些改革事项可以提高海关和检验检疫的管理服务水平和效率,有利于贸易便利化,同时也可以促进服务业的发展。如期货保税交割海关监管制度、境内外维修海关监管制度、融资租赁海关监管制度等措施,这些改革事项的有效复制推广会吸引高端资源和产业集聚,生成新的价值链和产业结构。

三、可复制推广的路径

国务院《通知》要求各地区、各部门要高度重视推广工作,将推广工作作为全面深化改革的重要举措,着力解决市场体系不完善、政府干预过多和监管不到位等问题。为了有效复制推广,应该按照可复制推广的区域划分及制度的类别,设计复制推广的路径。

(一)全国一体化路径

全国一体化路径包括推进治理体系和治理能力现代化,转变政府职能、创新行政管理方式等方面的制度创新,包括事中、事后监管措施及投资管理领域的改革事项。这类制度的复制推广可以全面嵌入国家治理体系,最大限度地释放制度红利,通过诱致性制度变迁更好地发挥市场在资源配置中的决定性作用和政府作用,因此,应该是全国一体化路径。操作节点是增强行政管理透明度、法治化和服务性,减少政府对市场和经济活动的干预,加强政府的公共管理职能。

(二)区域一体化路径

区域一体化路径,包括贸易便利化领域、金融领域、服务业开放领域的制度创新,主要是适应开放型经济和现代市场体系发展的需要,促进经济转型升级,并提高企业的经营效率和竞争力。由于国内外高端生产要素和企业的集聚有相应的区位条件、技术条件和制度条件要求,因此,这类制度模块复制推广的路径是区域一体化,即在经济社会发展、基本公共服务、城市规划、环境保护、产业结构、国际化发展等要素一体化的区域范围内实现复制推广,形成区域价值链。

(三)特殊区域以点带面路径

海关监管制度创新及检验检疫制度创新具有一定的专用性,应在全国的海关特殊监管区域做点状复制推广。海关特殊监管区域要成为上海自贸试验区制度创新复制、推广、辐射的示范区,实现保税区向自贸区的转型,并将改革措施和制度向所在城市辐射,带动所在城市深化改革。

制度复制推广不是简单的异地移植和套用,而是其他区域在自贸试验区制度创新溢出效应和诱致性变革效应影响下,结合本地区、本部门实际情况,主动进行适应性调整的再创新过程。以制度创新的复制推广牵动我国的全面深化改革,是自贸试验区实现国家战略意图的重要途径。

(赵晓雷)

主要参考文献

[1]王燕梅,庞世辉.北京加入政府采购协议(GPA)的对策研究[J].北京社会科学,2012(2).

[2]福建省人民政府采购办公室.香港特别行政区的政府采购管理[J].开放潮,2002(1).

[3]胡光升,夏富财.协议供货和小额采购采用“网上竞价”的利弊分析[J].中国政府采购,2013(5).

[4]王新奎.中国(上海)自贸试验区改革的重点:对外商投资准入实施“负面清单”管理[J].上海对外经贸大学学报,2014,21(1):5-11.

[5]孙元欣,吉莉,周任远.上海自由贸易试验区负面清单(2013版)及其改进[J].外国经济与管理,2014,36(3):74-80.

[6]武芳.韩国负面清单中的产业选择及对我国的启示[J].中国经贸,2014(6):34-38.

[7]龚柏华.“法无禁止即可为”的法理与上海自贸区“负面清单”模式[J].东方法学,2013,(6):137-141.

[8]胡加祥.国际投资准入前国民待遇法律问题探析——兼论上海自贸区负面清单[J].上海交通大学学报(哲学社会科学版),2014,22(1):65-73.

[9]陈林,罗莉娅.中国外资准入壁垒的政策效应研究——兼议上海自由贸易区改革的政策红利[J].经济研究,2014(4):104-115.

[10]黄鹏,梅盛军.上海自贸试验区负面清单制定与中美BIT谈判联动性研究[J].国际商务研究,2014(5):27-37.

[11]卢成燕.论欧盟律师服务贸易自由化[J].华中科技大学学报(社会科学版),2004(2).

[12]王晓红,彭玉麒.我国专业服务发展的政策建议[J].中国国情国力,2013(1).

[13]王江.德国法律服务业开放的管窥和启示[J].德国研究,2001(3).

[14]陈钧浩.保税港区发展离岸金融功能研究[J].宁波大学学报(人文科学版),2010,23(5):115-118.

[15]付新刚.建立中国离岸金融中心问题研究一离岸金融中心的区位选择[D].西南财经大学硕士学位论文,2007.

[16]罗国强.离岸金融税收征管法制及其在中国的构建[J].经济与管理,2010,24(9):

14 - 20.

[17]武剑. 中国(上海)自贸区金融改革展望[J]. 新金融,2013(11):12 - 15.

[18]战明华. 上海自贸区金融改革对浙江的影响及建议[J]. 统计科学与实践,2013(12):4 - 5.

[19]罗素梅,赵晓菊. 自贸区金融开放下的资金流动风险及防范[J]. 现代经济探讨,2014(7):60 - 63.

[20]赵晓雷. 国家战略:上海自贸试验区的历史使命[N]. 文汇报 ,2014 - 06 - 16.

[21]葛荃. 制度创新拟或理念更新——社会转型期改善民生问题的行政文化思考[J]. 社会科学研究, 2012 (1): 56 - 61.

[22]管斌. 混沌与秩序: 市场化政府经济行为的中国式建构[M]. 北京:北京大学出版社, 2010.

[23]姜锦铭. 推进上海自由贸易试验区建设,加强和创新特大城市社会治理[N]. 新华每日电讯,2014 - 03 - 06.

[24]江若尘,等. 全球 100 个自由贸易区概览[M]. 上海:上海财经大学出版社, 2013.

[25]林毅夫, 蔡昉, 李周. 论中国经济改革的渐进式道路[J]. 经济研究, 1993(9): 1949 - 1983.

[26]卢现祥. 加入 WTO 后我国制度变迁的新趋势[J]. 当代财经, 2002(10): 3 - 7.

[27]任保平, 郭晗. 新增长红利时代我国大国发展战略的转型[J]. 人文杂志, 2013(9): 30 - 37.

[28]赵晓雷,等. 赢在自贸区:寻找改革红利时代的财富与机遇[M]. 北京:北京大学出版社, 2014.

[29]孙元欣,等. 2014 中国(上海)自由贸易试验区发展研究报告[M]. 上海:上海财经大学出版社, 2014.

[30]孙代尧. 从渐进改革到协调改革——一种制度演进视角的分析[J]. 辽宁大学学报: 哲学社会科学版, 2008, 35(1): 11 - 15.

[31]孙景宇. 如何理解转型国家的制度变迁——对相关研究的一个总体评价[J]. 江苏社会科学, 2009 (4): 83 - 88.

[32]王蕾. 政府监管政策绩效评估分析——以经济合作与发展组织国家为例[J]. 甘肃行政学院学报, 2009(5): 80 - 86.

[33]王涛生, 刘宏青, 门勇. 制度创新影响区域产业竞争力优势机理与实证研究[M]. 北京:经济出版社,2010.

[34]胥会云. 习近平定调上海使命 期待自贸区好收成[N]. 第一财经日报,2014-05-26.

[35]袁训国, 陈伟. OECD 国家的监管体制改革[J]. 经济研究参考, 2005(68): 14-18.

[36]张其佐. 美国加速推动建立 TPP 和 TTIP:动因何在? 影响何在? [N]. 光明日报, 2013-06-12.

[37]上海市发展和改革委员会. 关于上海市 2014 年国民经济和社会发展计划执行情况与 2015 年国民经济和社会发展计划草案报告[N]. 解放日报,2015-02-01.

[38]世界贸易组织《政府采购协议》(2012 版)中文[OL]. 中国政府采购网,2013-05-15.

[39]中华人民共和国采购法[OL]. 中国政府采购网,2007-08-30.

[40]中华人民共和国招标投标法[OL]. 中国政府采购网,2007-08-30.

[41]财政部、工业和信息化部. 关于印发《政府采购促进中小企业发展暂行办法》的通知(财库〔2011〕181 号)[OL]. 中国政府采购网,2011-12-29.

[42]国务院办公厅,财政部关于印发《政府采购进口产品管理办法》的通知(财库〔2007〕119 号)[OL]. 中国政府采购网,2007-12-27.

[43]财政部党组成员、部长助理 王保安,立足国内改革和对外开放 推动政府采购工作再上新台阶——在全国 GPA 谈判应对工作及政府采购工作会议上的讲话(2011 年 5 月 26 日)[OL]. 中国政府采购网,2011-12-22.

[44]刘昆. 深化改革、创新制度,努力开创政府采购工作新局面——在全国政府采购工作会议上的讲话(2013 年 11 月 27 日)[OL]. 中国政府采购网,2013-11-29.

[45]台湾"行政院"公共工程委员会秘书王丽凤. 政府采购管理制度之研究[OL]. http://www.floridataiwanbusiness.com/Pub/2004/Govt%20Purchasing.htm,2014-01-11.

[46]中共中央关于全面深化改革若干重大问题的决定[OL]. http://www.gov.cn/jrzg/2013-11/15/content_2528179.htm.

[47]社会信用体系建设规划纲要(2014—2020 年)[OL]. http://www.gov.cn/zhengce/content/2014-06/27/content_8913.htm.

[48]国家电子政务"十二五"规划[OL]. http://www.miit.gov.cn/n11293472/n11295327/n11297217/14562026.html.

[49]2014 年两会政府工作报告全文[OL]. http://news.qq.com/a/20140314/021386.htm.

[50]百度百科“国家综合配套改革试验区”[OL]. http://baike. haosou. com/doc/558868. html.

[51]崔会敏. 国家综合配套改革试验区行政体制研究[M]. 北京:中国社会科学出版社,2013.

[52]多家媒体报道我校自贸区第三方评估报告[OL]. http://sj. shufe. edu. cn/structure/xwzz/cdkx_con_165304_1. htm.

[53]改革,需要更多“可复制、可推广”[OL]. http://finance. ifeng. com/a/20140429/12226958_0. shtml.

[54]国务院关于印发中国(上海)自由贸易试验区总体方案的通知[OL]. http://www. gov. cn/zwgk/2013 -09/27/content_2496147. htm.

[55]进一步加大对自贸区跨境投融资活动的金融支持力度 - 中国(上海)自由贸易试验区分账核算业务实施细则发布[OL]. http://www. financialnews. com. cn/yw/jryw/201405/t20140523_56128. html.

[56]经济观察:上海自贸试验区开启金融创新“新里程”[OL]. http://news. xinhuanet. com/fortune/2013 -09/30/c_117576570. htm.

[57]类延村. 规则之治——社会诚信体系治理模式研究[D]. 重庆:西南政法大学

[58]青锋,张水海. 我国政府职能转变的历史演进及法制特点[J]. 行政法学研究,2013(4).

[59]上海市公共信用信息服务平台试开通[OL]. http://www. shanghai. gov. cn/shanghai/node2314/node2315/node4411/u21ai829356. html.

[60]上海自贸区 2014 版负面清单瘦身 1/4[OL]. http://news. xinhuanet. com/mrdx/2014 -07/02/c_133453993. htm.

[61]上海自贸区 2014 版负面清单争取缩减 40% [OL]. http://finance. qq. com/a/20140324/000325. htm.

[62]上海自贸区发布首批 9 个金融创新案例[OL]. http://business. sohu. com/20140325/n397164930. shtml.

[63]上海自贸区首批 可复制可推广模式[OL]. http://www. jfdaily. com/caijing/new/201405/t20140528_387435. html.

[64]上海自贸试验区第三方机构评估报告发布[OL]. http://www. chinairn. com/news/20141114/172330994. shtml.

[65]上海自贸试验区外汇管理细则落地 中国金融监管新思路凸显[OL]. http://news.

xinhuanet. com/fortune/2014 - 03/01/c_126206871. htm.

[66]慎海雄、屠光绍、戴海波发言实录:“国家使命——上海自贸区与金融创新”论坛[OL]. http://www. ssfcn. com/detailed. asp? id = 509492.

[67]市工商局积极探索自贸试验区可复制、可推广的监管模式[OL]. http://www. shanghai. gov. cn/shanghai/node2314/node2315/node18454/u21ai853830. html.

[68]推进以公众服务为中心的上海电子政务建设[OL]. http://wenku. baidu. com/view/e6f1dd4469eae009591bec04. html.

[69]汪向东:我国电子政务的进展、现状及发展趋势[OL]. http://wenku. baidu. com/view/2cb7f7313968011ca300918f. html.

[70]我国电子政务发展的历史阶段[OL]. http://www. docin. com/p - 155358276. html.

[71]我国已批准12个国家综合配套改革试验区[OL]. http://news. xinhuanet. com/politics/2014 - 06/10/c_1111068893. htm.

[72]习近平参加上海代表团审议[OL]. http://news. china. com/zh_cn/2014lh/tslh/11151560/20140306/18377383. html.

[73]习近平在上海考察[OL]. http://sh. people. com. cn/n/2014/0525/c134768 - 21278739. html.

[74]徐善长:深化改革推进新型城镇化[OL]. http://jingji. 21cbh. com/2013/11 - 9/2NNjUxXzkxNzU2NA. html.

[75]赵晓雷教授出席中国(上海)自由贸易试验区综合评估情况新闻通气会介绍我校第三方独立评估报告[OL]. http://sj. shufe. edu. cn/structure/xwzz/cdkx_con_165147_1. htm.

[76]政府信息资源共享及其在上海推进的策略研究[OL]. http://www. docin. com/p - 380709608. html.

[77]制度创新“良种”可分类复制推广[OL]. http://wenhui. news365. com. cn/html/2014 - 11/14/content_1. htm.

[78]中国(上海)自由贸易试验区运行一周年新闻发布会[OL]. http://www. shio. gov. cn/shxwb/xwfb/userobject1ai10233. html.

[79]中国征信业发展报告(2003 - 2013)[OL]. http://www. gov. cn/gzdt/2013 - 12/12/content_2546739. htm.

[80]周宏仁. 中国电子政务发展的回顾与展望[OL]. http://www. 360doc. com/content/12/0121/07/4310958_199929054. shtml.

[81]自贸区第二批金融创新9案例发布 金融创新框架初步形成[OL]. http://www. sh.

xinhuanet. com/2014 - 07/06/c_133463228. htm.

[82]自贸区金改五细则释放红利[OL]. http://www. shanghai. gov. cn/shanghai/node2314/node2315/node15343/u21ai853129. html.

[83]自贸试验区的使命——专访国家发展改革委学术委员会秘书长张燕生[OL]. http://www. lwgcw. com. cn/NewsShow. aspx? newsId = 35495.

[84]Ibrahim F I Shihata. Recent Trends Relating to Entry of Foreign Direct Investment ICSID Review [J]. Foreign Investment Law Journal. 1994. 9:51.

[85]Aaditya Mattoo. National Treatment in the GATS:Comer— Stone or Pandoras Box? [J]. Journal of World Trade, 1997. 4:25 - 28.

[86]Aashish Mehta, Rana Hasan. The Effects of Trade and Services Liberalization on Wage Inequality in India [J]. International Review of Economics and Finance,2012(23):75 - 90.

[87]Amiti, Mary, Shang - Jin Wei. Service Offshoring and Productivity Evidence from the US [J]. World Economy,2009,32(2): 203 - 20.

[88]Francois, Joseph, Julia Woerz. Producer Services, Manufacturing Linkages, and Trade [J]. Journal of Industry, Competition and Trade,2008,8(3 - 4):199 - 229.

[89]Mattoo, Aaditya, Robert M Stern, eds. Handbook of International Trade in Services [M]. Oxford and New York: Oxford University Press,2008.

[90]Patricia J Arnold. Disciplining Domestic Regulation: the World Trade Organization and the Market for Professional Services. Accounting, Organizations and Society,2005(30):299 - 330.

[91]Gregory Rawlings. Mobile People, Mobile Capital and Tax Neutrality: Sustaining a Market for Offshore Finance Centres[J]. Accounting Forum,2005,29:289 - 310.

[92]Hampton, John. Offshore Paradise? Small Island Economies, Tax Havens and the Reconfiguration of Global Finance[J]. World Development 2002,30:1657 - 1673.

[93]Ingo Walter. Regulating Banking Beyond National Boundaries[J]. The World Economy, 1985, 8:320 - 321.

[94] Luca Errico, Alberto Musalem. Offshore Banking: An Analysis of Micro - and Macro - Prudential Issues[R]. IMF Paper 1999, No. 99:5.

[95] Mark P Hampton. The Offshore Interface: Tax Havens in the Global Economy[M]. London: Macmillan Press Ltd, 1996.

[96]International Institute for Management Development, World Competitiveness Yearbook

[R]. 2012.

[97]The Heritage Foundation. 2014 Index of Economic Freedom [R]. 2013.

[98]World Bank. 2014 Doing Business Report: Understanding Regulations for Small and Medium - Size Enterprises [R]. Washington D. C. , 2013.

[99] World Economic Forum, The Global Enabling Trade Report 2012: Reducing Supply Chain Barriers [R]. Switzerland, 2012.

[100]World Economic Forum. The Global Competitiveness Report 2013 - 2014 [R]. Geneva, 2013.

[101]Arthur W B. On Learning and Adaptation in the Economy[M]. Institute for Economic Research, Queen's University, 1992.

[102]Furubotn E G, Richter R. Institutions and Economic Theory: The Contribution of the New Institutional Economics[M]. University of Michigan Press, 2005.

[103]Gouldson A, Murphy J. Regulatory Realities: the Implementation and Impact of Industrial Environmental Regulation[M]. Routledge, 2013.

[104]Lewis J W, Litai X. Social Change and Political Reform in China: Meeting the Challenge of Success[J]. The China Quarterly, 2003, 176: 926 - 942.

[105]North D C. Understanding the Process of Economic Change[M]. London: Institute of Economic affairs, 1999.

[106]OECD. Reviews of Regulatory Reform, Regulatory Impact Analysis——a Tool for Policy Coherence[R]. OECD Publications, 2009.

[107]Selznick P. Institutionalism "old" and "new"[J]. Administrative science quarterly, 1996: 270 - 277.

附录一

英文缩写英中对照表

缩写形式	英文全称	中文译名
ABS	Asset - Backed Securitization	资产支持证券
ADR	Alternative Dispute Resolution	多元纠纷解决机制
APA	Advance Pricing Agreement	预约定价协议
APEC	Asia - Pacific Economic Cooperation	亚太经合组织
ASEAN	Association of Southeast Asian Nations	东南亚国家联盟
ASF	Alternative Site Framework	可选址框架
BIT	Bilateral Investment Treaty	双边投资协定
BOO	Build—Own—Operate	建设—拥有—经营
BOT	Build - Operate - Transfer	建设—经营—转让
BRIC	Brazil, Russia, India, and China	金砖四国
BTO	Build—Transfer—Operate	建设—转让—经营
DBI	Doing Business Index	企业营商环境指数
EBOPS	the Extended Balance of Payments Services	扩大的国际收支服务分类
ETI	Enabling Trade Index	全球贸易便利指数
FTAs	Free Trade Agreement	自由贸易协定
FTA	Free Trade Area	自由贸易区
FTAAP	Free Trade Area of the Asia - Pacific	亚太自贸区
GATS	General Agreement on Trade in Services	服务贸易总协定
GATT	General Agreement on Tariffs and Trade	关贸总协定
GCI	Global Competitiveness Index	全球竞争力指数
GDP	Gross Domestic Product	国内生产总值

续表

缩写形式	英文全称	中文译名
GPA	Government Procurement Agreement	政府采购协定
IEF	Index of Economic Freedom	全球经济自由度指数
IMD	International Institute for Management Development	洛桑国际管理发展学院
NAFTA	North American Free Trade Agreement	北美自由贸易协定
OECD	Organization for Economic Co – operation and Development	经济合作与发展组织
PFI	Private – Finance – Initiative	私人融资活动
PPPs	Public – Private – Partnerships	公私合营
ROT	Rehabilitate—Operate—Transfer	修复—经营—转让
TISA	Trade in Services Agreement	国际服务贸易协定
TOT	Transfer – Operate – Transfer	移交—经营—移交
TPP	Trans – Pacific Partnership	跨太平洋伙伴关系协议
TTIP	Transatlantic Trade and Investment Partnership	跨大西洋贸易与投资伙伴协议
UNCTAD	United Nations Conference on Trade and Development	联合国贸易和发展会议
VIE	Variable Interests Entity	协议控制
WCI	World Competitiveness Index	世界竞争力指数
WEF	World Economic Forum	世界经济论坛
WTO	The World Trade Organization	世界贸易组织

附录二

中国自由贸易试验区相关重要政策文件

1. 中国(上海)自由贸易试验区条例
2. 国务院关于推广中国(上海)自由贸易试验区可复制改革试点经验的通知
3. 进一步深化中国(上海)自由贸易试验区改革开放方案
4. 自由贸易试验区外商投资准入特别管理措施(负面清单)(2015)
5. 国务院关于印发中国(广东)自由贸易试验区总体方案的通知
6. 国务院关于印发中国(天津)自由贸易试验区总体方案的通知
7. 国务院关于印发中国(福建)自由贸易试验区总体方案的通知

1. 中国(上海)自由贸易试验区条例

(2014年7月25日上海市第十四届人民代表大会常务委员会第十四次会议通过)

第一章 总 则

第一条 为推进和保障中国(上海)自由贸易试验区建设,充分发挥其推进改革和提高开放型经济水平“试验田”的作用,根据《全国人民代表大会常务委员会关于授权国务院在中国(上海)自由贸易试验区暂时调整有关法律规定的行政审批的决定》、国务院批准的《中国(上海)自由贸易试验区总体方案》(以下简称“《总体方案》”)、《国务院关于在中国(上海)自由贸易试验区内暂时调整有关行政法规和国务院文件规定的行政审批或者准入特别管理措施的决定》和其他有关法律、行政法规,制定本条例。

第二条 本条例适用于经国务院批准设立的中国(上海)自由贸易试验区(以下简称“自贸试验区”)。

第三条 推进自贸试验区建设应当围绕国家战略要求和上海国际金融中心、国际贸易中心、国际航运中心、国际经济中心建设,按照先行先试、风险可控、分步推进、逐步完善的原则,将扩大开放与体制改革相结合,将培育功能与政策创新相结合,加快转变政府职能,建立与国际投资、贸易通行规则相衔接的基本制度体系和监管模式,培育国际化、市场化、法治化的营商环境,建设具有国际水准的投资贸易便利、监管高效便捷、法治环境规范的自由贸易试验区。

第四条 本市推进自贸试验区建设应当聚焦制度创新的重点领域和关键环节,充分运用现行法律制度和政策资源,改革妨碍制度创新的体制、机制,不断激发制度创新的主动性、积极性,营造自主改革、积极进取的良好氛围。

第五条 充分激发市场主体活力,法律、法规、规章未禁止的事项,鼓励公民、法人和其他组织在自贸试验区积极开展改革创新活动。

第二章 管理体制

第六条 按照深化行政体制改革的要求,坚持简政放权、放管结合,积极推行告知承诺制等制度,在自贸试验区建立事权划分科学、管理高效统一、运行公开透明的行政管理体制。

第七条　市人民政府在国务院领导和国家有关部门指导、支持下，根据《总体方案》明确的目标定位和先行先试任务，组织实施改革试点工作，依法制定与自贸试验区建设、管理有关的规章和政策措施。

本市建立自贸试验区建设协调机制，推进改革试点工作，组织有关部门制定、落实阶段性目标和各项措施。

第八条　中国（上海）自由贸易试验区管理委员会（以下简称“管委会”）为市人民政府派出机构，具体落实自贸试验区改革试点任务，统筹管理和协调自贸试验区有关行政事务，依照本条例履行下列职责：

（一）负责组织实施自贸试验区发展规划和政策措施，制定有关行政管理制度。

（二）负责自贸试验区内投资、贸易、金融服务、规划国土、建设、交通、绿化市容、环境保护、人力资源、知识产权、统计、房屋、民防、水务、市政等有关行政管理工作。

（三）领导工商、质监、税务、公安等部门在区内的行政管理工作；协调金融、海关、检验检疫、海事、边检等部门在区内的行政管理工作。

（四）组织实施自贸试验区信用管理和监管信息共享工作，依法履行国家安全审查、反垄断审查有关职责。

（五）统筹指导区内产业布局和开发建设活动，协调推进重大投资项目建设。

（六）发布公共信息，为企业和相关机构提供指导、咨询和服务。

（七）履行市人民政府赋予的其他职责。

市人民政府在自贸试验区建立综合审批、相对集中行政处罚的体制和机制，由管委会集中行使本市有关行政审批权和行政处罚权。管委会实施行政审批和行政处罚的具体事项，由市人民政府确定并公布。

第九条　海关、检验检疫、海事、边检、工商、质监、税务、公安等部门设立自贸试验区工作机构（以下统称“驻区机构”），依法履行有关行政管理职责。

市人民政府其他有关部门和浦东新区人民政府（以下统称“有关部门”）按照各自职责，支持管委会的各项工作，承担自贸试验区其他行政事务。

第十条　管委会应当与驻区机构、有关部门建立合作协调和联动执法工作机制，提高执法效率和管理水平。

第十一条　管委会、驻区机构应当公布依法行使的行政审批权、行政处罚权和相关行政权力的清单及运行流程。发生调整的，应当及时更新。

第三章　投资开放

第十二条　自贸试验区在金融服务、航运服务、商贸服务、专业服务、文化服务、社会服务和一般制造业等领域扩大开放,暂停、取消或者放宽投资者资质要求、外资股比限制、经营范围限制等准入特别管理措施。

第十三条　自贸试验区内国家规定对外商投资实施的准入特别管理措施,由市人民政府发布负面清单予以列明,并根据发展实际适时调整。

自贸试验区实行外商投资准入前国民待遇加负面清单管理模式。负面清单之外的领域,按照内外资一致的原则,外商投资项目实行备案制,国务院规定对国内投资项目保留核准的除外;外商投资企业设立和变更实行备案管理。负面清单之内的领域,外商投资项目实行核准制,国务院规定对外商投资项目实行备案的除外;外商投资企业设立和变更实行审批管理。

外商投资项目和外商投资企业的备案办法,由市人民政府制定。

第十四条　自贸试验区推进企业注册登记制度便利化,依法实行注册资本认缴登记制。

工商行政管理部门组织建立外商投资项目核准(备案)、企业设立和变更审批(备案)等行政事务的企业准入单一窗口工作机制,统一接收申请材料,统一送达有关文书。投资者在自贸试验区设立外商投资企业,可以自主约定经营期限,法律、行政法规另有规定的除外。

在自贸试验区内登记设立的企业(以下简称"区内企业")可以到区外再投资或者开展业务,有专项规定要求办理相关手续的,按照规定办理。

第十五条　区内企业取得营业执照后,即可从事一般生产经营活动;从事需要审批的生产经营活动的,可以在取得营业执照后,向有关部门申请办理。

从事法律、行政法规或者国务院决定规定需要前置审批的生产经营活动的,应当在申请办理营业执照前,依法办理批准手续。

第十六条　自贸试验区内投资者可以开展多种形式的境外投资。境外投资一般项目实行备案管理,境外投资开办企业实行以备案制为主的管理,由管委会统一接收申请材料,并统一送达有关文书。

境外投资项目和境外投资开办企业的备案办法,由市人民政府制定。

第十七条　区内企业解散、被宣告破产的,应当依法清算并办理注销登记等手续。

依法实行注册资本认缴制的区内企业，股东以认缴的出资额或者认购的股份为限对企业债务承担责任。

第四章 贸易便利

第十八条 自贸试验区与境外之间的管理为“一线”管理，自贸试验区与境内区外之间的管理为“二线”管理，按照“一线放开、二线安全高效管住、区内流转自由”的原则，在自贸试验区建立与国际贸易等业务发展需求相适应的监管模式。

第十九条 按照通关便利、安全高效的要求，在自贸试验区开展海关监管制度创新，促进新型贸易业态发展。

海关在自贸试验区建立货物状态分类监管制度，实行电子围网管理，推行通关无纸化、低风险快速放行。

境外进入区内的货物，可以凭进口舱单先行入区，分步办理进境申报手续。口岸出口货物实行先报关、后进港。

对区内和境内区外之间进出的货物，实行进出境备案清单比对、企业账册管理、电子信息联网等监管制度。

区内保税存储货物不设存储期限。简化区内货物流转流程，允许分送集报、自行运输；实现区内与其他海关特殊监管区域之间货物的高效便捷流转。

第二十条 按照进境检疫、适当放宽进出口检验，方便进出、严密防范质量安全风险的原则，在自贸试验区开展检验检疫监管制度创新。

检验检疫部门在自贸试验区运用信息化手段，建立出入境质量安全和疫病疫情风险管理机制，实施无纸化申报、签证、放行，实现风险信息的收集、分析、通报和运用，提供出入境货物检验检疫信息查询服务。

境外进入区内的货物属于检疫范围的，应当接受入境检疫；除重点敏感货物外，其他货物免于检验。

区内货物出区依企业申请，实行预检验制度，一次集中检验，分批核销放行。进出自贸试验区的保税展示商品免于检验。

区内企业之间仓储物流货物，免于检验检疫。

在自贸试验区建立有利于第三方检验鉴定机构发展和规范的管理制度，检验检疫部门按照国际通行规则，采信第三方检测结果。

第二十一条 自贸试验区建立国际贸易单一窗口，形成区内跨部门的贸易、运输、加工、仓储等业务的综合管理服务平台，实现部门之间信息互换、监管互认、执法互助。

企业可以通过单一窗口一次性递交各管理部门要求的标准化电子信息,处理结果通过单一窗口反馈。

第二十二条　自贸试验区实行内外贸一体化发展,鼓励区内企业统筹开展国际贸易和国内贸易,培育贸易新型业态和功能,形成以技术、品牌、质量、服务为核心的竞争优势。

自贸试验区支持国际贸易、仓储物流、加工制造等基础业务转型升级和服务贸易发展。鼓励离岸贸易、国际大宗商品交易、融资租赁、期货保税交割、跨境电子商务等新型贸易发展,推动生物医药研发、软件和信息服务、数据处理等外包业务发展。

鼓励跨国公司在区内设立总部,建立整合贸易、物流、结算等功能的营运中心。

第二十三条　自贸试验区加强与海港、空港枢纽的联动,加强与区外航运产业集聚区协同发展,探索形成具有国际竞争力的航运发展制度和运作模式。

自贸试验区支持国际中转、集拼、分拨业务以及集装箱转运业务和航空货邮国际中转业务发展。符合条件的航运企业可以在国内沿海港口与上海港之间从事外贸进出口集装箱沿海捎带业务。

完善航运服务发展环境,在自贸试验区发展航运金融、国际船舶运输、国际船舶管理、国际船员服务和国际航运经纪等产业,发展航运运价指数衍生品交易业务,集聚航运服务功能性机构。

在自贸试验区实行以“中国洋山港”为船籍港的国际船舶登记制度,建立高效率的船舶登记流程。

第二十四条　自贸试验区简化区内企业外籍员工就业许可审批手续,放宽签证、居留许可有效期限,提供入境、出境和居留的便利。

对接受区内企业邀请开展商务贸易的外籍人员,出入境管理部门应当按照规定给予过境免签和临时入境便利。

对区内企业因业务需要多次出国、出境的中国籍员工,出入境管理部门应当提供办理出国出境证件的便利。

第五章　金融服务

第二十五条　在风险可控的前提下,在自贸试验区内创造条件稳步进行人民币资本项目可兑换、金融市场利率市场化、人民币跨境使用和外汇管理改革等方面的先行先试。

鼓励金融要素市场、金融机构根据国家规定，进行自贸试验区金融产品、业务、服务和风险管理等方面的创新。本市有关部门应当为自贸试验区金融创新提供支持和便利。

本市建立国家金融管理部门驻沪机构、市金融服务部门和管委会参加的自贸试验区金融工作协调机制。

第二十六条　自贸试验区建立有利于风险管理的自由贸易账户体系，实现分账核算管理。区内居民可以按照规定开立居民自由贸易账户；非居民可以在区内银行开立非居民自由贸易账户，按照准入前国民待遇原则享受相关金融服务；上海地区金融机构可以通过设立分账核算单元，提供自由贸易账户相关金融服务。

自由贸易账户之间以及自由贸易账户与境外账户、境内区外的非居民机构账户之间的资金，可以自由划转。自由贸易账户可以按照规定，办理跨境融资、担保等业务。居民自由贸易账户与境内区外的银行结算账户资金流动，视同跨境业务管理。同一非金融机构主体的居民自由贸易账户与其他银行结算账户之间，可以按照规定，办理资金划转。

第二十七条　自贸试验区跨境资金流动按照金融宏观审慎原则实施管理。简化自贸试验区跨境直接投资汇兑手续，自贸试验区跨境直接投资与前置核准脱钩，直接向银行办理所涉及的跨境收付、汇兑业务。各类区内主体可以按照规定开展相关的跨境投融资汇兑业务。

区内个人可以按照规定，办理经常项下跨境人民币收付业务，开展包括证券投资在内的各类跨境投资。区内个体工商户可以根据业务需要，向其境外经营主体提供跨境贷款。

区内金融机构和企业可以按照规定，进入证券和期货交易场所进行投资和交易。区内企业的境外母公司可以按照规定，在境内资本市场发行人民币债券。区内企业可以按照规定，开展境外证券投资以及衍生品投资业务。

区内企业、非银行金融机构以及其他经济组织可以按照规定，从境外融入本外币资金，在区内或者境外开展风险对冲管理。

第二十八条　根据中国人民银行有关规定，国家出台的各项鼓励和支持扩大人民币跨境使用的政策措施，均适用于自贸试验区。

简化自贸试验区经常项下以及直接投资项下人民币跨境使用。区内金融机构和企业可以从境外借入人民币资金。区内企业可以根据自身经营需要，开展跨境双向人民币资金池以及经常项下跨境人民币集中收付业务。上海地区银行业金融机构可以与符合条件的支付机构合作，提供跨境电子商务的人民币结算服务。

第二十九条　在自贸试验区推进利率市场化体系建设，完善自由贸易账户本外币资金利率市场化定价监测机制，区内符合条件的金融机构可以优先发行大额可转让存单，放开区内外币存款利率上限。

第三十条　建立与自贸试验区发展需求相适应的外汇管理体制。简化经常项目单证审核、直接投资项下外汇登记手续。放宽对外债权债务管理。改进跨国公司总部外汇资金集中运营管理、外币资金池以及国际贸易结算中心外汇管理。完善结售汇管理，便利开展大宗商品衍生品的柜台交易。

第三十一条　根据自贸试验区需要，经金融管理部门批准，支持不同层级、不同功能、不同类型、不同所有制的金融机构进入自贸试验区；引导和鼓励民间资本投资区内金融业；支持自贸试验区互联网金融发展；支持在区内建立面向国际的金融交易以及服务平台，提供登记、托管、交易和清算等服务；支持在区内建立完善信托登记平台，探索信托受益权流转机制。

第三十二条　本市配合金融管理部门完善金融风险监测和评估，建立与自贸试验区金融业务发展相适应的风险防范机制。

开展自贸试验区业务的上海地区金融机构和特定非金融机构应当按照规定，向金融管理部门报送相关信息，履行反洗钱、反恐怖融资和反逃税等义务，配合金融管理部门关注跨境异常资金流动，落实金融消费者和投资者保护责任。

第六章　税收管理

第三十三条　自贸试验区按照国家规定，实施促进投资和贸易的有关税收政策；其所属的上海外高桥保税区、上海外高桥保税物流园区、洋山保税港区和上海浦东机场综合保税区执行相应的海关特殊监管区域的税收政策。

遵循税制改革方向和国际惯例，积极研究完善不导致利润转移、税基侵蚀的适应境外股权投资和离岸业务发展的税收政策。

第三十四条　税务部门应当在自贸试验区建立便捷的税务服务体系，实施税务专业化集中审批，逐步取消前置核查，推行先审批后核查、核查审批分离的工作方式；推行网上办税，提供在线纳税咨询、涉税事项办理情况查询等服务，逐步实现跨区域税务通办。

第三十五条　税务部门应当在自贸试验区开展税收征管现代化试点，提高税收效率，营造有利于企业发展、公平竞争的税收环境。

税务部门应当运用税收信息系统和自贸试验区监管信息共享平台进行税收风险监测，提高税收管理水平。

第七章　综合监管

第三十六条　在自贸试验区创新行政管理方式，推进政府管理由注重事先审批转为注重事中事后监管，提高监管参与度，推动形成行政监管、行业自律、社会监督、公众参与的综合监管体系。

第三十七条　自贸试验区建立涉及外资的国家安全审查工作机制。对属于国家安全审查范围的外商投资，投资者应当申请进行国家安全审查；有关管理部门、行业协会、同业企业以及上下游企业可以提出国家安全审查建议。

当事人应当配合国家安全审查工作，提供必要的材料和信息，接受有关询问。

第三十八条　自贸试验区建立反垄断工作机制。

涉及区内企业的经营者集中，达到国务院规定的申报标准的，经营者应当事先申报，未申报的不得实施集中。对垄断协议、滥用市场支配地位以及滥用行政权力排除、限制竞争等行为，依法开展调查和执法。

第三十九条　管委会、驻区机构和有关部门应当记录企业及其有关责任人员的信用相关信息，并按照公共信用信息目录向市公共信用信息服务平台自贸试验区子平台归集。

管委会、驻区机构和有关部门可以在市场准入、货物通关、政府采购以及招投标等工作中，查询相对人的信用记录，使用信用产品，并对信用良好的企业和个人实施便利措施，对失信企业和个人实施约束和惩戒。

自贸试验区鼓励信用服务机构利用各方面信用信息开发信用产品，为行政监管、市场交易等提供信用服务；鼓励企业和个人使用信用产品和服务。

第四十条　自贸试验区实行企业年度报告公示制度和企业经营异常名录制度。

区内企业应当按照规定，报送企业年度报告，并对年度报告信息的真实性、合法性负责。企业年度报告按照规定向社会公示，涉及国家秘密、商业秘密和个人隐私的内容除外。

工商行政管理部门对区内企业报送年度报告的情况开展监督检查。发现企业未按照规定履行年度报告公示义务等情况的，应当载入企业经营异常名录，并向社会公示。

公民、法人和其他组织可以查阅企业年度报告和经营异常名录等公示信息，工商行政管理等部门应当提供查询便利。

企业年度报告公示和企业经营异常名录管理办法，由市工商行政管理部门制定。

第四十一条　在自贸试验区建设统一的监管信息共享平台，促进监管信息的归集、交换和共享。管委会、驻区机构和有关部门应当及时主动提供信息，参与信息交换和共享。

管委会、驻区机构和有关部门应当依托监管信息共享平台，整合监管资源，推动全程动态监管，提高联合监管和协同服务的效能。

监管信息归集、交换、共享的办法，由管委会组织驻区机构和有关部门制定。

第四十二条　鼓励律师事务所、会计师事务所、税务师事务所、知识产权服务机构、报关报检机构、检验检测机构、认证机构、船舶和船员代理机构、公证机构、司法鉴定机构、信用服务机构等专业机构在自贸试验区开展业务。

管委会、驻区机构和有关部门应当通过制度安排，将区内适合专业机构办理的事项，交由专业机构承担，或者引入竞争机制，通过购买服务等方式，引导和培育专业机构发展。

第四十三条　自贸试验区建立企业和相关组织代表等组成的社会参与机制，引导企业和相关组织等表达利益诉求、参与试点政策评估和市场监督。

支持行业协会、商会等参与自贸试验区建设，推动行业协会、商会等制定行业管理标准和行业公约，加强行业自律。

区内企业从事经营活动，应当遵守社会公德、商业道德，接受社会公众的监督。

第四十四条　在自贸试验区推进电子政务建设，在行政管理领域推广电子签名和具有法律效力的电子公文，实行电子文件归档和电子档案管理。电子档案与纸质档案具有同等法律效力。

第四十五条　本市建立自贸试验区综合性评估机制。市发展改革部门应当会同管委会和有关部门，自行或者委托第三方开展监管制度创新、行业整体、行业企业试点政策实施情况和风险防范等方面的评估，为推进完善扩大开放领域、改革试点任务和制度创新措施提供政策建议。

第八章 法治环境

第四十六条 坚持运用法治思维、法治方式在自贸试验区开展各项改革创新，为自贸试验区建设营造良好的法治环境。

国家规定的自贸试验区投资、贸易、金融、税收等改革试点措施发生调整，或者国家规定其他区域改革试点措施可适用于自贸试验区的，按照相关规定执行。

本市地方性法规不适应自贸试验区发展的，市人民政府可以提请市人大及其常委会就其在自贸试验区的适用作出相应规定；本市规章不适应自贸试验区发展的，管委会可以提请市人民政府就其在自贸试验区的适用作出相应规定。

第四十七条 自贸试验区内各类市场主体的平等地位和发展权利，受法律保护。区内各类市场主体在监管、税收和政府采购等方面享有公平待遇。

第四十八条 自贸试验区内投资者合法拥有的企业、股权、知识产权、利润以及其他财产和商业利益，受法律保护。

第四十九条 自贸试验区内劳动者平等就业、选择职业、取得劳动报酬、休息休假、获得劳动安全卫生保护、接受职业技能培训、享受社会保险和福利、参与企业民主管理等权利，受法律保护。

在自贸试验区推行企业和劳动者集体协商机制，推动双方就劳动报酬、劳动安全卫生等有关事项进行平等协商。发挥工会在维护职工权益、促进劳动关系和谐稳定方面的作用。

在自贸试验区健全公正、公开、高效、便民的劳动保障监察和劳动争议处理机制，保护劳动者和用人单位双方的合法权益。

第五十条 加强自贸试验区环境保护工作，探索开展环境影响评价分类管理，提高环境保护管理水平和效率。

鼓励区内企业申请国际通行的环境和能源管理体系标准认证，采用先进生产工艺和技术，节约能源，减少污染物和温室气体排放。

第五十一条 加强自贸试验区知识产权保护工作，完善行政保护与司法保护衔接机制。

本市有关部门应当和国家有关部门加强协作，实行知识产权进出境保护和境内保护的协同管理和执法配合，探索建立自贸试验区知识产权统一管理和执法的体制、机制。

完善自贸试验区知识产权纠纷多元解决机制，鼓励行业协会和调解、仲裁、知识产权中介服务等机构在协调解决知识产权纠纷中发挥作用。

第五十二条　本市制定有关自贸试验区的地方性法规、政府规章、规范性文件,应当主动公开草案内容,征求社会公众、相关行业组织和企业等方面的意见;通过并公布后,应当对社会各方意见的处理情况作出说明;在公布和实施之间,应当预留合理期限,作为实施准备期。但因紧急情况等原因需要立即制定和施行的除外。

本市制定的有关自贸试验区的地方性法规、政府规章、规范性文件,应当在通过后及时公开,并予以解读和说明。

第五十三条　公民、法人和其他组织对管委会制定的规范性文件有异议的,可以提请市人民政府进行审查。审查规则由市人民政府制定。

第五十四条　本市建立自贸试验区信息发布机制,通过新闻发布会、信息通报例会或者书面发布等形式,及时发布自贸试验区相关信息。

管委会应当收集国家和本市关于自贸试验区的法律、法规、规章、政策、办事程序等信息,在中国(上海)自由贸易试验区门户网站上公布,方便各方面查询。

第五十五条　自贸试验区实行相对集中行政复议权制度。

公民、法人或者其他组织不服管委会、市人民政府工作部门及其驻区机构、浦东新区人民政府在自贸试验区内作出的具体行政行为,可以向市人民政府申请行政复议;不服浦东新区人民政府工作部门在自贸试验区内作出的具体行政行为,可以向浦东新区人民政府申请行政复议。重大、复杂、疑难的行政复议案件,应当由行政复议委员会审议。

第五十六条　依法在自贸试验区设立司法机构,公正高效地保障中外当事人合法权益。

本市依法设立的仲裁机构应当依据法律、法规并借鉴国际商事仲裁惯例,适应自贸试验区特点完善仲裁规则,提高商事纠纷仲裁的国际化程度,并基于当事人的自主选择,提供独立、公正、专业、高效的仲裁服务。

本市设立的行业协会、商会以及商事纠纷专业调解机构等可以参与自贸试验区商事纠纷调解,发挥争议解决作用。

第九章　附　则

第五十七条　本条例自2014年8月1日起施行。1996年12月19日上海市第十届人民代表大会常务委员会第三十二次会议审议通过的《上海外高桥保税区条例》同时废止。

2. 国务院关于推广中国(上海)自由贸易试验区可复制改革试点经验的通知

(国发[2014]65号)

各省、自治区、直辖市人民政府,国务院各部委、各直属机构:

设立中国(上海)自由贸易试验区(以下简称上海自贸试验区)是党中央、国务院作出的重大决策。上海自贸试验区成立一年多来,上海市和有关部门以简政放权、放管结合的制度创新为核心,加快政府职能转变,探索体制机制创新,在建立以负面清单管理为核心的外商投资管理制度、以贸易便利化为重点的贸易监管制度、以资本项目可兑换和金融服务业开放为目标的金融创新制度、以政府职能转变为核心的事中事后监管制度等方面,形成了一批可复制、可推广的改革创新成果。经党中央、国务院批准,上海自贸试验区的可复制改革试点经验将在全国范围内推广。现就有关事项通知如下:

一、可复制推广的主要内容

上海自贸试验区可复制改革试点经验,原则上,除涉及法律修订、上海国际金融中心建设事项外,能在其他地区推广的要尽快推广,能在全国范围内推广的要推广到全国。有关部门结合自身深化改革的各项工作,已在全国范围复制推广了一批经验和做法。在此基础上,进一步推广以下事项:

(一)在全国范围内复制推广的改革事项

1. 投资管理领域:外商投资广告企业项目备案制、涉税事项网上审批备案、税务登记号码网上自动赋码、网上自主办税、纳税信用管理的网上信用评级、组织机构代码实时赋码、企业标准备案管理制度创新、取消生产许可证委托加工备案、企业设立实行“单一窗口”等。

2. 贸易便利化领域:全球维修产业检验检疫监管、中转货物产地来源证管理、检验检疫通关无纸化、第三方检验结果采信、出入境生物材料制品风险管理等。

3. 金融领域:个人其他经常项下人民币结算业务、外商投资企业外汇资本金意愿结汇、银行办理大宗商品衍生品柜台交易涉及的结售汇业务、直接投资项下外汇登记及变更登记下放银行办理等。

4. 服务业开放领域:允许融资租赁公司兼营与主营业务有关的商业保理业务、允许设立外商投资资信调查公司、允许设立股份制外资投资性公司、融资租赁公司设立子公司不设最低注册资本限制、允许内外资企业从事游戏游艺设备生产和销售等。

5. 事中事后监管措施:社会信用体系、信息共享和综合执法制度、企业年度报告公示和经营异常名录制度、社会力量参与市场监督制度,以及各部门的专业监管制度。

(二)在全国其他海关特殊监管区域复制推广的改革事项

1. 海关监管制度创新:期货保税交割海关监管制度、境内外维修海关监管制度、融资租赁海关监管制度等措施。

2. 检验检疫制度创新:进口货物预检验、分线监督管理制度、动植物及其产品检疫审批负面清单管理等措施。

二、高度重视推广工作

各地区、各部门要深刻认识推广上海自贸试验区可复制改革试点经验的重大意义,将推广工作作为全面深化改革的重要举措,积极转变政府管理理念,以开放促改革,结合本地区、本部门实际情况,着力解决市场体系不完善、政府干预过多和监管不到位等问题,更好地发挥市场在资源配置中的决定性作用和政府作用。要适应经济全球化的趋势,逐步构建与我国开放型经济发展要求相适应的新体制、新模式,释放改革红利,促进国际国内要素有序自由流动、资源高效配置、市场深度融合,加快培育参与和引领国际经济合作竞争的新优势。

三、切实做好组织实施

各省(区、市)人民政府要因地制宜,将推广相关体制机制改革措施列为本地区重点工作,建立健全领导机制,积极创造条件、扎实推进,确保改革试点经验生根落地,产生实效。国务院各有关部门要按照规定时限完成相关改革试点经验推广工作。各省(区、市)人民政府和国务院各有关部门要制订工作方案,明确具体任务、时间节点和可检验的成果形式,于 2015 年 1 月 31 日前送商务部,由商务部汇总后报国务院。改革试点经验推广过程中遇到的重大问题,要及时报告国务院。

附件:1. 国务院有关部门负责复制推广的改革事项任务分工表

2. 各省(区、市)人民政府借鉴推广的改革事项任务表

国务院
2014 年 12 月 21 日

附件1　国务院有关部门负责复制推广的改革事项任务分工表

序号	改革事项	负责部门	推广范围	时限
1	外商投资广告企业项目备案制	工商总局	全国	2015年6月30日前
2	涉税事项网上审批备案	税务总局		
3	税务登记号码网上自动赋码			
4	网上自主办税			
5	纳税信用管理的网上信用评级			
6	组织机构代码实时赋码	质检总局		
7	企业标准备案管理制度创新			
8	取消生产许可证委托加工备案			
9	全球维修产业检验检疫监管			
10	中转货物产地来源证管理			
11	检验检疫通关无纸化			
12	第三方检验结果采信			
13	出入境生物材料制品风险管理	人民银行		
14	个人其他经常项下人民币结算业务	外汇局		
15	外商投资企业外汇资本金意愿结汇			
16	银行办理大宗商品衍生品柜台交易涉及的结售汇业务			
17	直接投资项下外汇登记及变更登记下放银行办理			
18	允许融资租赁公司兼营与主营业务有关的商业保理业务	商务部		
19	允许设立外商投资资信调查公司			
20	允许设立股份制外资投资性公司			
21	融资租赁公司设立子公司不设最低注册资本限制			
22	允许内外资企业从事游戏游艺设备生产和销售,经文化部门内容审核后面向国内市场销售	文化部		

续表

序号	改革事项	负责部门	推广范围	时限
23	从投资者条件、企业设立程序、业务规则、监督管理、违规处罚等方面明确扩大开放行业具体监管要求，完善专业监管制度	各行业监管部门	在全国借鉴推广	结合扩大开放情况
24	期货保税交割海关监管制度	海关总署	海关特殊监管区域	2015 年 6 月 30 日前
25	境内外维修海关监管制度			
26	融资租赁海关监管制度			
27	进口货物预检验	质检总局		
28	分线监督管理制度			
29	动植物及其产品检疫审批负面清单管理			

附件 2　各省（区、市）人民政府借鉴推广的改革事项任务表

序号	改革事项	主要内容	时限
1	企业设立实行“单一窗口”	企业设立实行“一个窗口”集中受理	2—3 年内
2	社会信用体系	建设公共信用信息服务平台，完善与信用信息、信用产品使用有关的系列制度等	
3	信息共享和综合执法制度	建设信息服务和共享平台，实现各管理部门监管信息的归集应用和全面共享；建立各部门联动执法、协调合作机制等	
4	企业年度报告公示和经营异常名录制度	与工商登记制度改革相配套，运用市场化、社会化的方式对企业进行监管	
5	社会力量参与市场监督制度	通过扶持引导、购买服务、制定标准等制度安排，支持行业协会和专业服务机构参与市场监督	
6	完善专业监管制度	配合行业监管部门完善专业监管制度	结合扩大开放情况

3. 进一步深化中国(上海)自由贸易试验区改革开放方案

(国发[2015]21号)

中国(上海)自由贸易试验区(以下简称自贸试验区)运行以来,围绕加快政府职能转变,推动体制机制创新,营造国际化、市场化、法治化营商环境等积极探索,取得了重要阶段性成果。为贯彻落实党中央、国务院关于进一步深化自贸试验区改革开放的要求,深入推进《中国(上海)自由贸易试验区总体方案》确定的各项任务,制定本方案。

一、总体要求

(一)指导思想

全面贯彻落实党的十八大和十八届二中、三中、四中全会精神,按照党中央、国务院决策部署,紧紧围绕国家战略,进一步解放思想,坚持先行先试,把制度创新作为核心任务,把防控风险作为重要底线,把企业作为重要主体,以开放促改革、促发展,加快政府职能转变,在更广领域和更大空间积极探索以制度创新推动全面深化改革的新路径,率先建立符合国际化、市场化、法治化要求的投资和贸易规则体系,使自贸试验区成为我国进一步融入经济全球化的重要载体,推动"一带一路"建设和长江经济带发展,做好可复制可推广经验总结推广,更好地发挥示范引领、服务全国的积极作用。

(二)发展目标

按照党中央、国务院对自贸试验区"继续积极大胆闯、大胆试、自主改""探索不停步、深耕试验区"的要求,深化完善以负面清单管理为核心的投资管理制度、以贸易便利化为重点的贸易监管制度、以资本项目可兑换和金融服务业开放为目标的金融创新制度、以政府职能转变为核心的事中事后监管制度,形成与国际投资贸易通行规则相衔接的制度创新体系,充分发挥金融贸易、先进制造、科技创新等重点功能承载区的辐射带动作用,力争建设成为开放度最高的投资贸易便利、货币兑换自由、监管高效便捷、法治环境规范的自由贸易园区。

(三)实施范围

自贸试验区的实施范围120.72平方公里,涵盖上海外高桥保税区、上海外高桥保税物流园区、洋山保税港区、上海浦东机场综合保税区4个海关特殊监管区域(28.78平方公里)以及陆家嘴金融片区(34.26平方公里)、金桥开发片区(20.48平方公里)、张江高科技片区(37.2平方公里)。

自贸试验区土地开发利用须遵守土地利用法律法规。浦东新区要加大自主改革力度,加快政府职能转变,加强事中事后监管等管理模式创新,加强与上海国际经济、金融、贸易、航运中心建设的联动机制。

二、主要任务和措施

(一)加快政府职能转变

1.完善负面清单管理模式。推动负面清单制度成为市场准入管理的主要方式,转变以行政审批为主的行政管理方式,制定发布政府权力清单和责任清单,进一步厘清政府和市场的关系。强化事中事后监管,推进监管标准规范制度建设,加快形成行政监管、行业自律、社会监督、公众参与的综合监管体系。

2.加强社会信用体系应用。完善公共信用信息目录和公共信用信息应用清单,在市场监管、城市管理、社会治理、公共服务、产业促进等方面,扩大信用信息和信用产品应用,强化政府信用信息公开,探索建立采信第三方信用产品和服务的制度安排。支持信用产品开发,促进征信市场发展。

3.加强信息共享和服务平台应用。加快以大数据中心和信息交换枢纽为主要功能的信息共享和服务平台建设,扩大部门间信息交换和应用领域,逐步统一信息标准,加强信息安全保障,推进部门协同管理,为加强事中事后监管提供支撑。

4.健全综合执法体系。明确执法主体以及相对统一的执法程序和文书,建立联动联勤平台,完善网上执法办案系统。健全城市管理、市场监督等综合执法体系,建立信息共享、资源整合、执法联动、措施协同的监管工作机制。

5.健全社会力量参与市场监督制度。通过扶持引导、购买服务、制定标准等制度安排,支持行业协会和专业服务机构参与市场监督。探索引入第三方专业机构参与企业信息审查等事项,建立社会组织与企业、行业之间的服务对接机制。充分发挥自贸试验区社会参与委员会作用,推动行业组织诚信自律。试点扩大涉外民办非企业单位登记范围。支持全国性、区域性行业协会入驻,探索引入竞争机制,在规模较大、交叉的行业以及新兴业态中试行"一业多会、适度竞争"。

6.完善企业年度报告公示和经营异常名录制度。根据《企业信息公示暂行条例》,完善企业年度报告公示实施办法。采取书面检查、实地核查、网络监测、大数据比对等方式,对自贸试验区内企业年报公示信息进行抽查,依法将抽查结果通过企业信用信息公示系统向社会公示,营造企业自律环境。

7. 健全国家安全审查和反垄断审查协助工作机制。建立地方参与国家安全审查和反垄断审查的长效机制,配合国家有关部门做好相关工作。在地方事权范围内,加强相关部门协作,实现信息互通、协同研判、执法协助,进一步发挥自贸试验区在国家安全审查和反垄断审查工作中的建议申报、调查配合、信息共享等方面的协助作用。

8. 推动产业预警制度创新。配合国家有关部门试点建立与开放市场环境相匹配的产业预警体系,及时发布产业预警信息。上海市人民政府可选择重点敏感产业,通过实施技术指导、员工培训等政策,帮助企业克服贸易中遇到的困难,促进产业升级。

9. 推动信息公开制度创新。提高行政透明度,主动公开自贸试验区相关政策内容、管理规定、办事程序等信息,方便企业查询。对涉及自贸试验区的地方政府规章和规范性文件,主动公开草案内容,接受公众评论,并在公布和实施之间预留合理期限。实施投资者可以提请上海市人民政府对自贸试验区管理委员会制定的规范性文件进行审查的制度。

10. 推动公平竞争制度创新。严格环境保护执法,建立环境违法法人"黑名单"制度。加大宣传培训力度,引导自贸试验区内企业申请环境能源管理体系认证和推进自评价工作,建立长效跟踪评价机制。

11. 推动权益保护制度创新。完善专利、商标、版权等知识产权行政管理和执法体制机制,完善司法保护、行政监管、仲裁、第三方调解等知识产权纠纷多元解决机制,完善知识产权工作社会参与机制。优化知识产权发展环境,集聚国际知识产权资源,推进上海亚太知识产权中心建设。进一步对接国际商事争议解决规则,优化自贸试验区仲裁规则,支持国际知名商事争议解决机构入驻,提高商事纠纷仲裁国际化程度。探索建立全国性的自贸试验区仲裁法律服务联盟和亚太仲裁机构交流合作机制,加快打造面向全球的亚太仲裁中心。

12. 深化科技创新体制机制改革。充分发挥自贸试验区和国家自主创新示范区政策叠加优势,全面推进知识产权、科研院所、高等教育、人才流动、国际合作等领域体制机制改革,建立积极灵活的创新人才发展制度,健全企业主体创新投入制度,建立健全财政资金支持形成的知识产权处置和收益机制,建立专利导航产业发展工作机制,构建市场导向的科技成果转移转化制度,完善符合创新规律的政府管理制度,推动形成创新要素自由流动的开放合作新局面,在投贷联动金融服务模式创新、技术类无形资产入股、发展新型产业技术研发组织等方面加大探索力度,加快建设具有全球影响力的科技创新中心。

(二)深化与扩大开放相适应的投资管理制度创新

13. 进一步扩大服务业和制造业等领域开放。探索实施自贸试验区外商投资负面清单制度,减少和取消对外商投资准入限制,提高开放度和透明度。自贸试验区已试点的对外开放措施适用于陆家嘴金融片区、金桥开发片区和张江高科技片区。根据国家对外开放战略要求,在服务业和先进制造业等领域进一步扩大开放。在严格遵照全国人民代表大会常务委员会授权的前提下,自贸试验区部分对外开放措施和事中事后监管措施辐射到整个浦东新区,涉及调整行政法规、国务院文件和经国务院批准的部门规章的部分规定的,按规定程序办理。

14. 推进外商投资和境外投资管理制度改革。对外商投资准入特别管理措施(负面清单)之外领域,按照内外资一致原则,外商投资项目实行备案制(国务院规定对国内投资项目保留核准的除外);根据全国人民代表大会常务委员会授权,将外商投资企业设立、变更及合同章程审批改为备案管理,备案后按国家有关规定办理相关手续。对境外投资项目和境外投资开办企业实行以备案制为主的管理方式,建立完善境外投资服务促进平台。试点建立境外融资与跨境资金流动宏观审慎管理政策框架,支持企业开展国际商业贷款等各类境外融资活动。统一内外资企业外债政策,建立健全外债宏观审慎管理制度。

15. 深化商事登记制度改革。探索企业登记住所、企业名称、经营范围登记等改革,开展集中登记试点。推进"先照后证"改革。探索许可证清单管理模式。简化和完善企业注销流程,试行对个体工商户、未开业企业、无债权债务企业实行简易注销程序。

16. 完善企业准入"单一窗口"制度。加快企业准入"单一窗口"从企业设立向企业工商变更、统计登记、报关报检单位备案登记等环节拓展,逐步扩大"单一窗口"受理事项范围。探索开展电子营业执照和企业登记全程电子化试点工作。探索实行工商营业执照、组织机构代码证和税务登记证"多证联办"或"三证合一"登记制度。

(三)积极推进贸易监管制度创新

17. 在自贸试验区内的海关特殊监管区域深化"一线放开""二线安全高效管

住”贸易便利化改革。推进海关特殊监管区域整合优化，完善功能。加快形成贸易便利化创新举措的制度规范，覆盖到所有符合条件的企业。加强口岸监管部门联动，规范并公布通关作业时限。鼓励企业参与“自主报税、自助通关、自动审放、重点稽核”等监管制度创新试点。

18. 推进国际贸易“单一窗口”建设。完善国际贸易“单一窗口”的货物进出口和运输工具进出境的应用功能，进一步优化口岸监管执法流程和通关流程，实现贸易许可、支付结算、资质登记等平台功能，将涉及贸易监管的部门逐步纳入“单一窗口”管理平台。探索长三角区域国际贸易“单一窗口”建设，推动长江经济带通关一体化。

19. 统筹研究推进货物状态分类监管试点。按照管得住、成本和风险可控原则，规范政策，创新监管模式，在自贸试验区内的海关特殊监管区域统筹研究推进货物状态分类监管试点。

20. 推动贸易转型升级。推进亚太示范电子口岸网络建设。加快推进大宗商品现货市场和资源配置平台建设，强化监管、创新制度、探索经验。深化贸易平台功能，依法合规开展文化版权交易、艺术品交易、印刷品对外加工等贸易，大力发展知识产权专业服务业。推动生物医药、软件信息等新兴服务贸易和技术贸易发展。按照公平竞争原则，开展跨境电子商务业务，促进上海跨境电子商务公共服务平台与境内外各类企业直接对接。统一内外资融资租赁企业准入标准、审批流程和事中事后监管制度。探索融资租赁物登记制度，在符合国家规定前提下开展租赁资产交易。探索适合保理业务发展的境外融资管理新模式。稳妥推进外商投资典当行试点。

21. 完善具有国际竞争力的航运发展制度和运作模式。建设具有较强服务功能和辐射能力的上海国际航运中心，不断提高全球航运资源配置能力。加快国际船舶登记制度创新，充分利用现有中资“方便旗”船税收优惠政策，促进符合条件的船舶在上海落户登记。扩大国际中转集拼业务，拓展海运国际中转集拼业务试点范围，打造具有国际竞争力的拆、拼箱运作环境，实现洋山保税港区、外高桥保税物流园区集装箱国际中转集拼业务规模化运作；拓展浦东机场货邮中转业务，增加国际中转集拼航线和试点企业，在完善总运单拆分国际中转业务基础上，拓展分运单集拼国际中转业务。优化沿海捎带业务监管模式，提高中资非五星旗船沿海捎带业务通关效率。推动与旅游业相关的邮轮、游艇等旅游运输工具出行便利化。在符合国家规定前提下,发展航运运价衍生品交易业务。深化多港区联动机制,推进外高桥港、洋山深水港、浦东空港国际枢纽港联动发展。符合条件的地区可按规定申请实施境外旅客购物离境退税政策。

(四)深入推进金融制度创新

22. 加大金融创新开放力度,加强与上海国际金融中心建设的联动。具体方案由人民银行会同有关部门和上海市人民政府另行报批。

(五)加强法制和政策保障

23. 健全法制保障体系。全国人民代表大会常务委员会已经授权国务院,在自贸试验区扩展区域暂时调整《中华人民共和国外资企业法》、《中华人民共和国中外合资经营企业法》、《中华人民共和国中外合作经营企业法》和《中华人民共和国台湾同胞投资保护法》规定的有关行政审批;扩展区域涉及《国务院关于在中国(上海)自由贸易试验区内暂时调整有关行政法规和国务院文件规定的行政审批或者准入特别管理措施的决定》(国发〔2013〕51 号)和《国务院关于在中国(上海)自由贸易试验区内暂时调整实施有关行政法规和经国务院批准的部门规章规定的准入特别管理措施的决定》(国发〔2014〕38 号)暂时调整实施有关行政法规、国务院文件和经国务院批准的部门规章的部分规定的,按规定程序办理;自贸试验区需要暂时调整实施其他有关行政法规、国务院文件和经国务院批准的部门规章的部分规定的,按规定程序办理。加强地方立法,对试点成熟的改革事项,适时将相关规范性文件上升为地方性法规和规章。建立自贸试验区综合法律服务窗口等司法保障和服务体系。

24. 探索适应企业国际化发展需要的创新人才服务体系和国际人才流动通行制度。完善创新人才集聚和培育机制,支持中外合作人才培训项目发展,加大对海外人才服务力度,提高境内外人员出入境、外籍人员签证和居留、就业许可、驾照申领等事项办理的便利化程度。

25. 研究完善促进投资和贸易的税收政策。自贸试验区内的海关特殊监管区域实施范围和税收政策适用范围维持不变。在符合税制改革方向和国际惯例,以及不导致利润转移和税基侵蚀前提下,调整完善对外投资所得抵免方式;研究完善适用于境外股权投资和离岸业务的税收制度。

三、扎实做好组织实施

在国务院的领导和协调下,由上海市根据自贸试验区的目标定位和先行先试任务,精心组织实施,调整完善管理体制和工作机制,形成可操作的具体计划。对出现的新情况、新问题,认真研究,及时调整试点内容和政策措施,重大事项及时向国务院请示报告。各有关部门要继续给予大力支持,加强指导和服务,共同推进相关体制机制创新,把自贸试验区建设好、管理好。

4. 自由贸易试验区外商投资准入特别管理措施(负面清单)

(国办发[2015]23号)

说明

一、《自由贸易试验区外商投资准入特别管理措施(负面清单)》(以下简称《自贸试验区负面清单》)依据现行有关法律法规制定,已经国务院批准,现予以发布。负面清单列明了不符合国民待遇等原则的外商投资准入特别管理措施,适用于上海、广东、天津、福建四个自由贸易试验区(以下统称自贸试验区)。

二、《自贸试验区负面清单》依据《国民经济行业分类》(GB/T 4754—2011)划分为15个门类、50个条目、122项特别管理措施。其中特别管理措施包括具体行业措施和适用于所有行业的水平措施。

三、《自贸试验区负面清单》中未列出的与国家安全、公共秩序、公共文化、金融审慎、政府采购、补贴、特殊手续和税收相关的特别管理措施,按照现行规定执行。自贸试验区内的外商投资涉及国家安全的,须按照《自由贸易试验区外商投资国家安全审查试行办法》进行安全审查。

四、《自贸试验区负面清单》之外的领域,在自贸试验区内按照内外资一致原则实施管理,并由所在地省级人民政府发布实施指南,做好相关引导工作。

五、香港特别行政区、澳门特别行政区、台湾地区投资者在自贸试验区内投资参照《自贸试验区负面清单》执行。内地与香港特别行政区、澳门特别行政区关于建立更紧密经贸关系的安排及其补充协议,《海峡两岸经济合作框架协议》,我国签署的自贸协定中适用于自贸试验区并对符合条件的投资者有更优惠的开放措施的,按照相关协议或协定的规定执行。

六、《自贸试验区负面清单》自印发之日起30日后实施,并适时调整。

自由贸易试验区外商投资准入特别管理措施(负面清单)

序号	领域	特别管理措施
一、农、林、牧、渔业		
(一)	种业	1.禁止投资中国稀有和特有的珍贵优良品种的研发、养殖、种植以及相关繁殖材料的生产(包括种植业、畜牧业、水产业的优良基因)。

续表

序号	领域	特别管理措施
(一)	种业	2. 禁止投资农作物、种畜禽、水产苗种转基因品种选育及其转基因种子(苗)生产。 3. 农作物新品种选育和种子生产属于限制类,须由中方控股。 4. 未经批准,禁止采集农作物种质资源。
(二)	渔业捕捞	5. 在中国管辖水域从事渔业活动,须经中国政府批准。 6. 不批准以合作、合资等方式引进渔船在管辖水域作业的船网工具指标申请。
二、采矿业		
(三)	专属经济区与大陆架勘探开发	7. 对中国专属经济区和大陆架的自然资源进行勘查、开发活动或在中国大陆架上为任何目的进行钻探,须经中国政府批准。
(四)	石油和天然气开采	8. 石油、天然气(含油页岩、油砂、页岩气、煤层气等非常规油气)的勘探、开发,限于合资、合作。
(五)	稀土和稀有矿采选	9. 禁止投资稀土勘查、开采及选矿;未经允许,禁止进入稀土矿区或取得矿山地质资料、矿石样品及生产工艺技术。 10. 禁止投资钨、钼、锡、锑、萤石的勘查、开采。 11. 禁止投资放射性矿产的勘查、开采、选矿。
(六)	金属矿及非金属矿采选	12. 贵金属(金、银、铂族)勘查、开采,属于限制类。 13. 锂矿开采、选矿,属于限制类。 14. 石墨勘查、开采,属于限制类。
三、制造业		
(七)	航空制造	15. 干线、支线飞机设计、制造与维修,3 吨级及以上民用直升机设计与制造,地面、水面效应飞机制造及无人机、浮空器设计与制造,须由中方控股。 16. 通用飞机设计、制造与维修限于合资、合作。
(八)	船舶制造	17. 船用低、中速柴油机及曲轴制造,须由中方控股。 18. 海洋工程装备(含模块)制造与修理,须由中方控股。 19. 船舶(含分段)修理、设计与制造属于限制类,须由中方控股。

续表

序号	领域	特别管理措施
（九）	汽车制造	20. 汽车整车、专用汽车制造属于限制类，中方股比不低于50%；同一家外商可在国内建立两家（含两家）以下生产同类（乘用车类、商用车类）整车产品的合资企业，如与中方合资伙伴联合兼并国内其他汽车生产企业可不受两家的限制。 21. 新建纯电动乘用车生产企业生产的产品须使用自有品牌，拥有自主知识产权和已授权的相关发明专利。
（十）	轨道交通设备制造	22. 轨道交通运输设备制造限于合资、合作（与高速铁路、铁路客运专线、城际铁路配套的乘客服务设施和设备的研发、设计与制造，与高速铁路、铁路客运专线、城际铁路相关的轨道和桥梁设备研发、设计与制造，电气化铁路设备和器材制造，铁路客车排污设备制造等除外）。 23. 城市轨道交通项目设备国产化比例须达到70%及以上。
（十一）	通信设备制造	24. 民用卫星设计与制造、民用卫星有效载荷制造须由中方控股。 25. 卫星电视广播地面接收设施及关键件生产属于限制类。
（十二）	矿产冶炼和压延加工	26. 钨、钼、锡（锡化合物除外）、锑（含氧化锑和硫化锑）等稀有金属冶炼属于限制类。 27. 稀土冶炼、分离属于限制类，限于合资、合作。 28. 禁止投资放射性矿产冶炼、加工。
（十三）	医药制造	29. 禁止投资列入《野生药材资源保护管理条例》和《中国稀有濒危保护植物名录》的中药材加工。 30. 禁止投资中药饮片的蒸、炒、炙、煅等炮制技术的应用及中成药保密处方产品的生产。
（十四）	其他制造业	31. 禁止投资象牙雕刻、虎骨加工、宣纸和墨锭生产等民族传统工艺。
四、电力、热力、燃气及水生产和供应业		
（十五）	原子能	32. 核电站的建设、经营，须由中方控股。 33. 核燃料、核材料、铀产品以及相关核技术的生产经营和进出口由具有资质的中央企业实行专营。 34. 国有或国有控股企业才可从事放射性固体废物处置活动。

续表

序号	领域	特别管理措施
（十六）	管网设施	35. 城市人口50万以上的城市燃气、热力和供排水管网的建设、经营属于限制类，须由中方控股。 36. 电网的建设、经营须由中方控股。
五、批发和零售业		
（十七）	专营及特许经营	37. 对烟草实行专营制度。烟草专卖品（指卷烟、雪茄烟、烟丝、复烤烟叶、烟叶、卷烟纸、滤嘴棒、烟用丝束、烟草专用机械）的生产、销售、进出口实行专卖管理，并实行烟草专卖许可证制度。禁止投资烟叶、卷烟、复烤烟叶及其他烟草制品的批发、零售。 38. 对中央储备粮（油）实行专营制度。中国储备粮管理总公司具体负责中央储备粮（含中央储备油）的收购、储存、经营和管理。 39. 对免税商品销售业务实行特许经营和集中统一管理。 40. 对彩票发行、销售实行特许经营，禁止在中华人民共和国境内发行、销售境外彩票。
六、交通运输、仓储和邮政业		
（十八）	道路运输	41. 公路旅客运输公司属于限制类。
（十九）	铁路运输	42. 铁路干线路网的建设、经营须由中方控股。 43. 铁路旅客运输公司属于限制类，须由中方控股。
（二十）	水上运输	44. 水上运输公司（上海自贸试验区内设立的国际船舶运输企业除外）属于限制类，须由中方控股，且不得经营以下业务：（1）中国国内水路运输业务，包括以租用中国籍船舶或者舱位等方式变相经营水路运输业务；（2）国内船舶管理、水路旅客运输代理和水路货物运输代理业务。 45. 船舶代理外资比例不超过51%。 46. 外轮理货属于限制类，限于合资、合作。 47. 水路运输经营者不得使用外国籍船舶经营国内水路运输业务，经中国政府许可的特殊情形除外。 48. 中国港口之间的海上运输和拖航，由悬挂中华人民共和国国旗的船舶经营。外国籍船舶经营中国港口之间的海上运输和拖航，须经中国政府批准。

续表

序号	领域	特别管理措施
(二十一)	公共航空运输	49. 公共航空运输企业须由中方控股,单一外国投资者(包括其关联企业)投资比例不超过25%。 50. 公共航空运输企业董事长和法定代表人须由中国籍公民担任。 51. 外国航空器经营人不得经营中国境内两点之间的运输。 52. 只有中国指定承运人可以经营中国与其他缔约方签订的双边运输协议确定的双边航空运输市场。
(二十二)	通用航空	53. 允许以合资方式投资专门从事农、林、渔作业的通用航空企业,其他通用航空企业须由中方控股。 54. 通用航空企业法定代表人须由中国籍公民担任。 55. 禁止外籍航空器或者外籍人员从事航空摄影、遥感测绘、矿产资源勘查等重要专业领域的通用航空飞行。
(二十三)	民用机场与空中交通管制	56. 禁止投资和经营空中交通管制系统。 57. 民用机场的建设、经营,须由中方相对控股。
(二十四)	邮政	58. 禁止投资邮政企业和经营邮政服务。 59. 禁止经营信件的国内快递业务。
七、信息传输、软件和信息技术服务业		
(二十五)	电信传输服务	60. 电信公司属于限制类,限于中国入世承诺开放的电信业务,其中:增值电信业务(电子商务除外)外资比例不超过50%,基础电信业务经营者须为依法设立的专门从事基础电信业务的公司,且公司中国有股权或者股份不少于51%。
(二十六)	互联网和相关服务	61. 禁止投资互联网新闻服务、网络出版服务、网络视听节目服务、网络文化经营(音乐除外)、互联网上网服务营业场所、互联网公众发布信息服务(上述服务中,中国入世承诺中已开放的内容除外)。 62. 禁止从事互联网地图编制和出版活动(上述服务中,中国入世承诺中已开放的内容除外)。 63. 互联网新闻信息服务单位与外国投资者进行涉及互联网新闻信息服务业务的合作,应报经中国政府进行安全评估。

续表

序号	领域	特别管理措施
八、金融业		
(二十七)	银行业股东机构类型要求	64. 境外投资者投资银行业金融机构,应为金融机构或特定类型机构。具体要求: (1)外商独资银行股东、中外合资银行外方股东应为金融机构,且外方唯一或者控股/主要股东应为商业银行; (2)投资中资商业银行、信托公司的应为金融机构; (3)投资农村商业银行、农村合作银行、农村信用(合作)联社、村镇银行的应为境外银行; (4)投资金融租赁公司的应为金融机构或融资租赁公司; (5)消费金融公司的主要出资人应为金融机构; (6)投资货币经纪公司的应为货币经纪公司; (7)投资金融资产管理公司的应为金融机构,且不得参与发起设立金融资产管理公司; (8)法律法规未明确的应为金融机构。
(二十八)	银行业资质要求	65. 境外投资者投资银行业金融机构须符合一定数额的总资产要求,具体包括: (1)外资法人银行外方唯一或者控股/主要股东、外国银行分行的母行; (2)中资商业银行、农村商业银行、农村合作银行、农村信用(合作)联社、村镇银行、信托公司、金融租赁公司、贷款公司、金融资产管理公司的境外投资者; (3)法律法规未明确不适用的其他银行业金融机构的境外投资者。 66. 境外投资者投资货币经纪公司须满足相关业务年限、全球机构网络和资讯通信网络等特定条件。
(二十九)	银行业股比要求	67. 境外投资者入股中资商业银行、农村商业银行、农村合作银行、农村信用(合作)联社、金融资产管理公司等银行业金融机构受单一股东和合计持股比例限制。

续表

序号	领域	特别管理措施
(三十)	外资银行	68. 除符合股东机构类型要求和资质要求外,外资银行还受限于以下条件: (1)外国银行分行不可从事《中华人民共和国商业银行法》允许经营的"代理发行、代理兑付、承销政府债券"、"代理收付款项"、"从事银行卡业务",除可以吸收中国境内公民每笔不少于100万元人民币的定期存款外,外国银行分行不得经营对中国境内公民的人民币业务; (2)外国银行分行应当由总行无偿拨付营运资金,营运资金的一部分应以特定形式存在并符合相应管理要求; (3)外国银行分行须满足人民币营运资金充足性(8%)要求; (4)外资银行获准经营人民币业务须满足最低开业时间要求。
(三十一)	期货公司	69. 期货公司属于限制类,须由中方控股。
(三十二)	证券公司	70. 证券公司属于限制类,外资比例不超过49%。 71. 单个境外投资者持有(包括直接持有和间接控制)上市内资证券公司股份的比例不超过20%;全部境外投资者持有(包括直接持有和间接控制)上市内资证券公司股份的比例不超过25%。
(三十三)	证券投资基金管理公司	72. 证券投资基金管理公司属于限制类,外资比例不超过49%。
(三十四)	证券和期货交易	73. 不得成为证券交易所的普通会员和期货交易所的会员。 74. 不得申请开立A股证券账户以及期货账户。
(三十五)	保险机构设立	75. 保险公司属于限制类(寿险公司外资比例不超过50%),境内保险公司合计持有保险资产管理公司的股份不低于75%。 76. 申请设立外资保险公司的外国保险公司,以及投资入股保险公司的境外金融机构(通过证券交易所购买上市保险公司股票的除外),须符合中国保险监管部门规定的经营年限、总资产等条件。
(三十六)	保险业务	77. 非经中国保险监管部门批准,外资保险公司不得与其关联企业从事再保险的分出或者分入业务。

续表

序号	领域	特别管理措施
九、租赁和商务服务业		
（三十七）	会计审计	78. 担任特殊普通合伙会计师事务所首席合伙人（或履行最高管理职责的其他职务），须具有中国国籍。
（三十八）	法律服务	79. 外国律师事务所只能以代表机构的方式进入中国，在华设立代表机构、派驻代表，须经中国司法行政部门许可。 80. 禁止从事中国法律事务，不得成为国内律师事务所合伙人。 81. 外国律师事务所驻华代表机构不得聘用中国执业律师，聘用的辅助人员不得为当事人提供法律服务。
（三十九）	统计调查	82. 实行涉外调查机构资格认定制度和涉外社会调查项目审批制度。 83. 禁止投资社会调查。 84. 市场调查属于限制类，限于合资、合作，其中广播电视收听、收视调查须由中方控股。 85. 评级服务属于限制类。
（四十）	其他商务服务	86. 因私出入境中介机构法定代表人须为具有境内常住户口、具有完全民事行为能力的中国公民。
十、科学研究和技术服务业		
（四十一）	专业技术服务	87. 禁止投资大地测量、海洋测绘、测绘航空摄影、行政区域界线测绘，地形图、世界政区地图、全国政区地图、省级及以下政区地图、全国性教学地图、地方性教学地图和真三维地图编制，导航电子地图编制，区域性的地质填图、矿产地质、地球物理、地球化学、水文地质、环境地质、地质灾害、遥感地质等调查。 88. 测绘公司属于限制类，须由中方控股。 89. 禁止投资人体干细胞、基因诊断与治疗技术开发和应用。 90. 禁止设立和运营人文社会科学研究机构。
十一、水利、环境和公共设施管理业		
（四十二）	动植物资源保护	91. 禁止投资国家保护的原产于中国的野生动植物资源开发。 92. 禁止采集或收购国家重点保护野生植物。

续表

序号	领域	特别管理措施
十二、教育		
（四十三）	教育	93. 外国教育机构、其他组织或者个人不得单独设立以中国公民为主要招生对象的学校及其他教育机构（不包括非学制类职业技能培训）。 94. 外国教育机构可以同中国教育机构合作举办以中国公民为主要招生对象的教育机构，中外合作办学者可以合作举办各级各类教育机构，但是： （1）不得举办实施义务教育和实施军事、警察、政治和党校等特殊领域教育机构； （2）外国宗教组织、宗教机构、宗教院校和宗教教职人员不得在中国境内从事合作办学活动，中外合作办学机构不得进行宗教教育和开展宗教活动； （3）普通高中教育机构、高等教育机构和学前教育属于限制类，须由中方主导（校长或者主要行政负责人应当具有中国国籍，在中国境内定居；理事会、董事会或者联合管理委员会的中方组成人员不得少于1/2；教育教学活动和课程教材须遵守我国相关法律法规及有关规定）。
十三、卫生和社会工作		
（四十四）	医疗	95. 医疗机构属于限制类，限于合资、合作。
十四、文化、体育和娱乐业		
（四十五）	广播电视播出、传输、制作、经营	96. 禁止投资设立和经营各级广播电台（站）、电视台（站）、广播电视频率频道和时段栏目、广播电视传输覆盖网（广播电视发射台、转播台〔包括差转台、收转台〕、广播电视卫星、卫星上行站、卫星收转站、微波站、监测台〔站〕及有线广播电视传输覆盖网等），禁止从事广播电视视频点播业务和卫星电视广播地面接收设施安装服务。 97. 禁止投资广播电视节目制作经营公司。 98. 对境外卫星频道落地实行审批制度。引进境外影视剧和以卫星传送方式引进其他境外电视节目由新闻出版广电总局指定的单位申报。 99. 对中外合作制作电视剧（含电视动画片）实行许可制度。

续表

序号	领域	特别管理措施
(四十六)	新闻出版、广播影视、金融信息	100. 禁止投资设立通讯社、报刊社、出版社以及新闻机构。 101. 外国新闻机构在中国境内设立常驻新闻机构、向中国派遣常驻记者,应当经中国政府批准。 102. 外国通讯社在中国境内提供新闻的服务业务须由中国政府审批。 103. 禁止投资经营图书、报纸、期刊、音像制品和电子出版物的出版、制作业务;禁止经营报刊版面。 104. 中外新闻机构业务合作、中外合作新闻出版项目,须中方主导,且须经中国政府批准(经中国政府批准,允许境内科学技术类期刊与境外期刊建立版权合作关系,合作期限不超过 5 年,合作期满需延长的,须再次申请报批。中方掌握内容的终审权,外方人员不得参与中方期刊的编辑、出版活动)。 105. 禁止从事电影、广播电视节目、美术品和数字文献数据库及其出版物等文化产品进口业务(上述服务中,中国入世承诺中已开放的内容除外)。 106. 出版物印刷属于限制类,须由中方控股。 107. 未经中国政府批准,禁止在中国境内提供金融信息服务。 108. 境外传媒(包括外国和港澳台地区报社、期刊社、图书出版社、音像出版社、电子出版物出版公司以及广播、电影、电视等大众传播机构)不得在中国境内设立代理机构或编辑部。如需设立办事机构,须经审批。
(四十七)	电影制作、发行、放映	109. 禁止投资电影制作公司、发行公司、院线公司。 110. 中国政府对中外合作摄制电影片实行许可制度。 111. 电影院的建设、经营须由中方控股。放映电影片,应当符合中国政府规定的国产电影片与进口电影片放映的时间比例。放映单位年放映国产电影片的时间不得低于年放映电影片时间总和的 2/3。

续表

序号	领域	特别管理措施
（四十八）	非物质文化遗产、文物及考古	112. 禁止投资和经营文物拍卖的拍卖企业、文物购销企业。 113. 禁止投资和运营国有文物博物馆。 114. 禁止不可移动文物及国家禁止出境的文物转让、抵押、出租给外国人。 115. 禁止设立与经营非物质文化遗产调查机构。 116. 境外组织或个人在中国境内进行非物质文化遗产调查和考古调查、勘探、发掘，应采取与中国合作的形式并经专门审批许可。
（四十九）	文化娱乐	117. 禁止设立文艺表演团体。 118. 演出经纪机构属于限制类，须由中方控股（为本省市提供服务的除外）。 119. 大型主题公园的建设、经营属于限制类。
十五、所有行业		
（五十）	所有行业	120. 不得作为个体工商户、个人独资企业投资人、农民专业合作社成员，从事经营活动。 121.《外商投资产业指导目录》中的禁止类以及标注有“限于合资”、“限于合作”、“限于合资、合作”、“中方控股”、“中方相对控股”和有外资比例要求的项目，不得设立外商投资合伙企业。 122. 外国投资者并购境内企业、外国投资者对上市公司的战略投资、境外投资者以其持有的中国境内企业股权出资涉及外商投资项目和企业设立及变更事项的，按现行规定办理。

5. 国务院关于印发中国(广东)自由贸易试验区总体方案的通知

(国发〔2015〕18号)

各省、自治区、直辖市人民政府,国务院各部委、各直属机构:

国务院批准《中国(广东)自由贸易试验区总体方案》(以下简称《方案》),现予印发。

一、建立中国(广东)自由贸易试验区(以下简称自贸试验区),是党中央、国务院作出的重大决策,是在新形势下推进改革开放和促进内地与港澳深度合作的重要举措,对加快政府职能转变、积极探索管理模式创新、促进贸易和投资便利化,为全面深化改革和扩大开放探索新途径、积累新经验,具有重要意义。

二、自贸试验区要当好改革开放排头兵、创新发展先行者,以制度创新为核心,贯彻"一带一路"建设等国家战略,在构建开放型经济新体制、探索粤港澳经济合作新模式、建设法治化营商环境等方面,率先挖掘改革潜力,破解改革难题。要积极探索外商投资准入前国民待遇加负面清单管理模式,深化行政管理体制改革,提高行政管理效能,提升事中事后监管能力和水平。

三、广东省人民政府和有关部门要解放思想、改革创新,大胆实践、积极探索,统筹谋划、加强协调,支持自贸试验区先行先试。要加强组织领导,明确责任主体,精心组织好《方案》实施工作,有效防控各类风险。要及时总结评估试点实施效果,形成可复制可推广的改革经验,发挥示范带动、服务全国的积极作用。

四、根据《全国人民代表大会常务委员会关于授权国务院在中国(广东)自由贸易试验区、中国(天津)自由贸易试验区、中国(福建)自由贸易试验区以及中国(上海)自由贸易试验区扩展区域暂时调整有关法律规定的行政审批的决定》,相应暂时调整有关行政法规和国务院文件的部分规定。具体由国务院另行印发。

五、《方案》实施中的重大问题,广东省人民政府要及时向国务院请示报告。

国务院

2015年4月8日

6. 国务院关于印发中国(天津)自由贸易试验区总体方案的通知

(国发〔2015〕19号)

各省、自治区、直辖市人民政府,国务院各部委、各直属机构:

国务院批准《中国(天津)自由贸易试验区总体方案》(以下简称《方案》),现予印发。

一、建立中国(天津)自由贸易试验区(以下简称自贸试验区),是党中央、国务院作出的重大决策,是在新形势下推进改革开放和加快实施京津冀协同发展战略的重要举措,对加快政府职能转变、积极探索管理模式创新、促进贸易和投资便利化,为全面深化改革和扩大开放探索新途径、积累新经验,具有重要意义。

二、自贸试验区要当好改革开放排头兵、创新发展先行者,以制度创新为核心,贯彻京津冀协同发展等国家战略,在构建开放型经济新体制、探索区域经济合作新模式、建设法治化营商环境等方面,率先挖掘改革潜力,破解改革难题。要积极探索外商投资准入前国民待遇加负面清单管理模式,深化行政管理体制改革,提升事中事后监管能力和水平。

三、天津市人民政府和有关部门要解放思想、改革创新,大胆实践、积极探索,统筹谋划、加强协调,支持自贸试验区先行先试。要加强组织领导,明确责任主体,精心组织好《方案》实施工作,有效防控各类风险。要及时总结评估试点实施效果,形成可复制可推广的改革经验,发挥示范带动、服务全国的积极作用。

四、根据《全国人民代表大会常务委员会关于授权国务院在中国(广东)自由贸易试验区、中国(天津)自由贸易试验区、中国(福建)自由贸易试验区以及中国(上海)自由贸易试验区扩展区域暂时调整有关法律规定的行政审批的决定》,相应暂时调整有关行政法规和国务院文件的部分规定。具体由国务院另行印发。

五、《方案》实施中的重大问题,天津市人民政府要及时向国务院请示报告。

国务院

2015年4月8日

7. 国务院关于印发中国(福建)自由贸易试验区总体方案的通知

(国发〔2015〕20号)

各省、自治区、直辖市人民政府,国务院各部委、各直属机构:

国务院批准《中国(福建)自由贸易试验区总体方案》(以下简称《方案》),现予印发。

一、建立中国(福建)自由贸易试验区(以下简称自贸试验区),是党中央、国务院作出的重大决策,是在新形势下推进改革开放和深化两岸经济合作的重要举措,对加快政府职能转变、积极探索管理模式创新、促进贸易和投资便利化,为全面深化改革和扩大开放探索新途径、积累新经验,具有重要意义。

二、自贸试验区要当好改革开放排头兵、创新发展先行者,以制度创新为核心,贯彻“一带一路”建设等国家战略,在构建开放型经济新体制、探索闽台经济合作新模式、建设法治化营商环境等方面,率先挖掘改革潜力,破解改革难题。要积极探索外商投资准入前国民待遇加负面清单管理模式,深化行政管理体制改革,提升事中事后监管能力和水平。

三、福建省人民政府和有关部门要解放思想、改革创新,大胆实践、积极探索,统筹谋划、加强协调,支持自贸试验区先行先试。要加强组织领导,明确责任主体,精心组织好《方案》实施工作,有效防控各类风险。要及时总结评估试点实施效果,形成可复制可推广的改革经验,发挥示范带动、服务全国的积极作用。

四、根据《全国人民代表大会常务委员会关于授权国务院在中国(广东)自由贸易试验区、中国(天津)自由贸易试验区、中国(福建)自由贸易试验区以及中国(上海)自由贸易试验区扩展区域暂时调整有关法律规定的行政审批的决定》,相应暂时调整有关行政法规和国务院文件的部分规定。具体由国务院另行印发。

五、《方案》实施中的重大问题,福建省人民政府要及时向国务院请示报告。

国务院

2015年4月8日

附录三

赵晓雷教授及其研究团队介绍

首席专家

赵晓雷，经济学博士。上海财经大学教授、博士生导师，现任上海财经大学财经研究所所长，城市与区域科学学院院长；上海财经大学自由贸易区研究院院长。国务院学位委员会学科评议组成员，享受国务院政府特殊津贴，全国优秀老师，曾获孙冶方经济科学奖。兼任中国经济思想史学会副会长，中国区域科学协会副理事长，中国教育家协会常务理事，上海市政府决策咨询研究基地"赵晓雷工作室"首席专家，中国社会科学院陆家嘴（上海）基地学术委员会委员，上海市建交委科技委委员。专业研究领域为理论经济学、宏观经济分析、城市经济规划及城市群经济。作为首席专家率领团队承接国家社会科学基金重大招标项目"中国（上海）自由贸易试验区建设的实践探索与经验研究"，国家自然科学基金应急项目"中国（上海）自由贸易试验区发展机制与配套政策研究"以及上海市政府决策咨询研究重点课题"未来两年基本建成上海自由贸易试验区的重点工作和推进举措"等国家级、省部级重大课题研究；作为官方认定的评估专家主持上海自贸试验区第一年、第二年的第三方综合评估。赵晓雷教授及其团队是中国自贸区研究的著名智库，在国内国际产生了广泛影响。

研究团队主要成员

（以姓名拼音排序）

鲍晓华，经济学博士。上海财经大学国际工商管理学院教授，博士生导师，上海市国际贸易学会副会长，上海财经大学自由贸易区研究中心副主任。曾获教育部"新世纪优秀人才"、上海市"曙光学者"、霍英东高等院校"优秀青年教师"、上海市教育系统"科研新星"、上海财经大学"科研标兵""教书育人标兵"

等荣誉称号。在 *Review of International Economics* 等国际经济学知名 SSCI 刊物发表论文 5 篇,在《经济研究》《管理世界》《世界经济》《经济学(季刊)》等国内刊物发表论文 40 余篇,其中有 9 篇被人大复印资料全文转载。主持国家自然科学和国家社会科学基金项目 3 项,主持省部级课题近 10 项。相关研究成果获得安子介国际贸易研究奖和上海哲学社会科学优秀成果奖等省部级科研奖励多项。

曹建华,管理学博士。上海财经大学财经研究所教授,博士生导师,上海财经大学财经研究所副所长。多年来一直在高校从事教学与科学研究工作,主要研究领域为资(能)源与环境(低碳、生态)经济、城市经济与管理。参与多项与自贸区研究相关的系列科研活动;参与国家社会科学基金重大项目"中国(上海)自贸试验区推进贸易发展方式转变的实践探索与经验研究"(14ZDA079)并作为子课题负责人;完成"中国(上海)自由贸易试验区与国际合作""美韩 FTA、日韩 FTA 及中国(上海)自贸试验区的应对战略""中国(上海)自由贸易试验区同城复制推广可行性案例研究"等课题项目的研究。参与出版著作《中国(上海)自由贸易试验区与国际合作》(主编)、《上海城市经济与管理发展报告——中国(上海)自由贸易试验区研究》(编委)。

邓涛涛,理学博士。上海财经大学财经研究所副研究员,区域经济学硕士生导师,研究方向为区域经济学、城市与区域规划。目前主持国家自然科学基金青年基金项目、上海市人民政府发展研究中心决策咨询研究课题 2 项;以独立作者或第一作者身份,已在国内外主要学术期刊上共发表论文 13 篇,其中 SSCI/SCI 检索论文 9 篇。

丁剑平,经济学博士。上海财经大学金融学院博士生导师及现代金融研究中心主任。中国世界经济学会常务理事、中国金融学会理事、中国国际金融学会理事、澳大利亚中国经济研究学会会员、日本国际经济学会会员、上海国际金融中心执行理事,上海世界经济学会副会长、上海金融学会理事、泛亚金融工程院咨询专家。2007 年至 2008 年作为富布赖特高级访问学者赴美国麻省理工学院交流一年。期间结识了哈佛大学肯尼迪学院的汇率学教授 Jeffrey A. Frankel，回国后编写了《汇率学》教材，在本科生和研究生中对该学科进行了开拓性的实践。2003 年荣获中共上海市委和上海市人民政府颁发的“上海市优秀专业技术人才称号”。

冯苏苇，理学博士。上海财经大学公共经济与管理学院副教授，硕士生导师，院公共政策模拟与仿真实验室主任，中国（上海）自由贸易试验区协同创新中心、中国公共财政研究院、公共政策与治理研究院双聘研究员。研究领域包括交通经济与政策、城市交通管理、经济与社会问题建模与仿真等方面。近年来，主持和参与国家级、省部级科研项目 10 余项，在国内外核心期刊、会议和新闻媒体发表论文 70 余篇。目前担任上海经济学会区域经济研究专业委员会常任理事、交通研究（上海）论坛学术委员会委员、国际中国城市规划协会（IACP）会员，同时担任多家国际期刊 Transportation Research Part A、Urban Studies、Transport Policy、Transportmetrica、Computers, Environment and Urban Systems 的审稿人。

何骏，经济学博士。上海财经大学城市与区域科学学院副教授，硕士生导师。讲授博士生课程 2 门（循环经济学，城市公共服务），硕士生课程 2 门（城市产业规划，自贸区与城市经济）。出版专著 2 部（《技术创新的国际互动链》《中国服务业国际化研究》）。主要研究方向为区域经济、城市经济、循环经济、产业规划等。

胡彬，经济学博士。上海财经大学城市与区域科学学院副研究员，博士生导师。长期从事城市与区域经济相关领域的研究。主持国家自然科学基金、国家社会科学基金、上海市科委软课题招标重点项目、上海市哲学社会科学规划课题、教育部人文社会科学研究项目、上海市决策咨询重点课题等多项研究课题。在《中国工业经济》《世界经济》《财经研究》等核心刊物上独立发表 30 余篇学术论文，荣获上海市哲学社会科学优秀成果奖、上海市决策咨询课题成果奖，独立撰写和参编多部学术著作。

江若尘，经济学博士。上海财经大学教授，国际工商管理学院博士生导师，上海发展研究院副院长、500强研究中心主任，先后赴日本、美国做访问学者。入选教育部新世纪优秀人才、安徽省教学名师、安徽省学术和技术带头人后备人选、安徽省先进工作者。担任国家精品课程评议专家、中国高校市场学研究会常务理事、中国高校商务管理学会常务理事、中国市场营销学会理事、上海市经济学会现代营销专业委员会主任等。主持和参与国家和省部级等方面的课题20余项，出版著作10部，研究成果获得省部级等奖项10余次。相关论文在《中国工业经济》《Journal of Customer Behaviour》《经济管理》《财经研究》《财贸经济》《数量经济技术经济研究》《南开管理评论》等刊物上发表。

孙元欣，管理学博士。上海财经大学上海发展研究院、自由贸易区研究院副院长，教授，博士生导师。英国Cranfield理工学院访问学者，美国富布莱特学者，美国密西根州立大学客座研究员。负责及参与上海自贸试验区改革方案制定、试验区外资准入负面清单、中美BIT负面清单、服务业扩大开放、上海市开放型经济规划等研究课题，承担国家哲学社会科学基金、上海哲学社会科学基金、上海市政府发展研究中心、商务部、财政部等相关研究课题。出版《2014中国(上海)自由贸易试验区发展研究报告》《2015中国自由贸易试验区发展研究报告》2部著作。

严剑峰，经济学博士。上海财经大学财经研究所副研究员，硕士生导师。主要研究方向为公共经济与管理、国防经济与管理。参与多项国家级课题，主持多项省部级及地方政府决策咨询课题。出版学术专著2部，参编教材1部，在国内外杂志发表学术论文30余篇。

杨晔，经济学博士。上海财经大学公共经济与管理学院副研究员，博士生导师。研究方向为投融资理论与实践。获得“上海市晨光学者”“浦江人才计划”等人才计划资助。目前主持和完成国家自然科学基金课题2项、省部级科研项目11项；独立出版学术著作2部，合著18部；先后在《管理世界》《金融研究》《数量经济技术经济研究》《财政研究》《财贸经济》《国际金融研究》等权威中文期刊以及EI以上刊物上发表投融资方面学术论文40余篇；独立主编出版研究生/本科生教材7部，参编研究生/本科生教材5部。获省部级教学/科研奖3项。

张祥建，管理学博士。上海财经大学城市与区域科学学院副教授，博士生导师。美国丹佛大学访问学者。主要研究方向为区域经济、企业战略、自贸区、一带一路等，近年来，在《经济研究》《管理世界》《Journal of Contemporary China》等国内外权威期刊上发表论文30余篇，出版学术专著2部，参与编写《上海城市经济与管理发展报告》《赢在自贸区》等多部著作。致力于做第三方独立智库，为政府和企业提供咨询服务。

郑少华，法学博士。上海财经大学校长助理兼研究生院常务副院长，法学教授，博士生导师。兼任中国环境资源法研究会副会长、上海市法学会自贸区法治研究会会长、上海财经大学自由贸易法治研究中心主任等职。主要从事社会法、经济法与环境法的教学与研究工作，先后出版个人专著2部，发表学术论文100余篇，主编、参编其他学术著作(含教材)20余部，主持国家社会科学基金重大项目、国家社会科学基金重点项目、国家自然科学基金项目、司法部部级科研项目、上海市哲学社科规划项目、上海市政府决策咨询项目等10余项。主编出版了《自由贸易法治评论》《自由贸易区司法评论》《涉自贸区法律适用》等系列丛书。